A VIDA APÓS A MORTE DOS FAMOSOS

SYLVIA BROWNE
Autora do livro *Sociedades Secretas*

A VIDA APÓS A MORTE DOS FAMOSOS

Tradução
Julio de Andrade Filho

PRUMO

Título original: *Afterlives of the Rich and Famous*

Gerente editorial
Jiro Takahashi

Editora
Luciana Paixão

Editor assistente
Thiago Mlaker

Assistente editorial
Diego de Kerchove

Preparação de texto
Rebecca Villas-Bôas Cavalcanti

Revisão
Rosamaria Gaspar Affonso
Maria Sylvia Castro de Azevedo Corrêa

Criação e produção gráfica
Thiago Sousa

Assistente de criação
Marcos Gubiotti (projeto de capa)
Juliana Ida

CIP-Brasil. Catalogação-na-fonte
Sindicato Nacional dos Editores de Livros, RJ

B898v Browne, Sylvia
A vida após a morte dos famosos : mais de 40 celebridades que amamos e que já se foram / Sylvia Browne com Lindsay Harrison ; tradução Julio Andrade Filho. - São Paulo : Prumo, 2011.

Tradução de: Afterlives of the rich and famous
ISBN 978-85-7927-139-7

1. Espiritismo. 2. Vida eterna. 3. Celebridades - Miscelânea. 4. Obras psicografadas. I. Francine (Espírito). II. Harrison, Lindsay. III. Título.

11-3943.
CDD: 133.9
CDU: 133.9

Direitos de edição para o Brasil: Editora Prumo Ltda.
Rua Júlio Diniz, 56 – 5º andar – São Paulo/SP – CEP: 04547-090
Tel.: (11) 3729-0244 – Fax: (11) 3045-4100
E-mail: contato@editoraprumo.com.br
Site: www.editoraprumo.com.br

De Sylvia e Lindsay:

Para você, Steve,
esperamos sinceramente que tenha encontrado por lá
todos aqueles que esteve procurando.

Sumário

Introdução

Este livro trata dos eventos atuais na vida das celebridades que já faleceram, relatados por Francine, "expert residente" do Outro Lado. Duas perguntas óbvias nos vêm à mente: "Quem é Francine?" e "Uma vez que essas celebridades já estão mortas, isso não significa que não estão fazendo nada?". Acredite em mim: se eu não tivesse boas respostas para essas questões, este livro não existiria.

Quanto à primeira pergunta, Francine é o meu espírito-guia. Tal como o seu espírito-guia e o de todo mundo, ela esteve comigo durante toda a minha vida. Você encontrará no glossário explicações detalhadas sobre os espíritos-guia e o que eles fazem por nós, então por enquanto só vou falar sobre Francine.

Eu nasci médium, com a habilidade inata de me "sintonizar" com o mundo espiritual, o Outro Lado. Aos cinco anos eu era apenas clarividente, isto é, era capaz de ver espíritos (e não ficava muito entusiasmada com isso, pode acreditar). Uma noite, quando eu tinha oito anos, descobri com a mesma falta de alegria que também era clariaudiente, ou seja, alguém capaz de ouvir os espíritos, quando uma voz alegre de alta frequência surgiu em meu quarto, anunciando: "Não tenha medo, Sylvia. Eu vim de Deus".

Minha amada e brilhante vovó Ada, também médium, explicou, depois de pegar no colo a netinha aterrorizada que agarrava suas pernas, que a voz era simplesmente o meu espírito-guia se apresentando a mim, que todos nós temos espíritos-guia ao nosso redor, gentilmente nos ajudando a navegar por nosso caminho por essas breves viagens longe de casa. Foi assim, fazendo tentativas, que comecei a me comunicar com Francine. Ao longo desses nossos 65 anos juntas, ela nunca mentiu para mim, nunca me traiu, nunca me guiou pelo caminho errado (essa parte eu fiz sozinha). Ela tem sido uma fonte fascinante e inestimável de informações sobre a vida depois da morte.

Uma exigência feita a todos os espíritos-guia é que eles encarnem, caso contrário nossos problemas, nossas preocupações e erros cometidos aqui na Terra seriam incompreensivelmente triviais para eles, que vivem na feliz perfeição do Outro Lado e observam tudo o que acontece sob a perspectiva da eternidade. Francine (que se apresentou a mim como Ilena, nome que aparentemente não foi de meu gosto, tendo sido rapidamente alterado para Francine) escolheu encarnar uma só vez, como uma mulher de ascendência inca-asteca que morreu aos 19 anos, em 1520, salvando a filha de uma lança, durante a invasão espanhola da Colômbia. Ela me acompanha nesta vida como resultado de um acordo que fizemos no Lar, antes de eu decidir voltar à Terra novamente pela quinquagésima segunda e última vez.

Tenho me comunicado com Francine todos os dias da minha vida desde os oito anos de idade, e amo tudo o que tem a ver com ela, menos a sua voz. Como os demais no mundo espiritual, ela vive em um plano que tem uma frequência muito mais elevada que a nossa. Como resultado, sua fala acaba soando como uma gravação acelerada. Não quero parecer desrespeitosa, e sou profundamente grata pela sua orientação e para o fato de poder ouvi-la, mas realmente demorou um pouco para eu conseguir compreendê-la. Depois de algumas frases curtas, ouvi-la pode se tornar uma atividade absolutamente irritante.

Na adolescência, comecei a desejar que outras pessoas também pudessem ouvir a riqueza da sabedoria que Francine tinha para oferecer, sem precisar me submeter a horas ouvindo aquela vozinha alegre e irritante como a dos esquilinhos do desenho *Alvin e os esquilos*. E então ela veio com a solução perfeita: com a minha permissão, ela poderia tomar emprestados meu corpo e minhas cordas vocais, e, em vez de falar para mim, ela poderia falar *através* de mim. Em outras palavras, ao entrar em transe e essencialmente "me afastar" temporariamente, eu poderia canalizar Francine pelo tempo que desejasse, curto ou longo, sem nenhum risco para mim. Eu não guardaria nenhuma lembrança do que ela dissesse enquanto estivesse "longe", mas ela poderia dar palestras e conferências sem me deixar louca – ou aos outros –, e seria possível pedir a alguém que gravasse sua fala se eu quisesse, depois, saber o que havia se passado durante minha ausência.

Quando Francine me sugeriu isso, eu inicialmente não concordei – não queria entregar para outra pessoa o controle do meu corpo e da minha voz, muito obrigada, nem mesmo para alguém em quem eu confiasse tanto. Finalmente decidi tentar, só para provar que ela estava errada, para descobrir que eu detestava aquilo e para afirmar de uma vez por todas que jamais deixaria que esse tipo de coisa acontecesse de novo.

Como sempre, Francine estava certa. O processo era tão inofensivo que não existia nada que eu pudesse detestar. Comecei a incorporar Francine rotineiramente desde então, passando pelo processo simples de anunciar sua chegada iminente, fechar os olhos e deixar o meu espírito "dar um tempo" do meu corpo, para que ela possa "entrar". Sua voz é minha, é claro, mas seu padrão de fala é mais lento, seu vocabulário e conhecimento são muito superiores aos meus e, como moradora do Outro Lado, ela é capaz de dar testemunhos de todos e de tudo que acontece por ali.

Ao longo dos anos ela deu inúmeras palestras para grupos que variam de dez a milhares de pessoas e forneceu uma quantidade inesgotável de informações extraordinárias e profundas para todos os meus livros. Ela não participa quando sou eu a dar as palestras, principalmente porque ela normalmente responde aos problemas terrenos (inclusive os meus) com uma precisa – embora meio inútil – garantia: "Tudo vai dar certo da forma como está previsto". Se isso me deixa frustrada, só posso imaginar como seria frustrante para meus clientes.

Já faz décadas agora, depois que algumas celebridades faleceram, que venho recebendo telefonemas da imprensa pedindo observações mediúnicas sobre qualquer coisa que os famosos poderiam ter a dizer, ou pedindo qualquer informação que eu tivesse a oferecer sobre eles quanto a sua transição para o Outro Lado. Francine contribuiu com uma quantidade enorme de relatos. Não me importo de admitir que, ao longo dos anos, conversei com Francine muitas vezes sobre celebridades falecidas que amo especialmente (ou que, em um caso em particular, não amo). Lenta, mas com segurança, com ênfase no "lenta", ocorreu-me que um livro sobre a vida de celebridades após sua morte poderia despertar o interesse de uma grande quantidade de pessoas, desde os fãs até as próprias famílias dos famosos. Comecei a montar as biografias de diversas dessas pessoas, e elas eram fascinantes por si sós – mesmo quando reuni biografados cuja vida eu teria jurado que conhecia, houve vezes em que ficava pensando: "Disso eu não sabia".

Então, enquanto minha amiga e assistente Linda sentava-se ao meu lado com um gravador ligado, eu canalizava Francine e deixava que Linda fizesse pergunta após pergunta, celebridade após celebridade. O que você vai encontrar neste livro, portanto, é uma coleção de biografias e comentários transmitidos por Francine, transcritos e editados com base nas gravações daquelas sessões de transe, com o que ela decidia dizer sobre cada nome que surgia, muito ou pouco, exceto quando fosse algo indiscreto demais para incluir no livro. (Francine não tem filtro quando se trata de responder às perguntas.) Não estou brincando sobre "tanto ou tão pouco que Francine tinha a dizer sobre alguém", acredite em mim. Quando ela terminava de falar, estava terminado, não importando quantas perguntas mais Linda lhe fizesse. Por vezes porque era isso o que havia para dizer, e em outros casos porque, francamente, o desinteresse podia se instalar nela. "Nós todos nos amamos uns aos outros aqui", ela explicou mais de uma vez, "mas isso não significa que achamos todo mundo interessante." De fato, havia alguns nomes que Linda trazia (depois que eu passava horas coletando informações para suas biografias, devo acrescentar) e apresentava para Francine, e ela respondia simplesmente: "Não". É isso aí. Simplesmente "não". Ela nem sequer se importava em discutir por que estava recusando aquele nome, e não culpo Linda por deixar aquela pessoa de lado e seguir em frente.

Francine também me pediu para esclarecer o que poderia ser uma impressão equivocada na leitura de seus comentários. Vários deles incluem outras celebridades com quem o famoso em questão socializa, trabalha ou atua, e ela não quer dar a entender que as celebridades do Outro Lado só saem com outras celebridades. Por um lado, o conceito de celebridade em si não faz sentido no Lar, onde todos são igualmente admirados e têm o mesmo status. Por outro lado, ela achou que seria mais interessante para nós aqui na Terra limitar suas observações aos nomes com os quais estamos provavelmente mais familiarizados. O jeito que ela encontrou foi este: "Eu poderia dizer que uma de suas celebridades gosta de fazer equitação com John Smith ou está tendo aulas de violão com Susie Jones, mas quem é que vai se interessar por isso?". Fui obrigada a admitir que provavelmente ninguém. Por isso, por favor, não tenha uma impressão errada por seus esforços genuínos para editar a si mesma em nosso benefício. Considerando tudo isso, tenho certeza de que ela nos fez um favor.

Quanto à segunda pergunta óbvia sobre este livro – será que a palavra "morto" já não nos informa sobre tudo que há para saber sobre o que essa pessoa está fazendo? –, a resposta é um sonoro e reconfortante "de jeito nenhum". A promessa de Deus, como parte de nossa herança desde o momento em que Ele nos criou, é que a morte de nosso corpo não significa que deixaremos de existir. Sempre fomos e sempre seremos. Nós todos temos vidas eternas ao olhar para trás e ao olhar para a frente. Não um nada eterno, ou um vácuo eterno, ou uma eternidade flutuando como bolhas de vapor tocando harpa. São *vidas* eternas, vitais e produtivas, cada um de nós em seu próprio caminho progressivo em direção ao potencial mais alto do espírito.

Com o tempo (você vai perceber no curso deste livro que alguns de nós levamos mais tempo para chegar lá), todos nós passaremos a eternidade em um lugar chamado Outro Lado, um lugar tão real como a Terra, mas sem as suas falhas. O Outro Lado é a nossa verdadeira casa. É de onde viemos para nossa breve visita aqui, e é para onde vamos voltar depois de realizarmos nossas intenções cuidadosamente planejadas desta vez. Quando chegarmos lá será o momento de retomar com alegria nossa atarefada vida do ponto onde paramos, só que bem mais adiante do que estávamos antes, por causa de tudo o que aprendemos com a última encarnação.

Isso é verdade para você. É verdade para mim. E é verdade para as celebridades, tanto para as de boa reputação quanto para as mal-afamadas.

É por isso que a pergunta "O que as celebridades estão fazendo agora?" é tão relevante após a "morte" delas quanto era quando elas estavam aqui na Terra. Assim como todos os que você conheceu, amou e perdeu temporariamente por causa da ilusão da morte estão em algum lugar, fazendo alguma coisa, neste momento, inclusive visitando você, o mesmo pode ser dito em relação àqueles de quem ouviu falar, sobre quem queria saber mais, aqueles que admirou ou odiou.

Antes de você começar a explorar as celebridades uma por uma, vale a pena dar uma olhada no capítulo seguinte para entender exatamente o que acontece quando nosso corpo morre e conhecer a variedade de locais para onde os espíritos podem ir.

A morte... e depois?

Mesmo quando criança, estudando em uma escola católica, eu vivia frustrada pela maneira vaga como todos falavam sobre a tal "vida após a morte". Parecia existir um consenso geral de que o espírito sobrevive depois que o corpo mortal se esgota. Mas era a pergunta "e depois, o que acontece?" que inspirava uma série de pigarros e respostas nebulosas; eu ficava com a sensação de que essa era a pergunta que as freiras e todo mundo mais esperavam que ninguém fizesse. Pelo que pude juntar das peças soltas, quando morremos uma espécie de túnel aparentemente cai do céu em forma de um megafone gigante e brilhante, e este como que traga nossa alma transportando-a para o céu. Como alternativa, havia uma porção de imagens encantadoras sobre nossa alma flutuando para longe de nosso corpo morto e desaparecendo além das nuvens. Mas de repente acontecia alguma coisa. Ou nossa alma imortal acabava no céu, que se parecia com sei lá o quê, para viver feliz para sempre ao lado de Deus – e sabe-se lá fazendo o quê –, ou então era enviada para o inferno para uma eternidade de padecimento ardente – a mando de um Deus que sempre foi descrito como amoroso e benevolente.

Quando olho para trás e relembro essas coisas, não é surpresa que eu não ficasse satisfeita com essas respostas, ou com a falta delas, especialmente as que não faziam sentido. Finalmente, entre o conhecimento generoso e articulado de Francine, uma vida de estudos, inclusive a licenciatura em Teologia, e minha própria experiência de quase morte com a idade de 42 anos, aprendi a verdade sobre o "e daí, o que acontece depois?". Ela é muito mais sagrada e requintada do que qualquer coisa que minha imaginação pudesse ter criado.

Há um túnel muito real, ao que parece, e ele não cai do céu quando nosso corpo morre. Em vez disso, ele se levanta da nossa própria substância etérea, ou campo de energia, faz um ângulo de cerca de 20 graus com nosso corpo e nos leva para o Outro Lado, que na verdade fica três metros acima do nível do solo, só que em outra dimensão, cuja frequência vibracional é muito superior à nossa. É um reflexo perfeito da topografia natural do nosso planeta: nossos continentes, nossos oceanos, nossas montanhas, nossos rios, nossas florestas, nossos desertos, nosso litoral, uma imagem exata de cada uma das características da Terra como existia antes da erosão, da poluição e da destruição causada pelo homem. Uma vez que o tempo não existe do Outro Lado, nada envelhece, nada se corrói ou desgasta, e tudo é eterno, perfeitamente novo.

Enquanto nos movemos através do túnel, sentimo-nos mais leves, mais livres e vibrantes do que quando ocupávamos aquele corpo finito e oprimido pela gravidade que deixamos para trás. Não importam as circunstâncias de nossa morte: há um sentimento generalizado de paz na consciência de que estamos percorrendo nosso caminho em direção ao Lar, e rapidamente vemos a lendária luz branca à nossa frente, aquela luz indescritivelmente sagrada que é a luz de Deus.

Não importa em que lugar da Terra venhamos a exalar nosso último suspiro: todos os túneis levam à mesma entrada que se abre para o paraíso perfeito do Outro Lado: um gramado de tirar o fôlego, cheio de flores cujas cores parecem ampliadas mil vezes além de qualquer coisa que jamais iremos vivenciar por aqui. Esperando nesse gramado para nos acolher com alegria estão os entes queridos de todas as nossas vidas na Terra e no Lar, assim como todos os animais que um dia viemos a amar nessas mesmas vidas. (Seria o paraíso se não houvesse animais?)

Assim que tivermos experimentado essa reunião de boas-vindas no gramado de entrada, procedemos então ao triunvirato de edifícios – sim, há edifícios – que criam o "centro" do Outro Lado. Você vai ler mais sobre a finalidade específica de cada um no glossário que segue, sem os quais alguns dos comentários de Francine sobre as celebridades serão muito confusos, mas por agora, em resumo, as três primeiras construções que vemos quando voltamos ao Lar são:

- O Portal da Sabedoria: uma estrutura de estilo românico de reluzentes pedras brancas, decorada com estátuas e rodeado por fontes e flores perfumadas que desabrocham constantemente. Sua característica mais impressionante é a amplidão infinita de escadas de mármore que conduzem a suas incontáveis entradas.
- O Palácio da Justiça: uma construção de pilares greco-romanos com uma enorme cúpula de mármore branco. Mantendo guarda permanente na entrada existe uma estátua magnífica de Azna, a Mãe Divina. Ao redor do Palácio da Justiça se veem magníficos jardins, de design impecável, estendendo-se tão longe quanto os olhos podem ver, repletos de cachoeiras espumantes e chafarizes, bancos para meditar, árvores de copas altas, riachos cristalinos correndo através de tapetes verdes de grama macia, exuberantes florestas de samambaias e paredes intermináveis de buganvílias.
- O Salão dos Registros: um enorme edifício com colunas esculpidas espetacularmente e uma cúpula de ouro cintilante. Constantemente agitado pelas visitas dos "locais" e dos espíritos terrenos, dentro dele se estendem infinitos corredores, alinhados por infinitas prateleiras cheias de infinitos pergaminhos, livros, documentos, mapas, ilustrações, projetos, esquemas e similares, cada prateleira mantida em

perfeita ordem. Uma das funções do Salão de Registros é abrigar todos os trabalhos históricos, literários e artísticos já escritos, desenhados, elaborados ou pintados desde que o tempo começou. Ele é reverenciado como o lar sagrado dos Registros Akáshicos, que são o corpo escrito completo do conhecimento de Deus, suas leis e lembranças.

Há também as torres, dois monólitos idênticos de vidro azul, brilhando por trás das cachoeiras que descem por suas fachadas e enchendo de névoa a floresta de jasmins que ladeia o caminho que leva às portas douradas das torres.

É por meio dessa entrada "formal" que nós retomamos a vida que escolhemos interromper brevemente para fazer uma viagem à Terra, no mundo divino do Outro Lado. O lugar não é chamado de paraíso à toa. O clima é sempre agradável e claro, com a temperatura de 25 graus, exceto em áreas mais elevadas, nas quais a temperatura perto do zero grau mantém a neve perfeitamente compacta. Não há dia ou noite, nem mesmo o tempo, porque na verdade existe um eterno "agora". O sol, a lua e as estrelas não são visíveis, e o céu é sempre a mistura em tons pastéis de um entardecer de verão.

A paisagem é repleta de bibliotecas magníficas, centros de pesquisa, escolas, casas de culto de qualquer denominação, salas de concerto e museus, sem falar nos estádios, campos de golfe, quadras de tênis e estâncias de esqui; na verdade, os esportes sem contato são mais apreciados do Outro Lado.

Como o dinheiro é inexistente e desnecessário, não há comércio nem razão para trabalhar por um salário. A maioria de nós faz algum trabalho, movida apenas pela alegria e pela paixão. Socializamos tanto quanto desejamos, e, como não sentimos necessidade de comer ou dormir, temos a nossa disposição literalmente uma eternidade para procurar qualquer pessoa que tenhamos interesse e toda e qualquer coisa que tenhamos vontade de ver, pesquisar e aprender; podemos participar de todas as festas, concertos, teatros e eventos desportivos que nos interessarem e gozamos da felicidade das possibilidades ilimitadas em um paraíso de amor universal, sagrado e em paz.

Estamos livres das limitações da Terra em relação ao espaço, à gravidade e às leis da física. Temos casas, se queremos e onde queremos, e construímos as casas que desejamos pela simples projeção do pensamento, assim como viajamos para onde queremos: basta pensar que estamos lá.

Não somente nossa saúde física e mental fica perfeitamente restaurada quando voltamos ao Lar, mas lá todos nós temos 30 anos de idade de novo. Por que 30 anos? Como respondeu Francine, "Porque sim". Veja bem, a transição para essa idade e para uma saúde perfeita é geralmente um processo que ocorre depois que chegamos, e não um efeito instantâneo do tipo "Puf! Você tem 30 anos!" no momento em que emergimos do túnel. Quando visitamos nossos entes queridos na Terra, somos facilmente capazes de assumir qualquer aparência que nos deixe reconhecíveis para eles. Afinal de contas, se morremos como uma criança ou uma pessoa muito idosa, quão reconfortante seria receber a visita de um espírito com 30 anos de idade?

Eu poderia continuar falando sobre a alegria que nos espera depois que deixarmos este mundo, a mesma alegria que interrompemos temporariamente para vir até este lugar, que gosto de chamar de "campo de treinamento". Na verdade, discorri longamente sobre isso no meu livro intitulado *A vida do outro lado,* por isso vou deixar as coisas como estão neste ponto na esperança de que os breves destaques venham a ajudar na compreensão daquilo que Francine descreveu como a vida atual das celebridades.

Mas há outras opções disponíveis para o espírito quando o corpo terrestre morre. A maioria delas é o resultado de nossas escolhas durante a vida. Uma vez que algumas das celebridades mencionadas neste livro fizeram essas escolhas, devemos explorar brevemente essas opções também.

A PORTA ESQUERDA

Apesar do que foi ensinado à maioria de nós (inclusive eu) desde a infância, não existe aquilo que é chamado de inferno. A ameaça do inferno implica a existência de um Deus tão vingativo e implacável que seria capaz de virar as costas para nós e nos banir para uma eternidade longe Dele, e nem por um minuto é esse o Deus em que acredito. O Deus em que acredito, que adoro e com o qual comprometi toda a minha vida, é amoroso, onisciente, todo misericordioso e a tudo perdoa. Nunca vai virar as costas para uma vida que Ele mesmo criou.

Infelizmente, não temos que passar muito tempo na Terra para perceber que existem aqueles que optam por virar as costas a Deus. "Optar", a propósito, exclui tudo que se relaciona a doenças mentais ou desequilíbrios químicos fisiológicos, que são situações completamente involuntárias. Estou falando de pessoas que, diante da escolha entre contribuir para trazer luz a este mundo e para trazer a escuridão, optam pela escuridão; são os sociopatas deliberadamente cruéis, amorais e sem remorso, que enxergam o restante de nós como meros objetos de sua diversão, objetos para serem usados, manipulados e, de uma forma ou de outra, destruídos física, mental ou emocionalmente. A escuridão não pode existir onde há luz, afinal, então o Lado Negro – como eu chamo esse segmento da sociedade – sente-se perfeitamente no direito de causar a destruição. Seus devotos sabem distinguir o certo do errado. Eles simplesmente não se importam com isso. Ao contrário daquele que está verdadeiramente perdido ou equivocado, os residentes no Lado Negro não podem ser reabilitados – para começar, eles não têm consciência, de forma que não têm como ser guiados de volta. Podem dissimular a compaixão, o amor, a generosidade, e muitas vezes uma devota fé em Deus, não porque isso signifique alguma coisa para eles, mas porque sabem que essas qualidades podem ser muito sedutoras e é muito mais fácil destruir alguém cuja guarda está baixa.

Não existe ação sem consequência, seja para melhor ou para pior, e isso é tão verdade para o Lado Negro como é para o resto de nós. Lembre-se: essas entidades sombrias escolheram um caminho que mantém suas costas voltadas diretamente para longe de Deus, e a arrogante rejeição a Ele as impede de experimentar a felicidade perfeita e o amor do Outro Lado quando morrem. Em vez disso, elas vão direto para um pesadelo chamado Porta Esquerda (que minha neta Angelia costumava chamar de "céu malvado" quando criança).

A Porta Esquerda é a entrada para um mundo sem Deus, o mundo triste do nada, um abismo escuro através do qual os espíritos passam brevemente antes de se dirigir de volta ao útero para outra encarnação, que pode ser tão destrutiva quanto aquela que acabou de ser completada. Então, quando você deparar, neste livro, com aqueles que já passaram pela Porta Esquerda, saiba que poucos meses depois de sua morte eles nasceram de novo na Terra com uma identidade completamente nova, com uma nova encarnação inteira para viver, sem lembrança consciente de sua vida passada do mesmo jeito que você e eu, e com mais uma oportunidade para, finalmente, escolher a luz em vez das trevas.

Falando nisso, assim como Deus não condena nenhum de seus filhos à eternidade do inferno, Ele também não condena nenhum de nós a uma eternidade de reciclagem, passando pela Porta Esquerda e de volta à Terra de novo e de novo e de novo. Cedo ou tarde (o que no contexto da eternidade pode significar centenas de anos) os espíritos do Outro Lado acabarão recuperando uma dessas almas sombrias no exato instante em que ela ia atingir a Porta Esquerda, devolvendo-a para a cura na paz do Lar, onde o amor incondicional de Deus está sempre disponível, mesmo para aqueles que ainda não sabem retribuir.

O Local de Espera

Há uma espécie de antecâmara para a Porta Esquerda, uma desolada vastidão cinzenta cheia de almas perdidas que foram separadas de sua fé, da esperança e da alegria pela depressão opressiva. Esses espíritos se arrastam em silêncio sem direção certa, de cabeça baixa, olhos vazios, sem vida, nunca reconhecendo uns aos outros ou tendo consciência do desespero que os prende ali.

O Local de Espera é como o purgatório sobre o qual aprendi na escola paroquial, e às vezes é, mas nem sempre, o destino temporário de espíritos cuja morte foi causada por suicídio. O fato é que simplesmente não é verdade, ao contrário, é uma cruel mentira, que todos os suicídios levam à condenação eterna. Novamente, Deus nunca iria infligir uma sentença tão vingativa como essa sobre qualquer de Seus filhos. Alguns suicídios são inspirados pela vingança, outros representam, infelizmente, um mesquinho esforço final para chamar a atenção ou um ato de covardia egocêntrica (este último é um desenlace típico de homicídio-suicídio). Esses suicidas em particular podem esperar uma viagem rápida pela Porta Esquerda e outra encarnação imediata, sem desfrutar de um momento de paz bem-aventurada no Lar entre essas reencarnações.

Como todos nós sabemos, alguns suicídios são o resultado de uma doença mental ou de desequilíbrios bioquímicos não tratados que criam graves e incapacitantes graus de depressão, com alterações no raciocínio. Na perfeição das leis universais de Deus, ninguém é responsabilizado por ações pelas quais não teve culpa. (A injustiça é uma invenção estritamente humana.) Grande parte desses suicidas não intencionais e induzidos pelo desespero, eu garanto a você, passa pelo túnel direto para o Outro Lado. Outros, que muitas vezes passaram a vida em meio à confusão entre a fé em Deus e uma atração ocasional pelo Lado Negro, encontram-se no Local de Espera, onde – se puderem superar a desolação à sua volta – ainda podem escolher entre o ciclo de condenados da Porta Esquerda ou o Lar, onde o abraço de Deus sempre estará esperando por eles.

Fantasmas

E há aqueles que, quando seu corpo morre, recusam-se a reconhecer o túnel ou, mesmo que o vejam, o rejeitam. Isso deixa seu espírito preso aqui, fora de seu corpo, preso entre o nível vibracional muito mais elevada mais baixo da Terra e a vibração dimensional do Outro Lado – sem estar nem um pouco conscientes de que morreram. É assim que os fantasmas são criados.

Os fantasmas, ou almas penadas, são seres trágicos e fascinantes. Até onde sabem, estão tão vivos quanto eu e você, e tudo está exata e perpetuamente como era no momento da sua morte, desde o ambiente a sua volta até sua idade, sua saúde (ou falta dela), as cicatrizes, feridas ou sinais visíveis de ferimentos que talvez os tenham matado. A única coisa que mudou, e que muitas vezes os deixa desesperadamente confusos e irritadiços, é que, em função de eles terem alterado a frequência vibracional sem o saber, as pessoas a seu redor de repente parecem agir como se eles não existissem.

Não há nada de casual na determinação que alguns espíritos demonstram em permanecer ligados à Terra. Os fantasmas ficam aqui por uma série de motivos errados – para cuidar de um ente querido, para proteger uma casa ou uma propriedade à qual estão profundamente ligados, em busca de vingança, ou, com triste frequência, para evitar enfrentar Deus por medo de que Ele vá desprezá-los (o que é impossível).

Nenhum fantasma jamais fica preso à Terra eternamente. Alguns deles são enviados para o Outro Lado por pessoas compassivas e instruídas o suficiente para simplesmente dizer, quando se encontram na presença de uma alma penada: "Você está morto. Vá para casa". (Às vezes isso funciona, às vezes não, mas vale a pena tentar.) Muitos deles acabam resgatados por moradores do Outro Lado, que estão bem conscientes deles e nos quais se pode confiar para realizar intervenções persistentes pelo tempo que for preciso para puxar essas almas confusas e aprisionadas para dentro do túnel, em direção à paz que os espera nos braços abertos de Deus.

Glossário

Você vai encontrar vários termos nos comentários de Francine que poderiam facilmente deixá-lo coçando a cabeça e dizendo: "Hein?". Em vez de interrompê-la para explicar cada termo, prefiro dar-lhe essas páginas de referência para que você volte sempre que precisar, ou para ler qualquer definição que lhe desperte a curiosidade.

Viagem Astral

A viagem astral é o meio pelo qual os entes queridos do Outro Lado vêm nos visitar e pelo qual nós vamos visitá-los. É também nosso meio de transporte de um lugar para outro no Lar, livres desse organismo complexo que sofre os efeitos da gravidade e no qual estamos alojados no momento. A viagem astral nos trouxe até aqui desde lá – nossa vida real no paraíso –, no momento em que nosso espírito entrou no corpo que foi escolhido, e vai nos levar para lá novamente quando a atual encarnação terminar.

Uma viagem astral vem tão naturalmente para nós como a respiração, estejamos conscientes disso ou não. É uma habilidade que nos foi dada quando nossa alma nasceu, há uma eternidade, e essa habilidade é nossa, não importa em qual dimensão estejamos no momento, incluindo a Terra. Você e eu viajamos astralmente enquanto dormimos – uma média de duas ou três vezes por semana, na verdade. Ela é a verdade por trás de alguns dos nossos mais vívidos e memoráveis "sonhos". E podemos agradecer à viagem astral pelo fato de que, enquanto as vítimas de um coma, severamente debilitadas, lutam fisiologicamente, seu espírito pula alegremente de um lugar para outro, de uma dimensão para outra e entre pessoas queridas.

Você vai ler mais sobre as especificidades das visitas do Outro Lado a nós na discussão sobre os espíritos, que se encontra neste glossário. Por ora só quero focalizar nossa própria viagem astral e a forma como costumamos fazer passeios que, entre outras comodidades, permitem-nos iniciar reuniões com um número ilimitado de pessoas e lugares dos quais sentimos falta. Já que nossas viagens mais frequentes acontecem durante o sono, é natural que as consideremos como sonhos. Mas existem algumas maneiras simples de perceber a diferença:

- Os sonhos em que estamos voando sem um avião ou outros meios externos não são sonhos, e sim viagens astrais perfeitamente reais – não são sonhos nem sua imaginação. Entretanto, nem todos os "sonhos viagens astrais" envolvem um voo. Como todo mundo, inclusive você, eu viajo astralmente para o Outro Lado várias vezes por mês enquanto estou dormindo, e, até onde sei, nunca tive um sonho em que estivesse voando com as próprias forças.
- Uma viagem astral desdobra-se em uma sequência lógica de eventos, assim como acontece quando estamos acordados, e não numa mistura aleatória de imagens, pessoas e locais, tão comum nos sonhos.
- Qualquer sonho em que você não seja apenas parte dele, mas em que realmente vê a si mesmo, não é um sonho, é uma viagem astral. Todos nós já ouvimos falar ou experimentamos o fenômeno de pessoas que veem a si mesmas durante uma cirurgia, ou durante uma meditação profunda, estando inconsciente ou em coma. A mesma coisa pode

acontecer durante a viagem astral, e pela mesma razão – durante esses momentos o espírito e o corpo são entidades separadas. Considerando a opinião de alguém que já esteve lá, existe um fascínio curioso em ser capaz de olhar para si mesmo de fora do corpo, como um observador externo. Pessoalmente, não me sinto atraída por essa sensação e prefiro limitar minha viagem astral naquele espaço de tempo quando estou dormindo e minha desordenada mente consciente não se encontra apta a interferir.

Então, da próxima vez em que você tiver um "sonho" bonito sobre um ente querido que partiu e que se desenrolar de forma lógica, sequencial e "parecendo tão real", por favor, saiba que *é* real, vá em frente e aproveite cada pedacinho de conforto que ele lhe trouxer.

Memória Celular

Você vai encontrar algumas referências nos comentários de Francine sobre algo chamado "memória celular", ou quando uma celebridade reage durante a mais recente encarnação a uma experiência que viveu em uma vida anterior. Já que a memória celular não é reservada exclusivamente às celebridades, mas é comum a todos nós, esse tema se torna ainda mais digno de uma breve discussão.

A memória celular é o corpo cumulativo de conhecimento que nosso espírito reuniu durante toda a vida na terra e no Lar; ela é acessada por todas as células do corpo no momento em que "fixamos residência" no feto. É o que está por trás de inúmeros problemas de saúde, fobias, psicoses, dores crônicas e tantas outras supostamente inexplicáveis "bagagens" que trazemos conosco quando nascemos.

Os princípios básicos da memória celular atuam da seguinte maneira:

- Nosso corpo é composto de bilhões de células que interagem.
- Cada uma dessas células é um ser vivo que respira, sente e literalmente responde a todas as informações que recebe do subconsciente.
- É no subconsciente que a mente do espírito vive, eternamente intacta e com recordação plena de tudo, não importa quão saudável ou doente o subconsciente possa estar.

No instante em que a mente do espírito entra no corpo físico para uma nova encarnação, a sensação familiar de estar em um corpo novamente desencadeia todas as lembranças e sensações que esse espírito reteve de cada vida passada que já viveu. Não é muito diferente da experiência que você provavelmente já passou alguma vez ao voltar para um lugar que o fez recordar de coisas importantes – a casa em que viveu na infância, talvez, ou o local onde ficava sua primeira escola de dança. Você se viu agitado física e emocionalmente pelo impacto da vida presente contra o passado. Num nível mais amplo, mais significativo, é exatamente o que nosso espírito sente quando se encontra em um corpo novo. Assim como todas as outras informações que nosso subconsciente transmite, os bilhões de células de nosso corpo são instantaneamente infundidos com uma eternidade de lembranças e sensações e reagem fisiologicamente como parte de sua realidade.

Por meio da hipnose regressiva, ajudei milhares de clientes a acessar essas memórias celulares e a aprender a reconhecê-las como parte de vidas e mortes que há muito vieram e se foram. Mas não se enganem sobre isso: nós, e as celebridades sobre as quais você vai ler, somos inevitavelmente influenciados pelas memórias celulares de outras vidas, para o bem ou para o mal, e alguns mais fortemente do que outros.

Só para esclarecer um ponto importante que algumas pessoas acham confuso: lembre-se de que viver várias vidas não significa que, no curso da eternidade, você se torna várias pessoas diferentes. Somos sempre o mesmo espírito, sempre nós mesmos, em uma viagem infinita, crescendo e aprendendo ao longo do caminho, não importa quantos corpos diferentes venhamos a habitar. Para uma analogia eficaz, pense em sua jornada apenas durante esta vida, para onde cada passo o levou e onde você está neste momento. Desde o nascimento, passando pela infância, pela escola até o ensino médio, em qualquer fase da vida adulta e até onde você chegou agora, você já passou por inúmeras mudanças físicas, mentais e emocionais, mas você sempre foi você, a soma de tudo o que vivenciou até hoje. A eterna jornada de nossa alma funciona exatamente da mesma maneira. Através de todas as encarnações que temporariamente nos levam para longe de casa, por meio de todas as variações de nossa saúde física, mental e emocional durante o tempo na Terra, e nossa vida requintadamente agitada no Outro Lado, sempre fomos e sempre seremos *nós* mesmos, totalmente únicos da forma como Deus criou cada um de nós, constantemente aprendendo e crescendo e nos tornando mais sábios com a experiência. Não importa onde estamos, seja no Lar, seja aqui, nesta escola rude que escolhemos frequentar.

O SCRIPT

Vale a pena repetir quantas vezes for preciso: a Terra não é nossa casa. O Outro Lado é o nosso Lar. Tivemos vidas agitadas e felizes lá antes de vir para cá, e vamos voltar a essas vidas depois que sairmos daqui. Fazemos essas breves viagens à Terra para aprender a duras penas, através da experiência prática, em benefício do crescimento e do progresso de nosso espírito ao longo do trajeto de nossa viagem eterna. É um tipo completamente diferente de educação em relação àquele a que temos acesso em casa, porque em tudo o Outro Lado é infundido com a perfeição de Deus. Como Francine retoricamente me perguntou um milhão de vezes: "O que você aprendeu quando os tempos eram melhores?".

Escolhemos vir para cá tão raramente ou tão frequentemente quanto decidimos, e também escolhemos aquilo que estamos interessados em aprender e trabalhar desta vez. Não há nada de casual em nossas diferentes encarnações. Assim como não saímos correndo para a faculdade sem antes decidir qual a melhor faculdade, qual o curso que queremos fazer, onde iremos viver e com quem, e inúmeros outros detalhes para maximizar nossas chances de conseguir atingir nossos objetivos, os espíritos nem sonham em vir para cá despreparados.

Assim, antes de vir à Terra para uma nova vida, vamos a uma enorme sala no Palácio da Justiça e preparamos um script exaustivamente detalhado sobre nossa próxima encarnação. Desde as pinceladas mais amplas até os momentos mais triviais, não deixamos nada ao acaso em busca de nossos objetivos.

Não sei de ninguém, e eu me incluo nisso, que tenha deliberadamente escolhido algumas das tragédias e dissabores de sua vida. Novamente, a única razão para encarnarmos é aprender a superar os desafios, a negatividade e o desespero que nem sequer existem do Outro Lado, tudo visando aprimorar nossa alma. E depois há o fato de que escrevemos nosso script na euforia feliz que é nosso constante estado de espírito do Outro Lado. Estamos lá sem medo, totalmente confiantes, somos nós os mais amorosos e estamos rodeados pelo amor incondicional do outro e de Deus. Não há nada em que pensemos com que não conseguimos lidar, nada em relação ao que estejamos relutantes em assumir em nossa busca pelo crescimento espiritual. Garanto a você que, não importa quão desafiadora possa ser sua vida, você estava no processo de planejar algo ainda mais supreendente para si mesmo até que seu espírito-guia – e o Conselho – o convenceram a deixar seu script um pouco mais realista.

Assim, por mais difícil de acreditar que seja, antes de chegar até aqui você escolheu – entre inúmeros outros detalhes – seus pais, seus irmãos e cada membro de sua família, cada aspecto de sua aparência física, a data, local e hora exatos de seu nascimento; você escolheu ainda seus amigos, seus amores, seus filhos e cônjuges, seus chefes, seus conhecidos e até mesmo seus inimigos. Outras coisas escolhidas foram as cidades, casas e bairros onde viverá; suas preferências, fraquezas, falhas, senso de humor (ou falta dele), as habilidades, talentos e áreas de incompetência; todas as lesões menores e as maiores e doenças pelas quais vai passar, até mesmo seus hobbies, interesses, paixões e as pequenas peculiaridades que ninguém pode conhecer, exceto você.

Isso não significa que um script tão completo possa nos privar de nosso livre-arbítrio logo que chegarmos aqui. Na verdade, chegamos com incontáveis opções circundando cada detalhe que tivermos projetado. Se, digamos, um daqueles inimigos que você planejou, talvez até mesmo alguém que você conheceu em uma vida passada, aparece como o previsto, é sua escolha evitar essa pessoa como se ela fosse uma praga ou ser educado, mas manter distância dela, tomando cuidado com suas coisas, ou ainda permitir que ela participe de sua vida e então estar consciente de que sofrerá as inevitáveis consequências dessa decisão. Outro exemplo é se, de repente, você planejou pegar uma gripe com 22 anos. Você tem a opção de decidir cuidar de si mesmo e acabar com ela logo que surgir ou continuar a tentar a sorte e correr o risco de deixá-la evoluir para uma pneumonia. Uma vida mapeada assim é cheia de opções, e, além disso, é a prova de que o sucesso de nossa alma não se mede pelos obstáculos que enfrentamos, mas pela forma como lidamos com eles quando aparecem.

Para dar uma ideia de quão incomensuravelmente vasto é o Salão dos Registros, devo acrescentar que cada script de cada encarnação de cada pessoa que já viveu na Terra é cuidadosamente preservado e catalogado; ele é manuscrito por nós em rolos de pergaminho, e fica guardado para nossa própria revisão quando chegamos de volta; e ainda está disponível para os outros estudarem quando e se eles quiserem, ou quando tiverem necessidade disso. Estou em minha encarnação final, de número 52, então deixo a você a incumbência de fazer as contas de quantos scripts estão guardados lá, entre os inúmeros tesouros que mencionei anteriormente.

Acolhimento

O acolhimento é um processo compassivo, amoroso, habilmente concebido e executado, que tem lugar em uma das muitas câmaras designadas para isso no Portal da Sabedoria. Esse cuidado é reservado para os espíritos que não são capazes de fazer uma transição pacífica da Terra para o Outro Lado por uma multiplicidade de razões. Alguns espíritos, mesmo quando passam por uma doença prolongada, por exemplo, que supostamente lhes teria dado tempo suficiente para se preparar para quando suas vidas chegassem ao fim, apresentam-se no Lar profundamente perturbados. Estão confusos e incapazes de encontrar conforto nos rituais de boas-vindas das reuniões, da máquina de esquadrinhamento e de retomar sua vida perfeita. É uma experiência bastante comum para as vítimas do mal de

Alzheimer, demência, abuso de drogas e dependência química, e ainda para as pessoas que sofrem de graves aflições mentais, como esquizofrenia e psicose, ou seja, qualquer distúrbio que separa o espírito de sua identidade dada por Deus e de uma consciência clara da realidade em que vivem.

Quando um espírito retorna para o Outro Lado com necessidade de terapia intensiva de acolhimento, é levado por uma equipe de peritos médicos e psicólogos brilhantemente treinados para iniciar o procedimento restaurador: sono crepuscular, cuidados constantes e tranquilizadores e qualquer outro tratamento de cura necessário para guiar de forma pacífica e segura o espírito recém-chegado durante o momento de transição de sua vida terrena. Esse espírito será acolhido pelo tempo que for necessário para voltar a ser completamente saudável, inteiro e feliz. Em raras ocasiões, como no caso de uma das celebridades sobre a qual você lerá mais tarde, um segundo período de "encasulamento" será realizado se o espírito emergir antes da hora.

A longo prazo o processo de acolhimento nunca falha – o que, na eternidade, equivale a um ou dois batimentos cardíacos. No fim das contas, todo espírito do Outro Lado está feliz e saudável de novo, mais vivo do que nunca no sagrado abraço de Deus.

O Conselho

O Conselho é composto por 18 espíritos masculinos e femininos altamente avançados, cuja função é essencialmente ser a voz de Deus do Outro Lado. Sua sabedoria é venerada, e, como eles são sua própria espécie, nunca encarnando e tendo sido nomeados por toda a eternidade, estão isentos da regra de todos no Lar terem 30 anos de idade. Os homens do Conselho possuem barba branca ou prateada, e as mulheres têm longos cabelos brancos ou prateados. Eles vestem túnicas até os pés e se reúnem em uma mesa de mármore branco brilhante em forma de U, em uma sala revestida de mármore branco no Palácio da Justiça.

O Conselho não é um órgão de governo, uma vez que o governo e as leis são desnecessários do Outro Lado. Em vez disso, ele foi incumbido por Deus de uma série de responsabilidades que afetam profundamente nossa vida, tanto na Terra como no Lar.

Por exemplo, um dos últimos passos de nosso processo de encarnação é apresentar o "esboço" do script para sua divina orientação, aconselhamento e modificações. O Conselho nos guia em cada detalhe de nossas intenções e propósitos para a vida futura e explica como cada aspecto definido nesse script vai servir ou obstruir nossos objetivos. Ninguém deixa o Lar sem sua bênção sagrada final.

Como você vai descobrir mais tarde, no caso daqueles raros e especiais espíritos altamente avançados chamados viajantes místicos, é o Conselho, e apenas ele, que lhes dá a nova missão divina que Deus lhes reservou.

Pontos de saída

Como já expliquei, o script em que descrevemos uma nova encarnação é altamente detalhado, e fazemos essa projeção com a consciência do desafio extenuante que a vida na Terra pode ser. Por esse motivo, nunca completamos nosso projeto sem definir cinco possíveis "rotas de fuga", ou cinco caminhos e meios diferentes para declarar que terminamos por aqui e estamos prontos a voltar para casa. Os cinco cenários concebidos são chamados de pontos de saída.

Os pontos de saída são circunstâncias predefinidas. Se optarmos por tirar partido delas, isso pode resultar no término de uma encarnação. Colocar esses cinco pontos em nosso script não nos obriga a ficar por aqui até que o quinto apareça. Podemos decidir as coisas no primeiro deles, ou no terceiro, ou no quarto, declarando que já conseguimos o suficiente dessa vez, e raramente os espaçamos uniformemente quando os criamos. Podemos, por exemplo, definir que dois deles venham juntos em um mesmo ano, e depois só veremos o próximo ponto de saída 20 ou 30 anos depois.

Os pontos de saída mais óbvios são as doenças críticas, as cirurgias e acidentes potencialmente fatais e os assaltos. Se vamos sobreviver contra todas as probabilidades ou morrer, apesar de um prognóstico otimista, trata-se apenas de saber se vamos ou não optar por assumir esse ponto de saída em especial.

Outros pontos de saída são tão sutilmente concebidos que pode até acontecer de você nem os reconhecer: decidir "sem razão aparente" fazer um percurso diferente do usual para ir ao trabalho, os "atrasos triviais" que nos impedem de sair de casa na hora prevista, uma mudança de última hora nos planos de viagem, cancelar um compromisso porque de repente "não nos sentimos bem". Decisões e incidentes aparentemente insignificantes são muitas vezes a memória inconsciente da chegada de um ponto de saída que marcamos em nosso script, mas que no fim das contas decidimos não usar.

Todos já passamos pela tristeza de ver nossos entes queridos falecerem apesar dos esforços heroicos e das orações mais fervorosas e desesperadas que fizemos. É natural se perguntar, então, como e por que falhamos, como e por que isso não foi suficiente. Por favor, aceite o conforto de saber que, no final, os pontos de saída são decisões tomadas entre cada um de nós e Deus, assumidas ou rejeitadas por motivos que compreenderemos mais cedo ou mais tarde, e todos os esforços e orações do mundo não irão jamais retardar a chegada de um ponto de saída que foi escolhido, ou criar um que não tenha sido programado.

São cinco escolhas, então, que cabe a nós fazer sobre como e quando voltaremos para o Lar. Descobri que os pontos de saída são altamente potencializadores, e espero que isso aconteça com você também.

Conhecimento Infundido

Infusão é a maneira pela qual a informação ou o conhecimento é transferido de um ser para outro sem o uso de qualquer um dos cinco sentidos físicos. A mente que está na outra ponta da infusão não possuía o conhecimento que recebe por esse meio, nem tem consciência do lugar de onde esse conhecimento veio ou de como ele foi recebido.

A infusão é um dos meios mais comuns de comunicação entre as mentes dos espíritos do Outro Lado e as mentes espirituais que todos nós possuímos aqui na Terra. Lembre-se: a vida que levamos em nosso Lar é mais atarefada, mais estimulante e mais produtiva que a vida atual aqui na Terra, e temos uma eternidade irrestrita para investir em nossas maiores paixões. Seja participando de pesquisas médicas e científicas, seja explorando os avanços em tecnologia, passando pela oportunidade de aprender todas as formas criativas de arte, sem mencionar o fato de poder trabalhar lado a lado com as mentes brilhantes que já vieram a este mundo e dele partiram, no nosso Lar nos dedicamos a aprender, ensinar, descobrir, inventar, criar e depois infundir o resultado do nosso trabalho na mente das pessoas sobre a Terra, que poderão implementá-lo de forma mais eficaz.

A constante colaboração entre a Terra e o Outro Lado é uma parceria interdependente e poderosa para cujo sucesso o trabalho nas duas dimensões contribui igualmente. Este mundo pode agradecer à inspiração divina que foi infundida do Lar para obtermos algumas de nossas maiores invenções, os avanços na medicina e na tecnologia, na música, na arte e na literatura. Os que estão do Outro Lado mostram-se igualmente gratos a seus "receptores" aqui por colocarem em prática os conhecimentos adquiridos e por definirem a forma dos resultados de seus esforços.

O conhecimento infundido, então, é o milagre silencioso através do qual a Terra pode continuar a se beneficiar dos trabalhos de Albert Einstein, Leonardo da Vinci, Wolfgang Amadeus Mozart, Michelangelo, Duke Ellington, William Shakespeare, John Lennon, Claude Monet, Abraham Lincoln, Madame Curie e de todos os outros talentosos espíritos cujo tempo de vida na Terra teve um impacto profundo e duradouro.

Almas afins

Quando ler a definição de alma gêmea, você descobrirá que é um exercício de futilidade quase garantida essa corrida desenfreada em busca de sua alma gêmea, já que é altamente improvável que você e ela estejam aqui ao mesmo tempo. Aqueles que tiverem acalentado o sonho de encontrar sua alma gêmea podem ficar momentaneamente decepcionados com essa informação, desejando saber quem poderiam encontrar no lugar dela.

A resposta é: sonhe com sua alma afim, ou, mais precisamente, com suas almas afins, uma vez que, ao contrário das almas gêmeas, há muitas almas afins, e todas são significativas à sua própria maneira. As almas afins são espíritos que você conheceu em uma ou mais vidas passadas. Simples assim. Tenho certeza de que você já experimentou alguma vez aquela sensação de familiaridade imediata, não importa se boa ou má, que surge às vezes quando se é apresentado a uma pessoa totalmente desconhecida. Em vez de dizer: "Prazer em conhecê-lo," você precisa conter o impulso de dizer: "Oh, aí está você. Já estava na hora de aparecer, hein?".

Às vezes, essa familiaridade imediata é o trampolim para um novo relacionamento terreno, seja como amigos, amantes, cônjuges, familiares, seja como colegas de trabalho. Outras vezes, ela deve ser o trampolim para que você saia correndo como se fosse impulsionado pelo vento, e para tão longe quanto suas pernas puderem levá-lo. Uma cliente minha se casou com um homem que tinha certeza de que reconhecera de uma vida passada. Ela estava certa – naquela vida passada ele fora seu pai bêbado, tirânico e violento. Agora como sua esposa, essa cliente tenta desesperadamente ganhar a aprovação desse homem, e ele faz o papel de ditador nesse relacionamento, ao mesmo tempo que o resto do mundo o trata com o descaso que ele merece. Em nome dela, e em nome de qualquer um que se encontre envolvido em uma luta com uma alma afim com quem sua vida passada pode ter sido difícil, aconselho: é quase uma garantia de que você projetou essa pessoa nesta vida para aprender a descartar o poder que ela exerce sobre você. Não se trata de "virar a mesa" ou de "conseguir uma vingança". Isso é "descartar". Ir embora. E essa despedida final na verdade é um sinal de desinteresse. Continue a se envolver com essa pessoa de alguma forma nesta vida, e pode ter certeza de que terá de lidar com ela novamente em uma próxima vez. Depende apenas de você decidir quantas encarnações mais pretende desperdiçar com alguém que muito provavelmente não vale mais um momento de seu tempo.

Por outro lado, pode haver grande alegria em reconhecer e reconectar-se com almas afins positivas e carinhosas, não importando qual tenha sido o papel que você traçou para elas na vida atual. Você não sente apenas aquela pequena chama inesperada se acender em sua alma quando um estranho parece peculiarmente familiar. Não é só aquela rara ocasião em que podemos pular a fase embaraçosa do "vamos nos conhecer", porque de alguma forma você sabe que já tratou disso décadas ou séculos atrás. Mas se trata também da lembrança, que é muitas vezes perdida nessa transmissão de sensações, de que, cada vez que você encontra uma alma afim de alguma vida passada, está apertando as mãos de alguém que representa uma prova incontestável de sua própria eternidade. Na verdade, você vai descobrir que muitas das celebridades sobre as quais Francine discute se reuniram em casa com almas afins que elas conheciam e amavam na Terra, como todos nós.

Temas de Vida

Outra das "linhas gerais" que projetamos em nosso script para uma próxima encarnação é a finalidade específica que define nosso objetivo destinado a essa vida. Esse propósito é conhecido como o nosso *tema de vida*. Na verdade, selecionamos dois temas de vida para termos certeza de que iremos tirar o máximo proveito dessa breve viagem longe de casa: um tema principal, que é essencialmente quem pretendemos ser, e um tema secundário, que é outro aspecto de nós mesmos e com o qual nós vamos lidar durante a jornada.

Para dar um exemplo, meu tema principal é "Humanitário". É quem eu sou, é minha paixão, e é tão essencial para minha vida como respirar. Meu tema secundário é "Solitário". Parecem conflitantes, não? Admito isso, pois às vezes me ressinto em ter de sacrificar a forte parte "solitária" em mim e fico desejando que meu marido e eu pudéssemos desaparecer em alguma pequena ilha tropical sem celulares e com uma pilha de ótimos livros. O interessante desafio de meu tema secundário, porém, é aprender a reconhecê-lo não como um obstáculo, mas como um aspecto de mim que eu mesma escolhi, e que, portanto, devo encontrar maneiras de expressar, sem comprometer de maneira nenhuma meu tema de vida principal.

Há 46 temas de vida. Na medida em que você começar a ler cada um deles, acredito que ficará fascinado pelo potencial positivo e negativo existente, dependendo de como são manipulados. Acho que seu espírito vai responder imediatamente quando reconhecer os próprios temas primário e secundário, e também acho que terá algumas revelações surpreendentes sobre as celebridades cujos temas de vida Francine menciona.

Buscas estéticas. Aqueles que escolhem esse tema são motivados por uma necessidade inata de criar alguma forma de beleza artística, seja na música, no teatro, na escrita, na escultura, na pintura, na coreografia, seja, enfim, nas artes em geral. Essa motivação pode levar à fama e às regalias, o que pode ser algo bastante agradável se o tema secundário for compatível; mas pode ser trágico se esse tema estiver em conflito direto.

Analisador. Aquele que precisa controlar os intrincados detalhes sobre como tudo funciona e por quê. Os analisadores são indispensáveis em áreas técnicas ou científicas. Mas seu medo de perder alguma coisa ou deixar de perceber algum detalhe pode impedir que relaxem, confiem em seus instintos e se recostem o suficiente para enxergar todo o panorama da situação.

Porta-estandarte. Ele está sempre na linha de frente das batalhas contra tudo aquilo que avaliar como sendo uma injustiça. Ele fará piquetes e lobby, enfim, tudo que for preciso para lutar contra aquilo que ele considera "o bom combate". Seu desafio é aprender que pode mostrar sua opinião de forma mais eficaz com tato e moderação, em vez de aplicar um fanatismo divisionista.

Construtor. O ponto de apoio e de suporte da sociedade, a engrenagem muitas vezes invisível, mas essencial, que mantém as rodas girando. Os construtores não são aqueles que cruzam um palco para receber um troféu: são aqueles que desempenharam um papel importante na construção do próprio palco. Podem se sentir desvalorizados por não terem o crédito que realmente merecem, mas precisam lembrar que as recompensas por dominar um tema tão importante quanto esse residem no progresso acelerado do espírito, muito mais valioso do que qualquer troféu jamais poderia ser.

Cuidador. O tema do cuidador está intimamente relacionado aos temas do salvador e do humanitário, mas vai um bocado mais fundo. Os indivíduos ligados a esse tema levam as pessoas para sua casa, oferecem cuidados aos idosos e abrigam aqueles que se encontravam nas ruas. Criam uma base sólida para os enfermos e os pobres, depois se juntam aos grupos que viajam a outros países e ajudam a combater a pobreza, daí vão a prisões, hospitais de saúde mental e para qualquer outro lugar onde sejam necessários como "soldados" nas linhas de frente em prol dos desfavorecidos. Seu desafio é aprender a cuidar de si mesmos enquanto estão ocupados cuidando dos outros.

Catalisador. As pessoas ligadas a esse tema fazem as coisas acontecerem e mobilizam a inação para se transformar em ação. São energéticas e entusiasmadas e parecem se destacar em circunstâncias estressantes. No lado negativo, lutam contra a sensação de vazio e a depressão quando estão sem objetivo a cumprir.

Lutador por uma causa. Se não existir um problema social que possa assumir, ele vai criar um. É o general que comanda o porta-estandarte. Ativo e apaixonado em seus esforços para criar um mundo melhor, muitas vezes faz isso à custa da segurança de si mesmo e dos demais. Em sua forma mais indisciplinada, corre o risco de disputar um espaço maior sob os holofotes do que a causa que está promovendo.

Controlador. Em sua forma mais bem-sucedida, os controladores são brilhantes em tomar conta de cada tarefa por meio de uma atitude sábia, discreta, de apoio, de supervisão e de delegação. Já os menos afortunados sentem-se compelidos a ditar e julgar todos os detalhes da vida dos que os rodeiam. Ironicamente, seu maior desafio é o autocontrole.

Emotividade. As pessoas ligadas ao tema emotividade nascem com uma extraordinária capacidade de sentir profundamente o auge da alegria, a mais profunda das tristezas e todas as tonalidades de emoção entre os dois extremos. Sua sensibilidade é um dom e uma carga, e elas precisam mais do que a maioria de nós ter sempre consciência da importância do equilíbrio em sua vida.

Experimentador. É aquele que insiste em tentar qualquer atividade, buscar objetivos ou estilos de vida que consigam capturar sua atenção. Passa sem problemas da função de gerente de loja de varejo a membro de uma equipe de escavações arqueológicas no Egito. Depois pode tentar a sorte numa comédia stand-up ou num rodeio no interior. E não por falta de rumo, mas por causa da necessidade de experimentar a vida como uma série variada de eventos com sua ativa participação. O excesso de autoindulgência, a ponto de beirar a irresponsabilidade, é sua maior barreira, a mais desafiadora.

Falibilidade. Indivíduos ligados ao tema falibilidade nasceram com alguma incapacidade física, mental ou emocional. Só os espíritos mais extraordinários escolhem esse tema, e, quando acham que a escolha é desencorajadora, precisam lembrar o exemplo inspirador que estão mostrando enquanto enfrentam obstáculos tão especiais que o restante de nós nem consegue imaginar.

Seguidor. Os seguidores são, a seu jeito, tão essenciais para a sociedade quanto os líderes, porque sem eles não haveria líderes... A maior e mais generosa contribuição que eles podem oferecer à Terra é dar seu apoio forte e confiável. Mas os seguidores têm de estar atentos à importância da seleção cuidadosa de quem e o que seguir.

Liberdade. O hino desse tema é "Don't fence me in" (popular canção norte-americana composta por Cole Porter cujo título poderia ser traduzido como "Não me aprisione"). O tema da liberdade é o do cigano, de alguém que não gosta de ficar parado, que quer ir a todos os lugares e parece não conseguir ficar em um local por muito tempo. Mesmo que encontre residência permanente, esse indivíduo estará sempre viajando e em movimento. Ele tenderá para o mau humor se for mantido em um único lugar durante muito tempo, e tem dificuldade para aquietar a mente. Muitos daqueles que foram diagnosticados com DDA (distúrbio de déficit de atenção) ou TDAH (transtorno de déficit de atenção e hiperatividade) estão na verdade tentando fazer as pazes com o tema liberdade.

Harmonia. Pessoas com o tema harmonia elegem a paz, a calma e o equilíbrio como suas prioridades, e vão a qualquer extremo para garanti-las. No lado positivo, são pessoas cooperativas e geralmente exercem um efeito tranquilizador em situações caóticas. No lado negativo, podem achar que é muito difícil aceitar e adaptar-se aos inevitáveis choques, obstáculos e situações estressantes que a vida tem a oferecer.

Curador. O curador muitas vezes é atraído por profissões de cura física ou mental, mas é encontrado em outras áreas também.

O tema escolhido pode se manifestar de diversas formas, todas elas envolvendo aliviar a dor de alguém e melhorar o bem-estar geral. É imperativo que os curadores se protejam, evitando desenvolver extrema empatia por aqueles que estão tentando curar, e que procurem também regular o próprio ritmo com cuidado, para evitar uma sobrecarga causada pelo estresse, pela dor e pelas doenças que seu tema atraiu sobre eles.

Humanitário. O humanitário nasce para abranger toda a humanidade. Em vez de abordar as desigualdades da vida através dos protestos e das passeatas, o humanitário ignora essas manifestações para dar de comer diretamente aos que têm fome, alojar os que não têm teto, curar os feridos, ensinar os analfabetos e atacar de frente os males do mundo. Ele enfrenta um duplo desafio: saber que há uma quantidade infinita de trabalho a ser feito, mas também saber quando e como evitar o desgaste excessivo.

Infalibilidade. Aqueles ligados ao tema Infalibilidade aparentemente nasceram com tudo – boa aparência, talento, inteligência, sagacidade, graça e muito mais. Mas, acredite ou não, esse pode ser um dos temas mais extraordinariamente difíceis de lidar. Seus problemas são raramente levados a sério. Eles são muitas vezes odiados por suas vantagens e podem se sentir intimamente não merecedores de tudo isso por não terem precisado lutar para ganhar seu lugar privilegiado na sociedade. Não é raro que sejam arrastados para os excessos, como a obesidade, a promiscuidade ou o uso de drogas, quase como se estivessem tentando equilibrar a balança ao criar dificuldades com as quais não nasceram. Já que muitas coisas chegam até eles com facilidade, são pessoas que podem se sentir emocionalmente ineptas em situações que desafiam sua personalidade.

Intelectualidade. A melhor expressão do tema da sede do conhecimento são as pessoas que estudam durante toda a vida e usam continuamente sua riqueza de informações para educar, melhorar e expandir a vida na Terra. A pior expressão desse tema é encontrada nas muitas versões do "estudante profissional", cuja única meta é adquirir mais conhecimento em prol do conhecimento acumulado em vez de compartilhar essa informação com os demais; o fato é que tanto conhecimento não tem nenhuma utilidade para ninguém, exceto para quem o detém.

Irritante. Os pessimistas constantes e deliberados, os que procuram erros em tudo, aqueles que sempre têm alguma coisa da qual reclamar são os que escolheram esse tema. O mais incrível é que, apesar de ser tão difícil, muitas pessoas parecem ter optado por esse tema. Mas elas nos são úteis para nos ensinar a ter paciência, tolerância e a não nos engajarmos na negatividade – enquanto lutam para superar a própria negatividade que o tema escolhido exigiu que adotassem.

Justiça. São os indivíduos que estão empenhados na busca ativa pela justiça e igualdade ao longo da vida. Alguns de nossos maiores presidentes e militantes são exemplos primorosos do tema da justiça em seu melhor momento. Em sua pior expressão, quando se mostram equivocados e sem Deus como centro, a paixão em corrigir o que entendem como erro pode resultar em tumulto, em anarquia e em vigilantismo.

Legalidade. A aplicação da lei e a prática e o ensino do Direito estão entre as expressões profissionais do tema legalidade, que gira em torno da preocupação com a salvaguarda da linha entre a legalidade e a ilegalidade. Quando são pessoas elevadas, mostram-se dedicados servidores públicos que ajudam ferozmente a manter a ordem e o equilíbrio neste mundo. Quando são corruptos e abusam de seu poder, são um insulto ao tema que escolheram.

Líder. Estranhamente, as pessoas com o tema do líder podem ser dotadas de grande capacidade de liderança, mas quase nunca são inovadoras, escolhendo comandar em áreas já estabelecidas, por exemplo, os advogados que atuam em casos muito divulgados e florescem no centro das atenções, em vez de dedicar seus conhecimentos a introduzir melhorias significativas no sistema judicial. O aperfeiçoamento desse tema implicaria mudar suas prioridades máximas, deixando a busca do próprio sucesso para começar a explorar novas fronteiras socialmente relevantes.

Solitário. O solitário muitas vezes é socialmente ativo e tem visibilidade, mas tende a escolher carreiras e estilos de vida que lhe permitam viver isolado. Gosta de ficar sozinho, geralmente aprecia a própria companhia e muitas vezes luta para superar o sentimento de irritação e de sentir sua energia drenada quando outras pessoas passam muito tempo em seu espaço.

Perdedor. Esse tema é essencialmente o da falibilidade sem os desafios físicos, mentais e emocionais. As pessoas com esse tema têm muitas vantagens e possuem boas qualidades, mas, como estão determinadas a sentir pena de si mesmas, insistem em desconsiderar suas virtudes. Buscam atrair a atenção posando como mártires, e, caso não exista nenhum melodrama em sua vida, acabarão por criar um. Assim como os irritantes, podem nos inspirar a ser mais positivos e a desgostar de seu comportamento sem a necessidade de julgá-los como pessoas.

Manipulador. Os manipuladores abordam sua vida e a das pessoas ao redor como se estivessem em um jogo de xadrez com um jogador apenas. Controlam as pessoas para obter vantagens, muitas vezes fazendo isso com um talento notável. Esse é um tema poderoso e não necessariamente negativo. Quando o tema é dedicado à elevada graça divina, os manipuladores podem exercer um enorme impacto positivo na sociedade. Quando o tema é mal usado, os manipuladores são egoístas demais para se preocupar com qualquer outra pessoa que não eles mesmos, e fazem isso à custa dos outros.

Passividade. As pessoas com o tema da passividade às vezes são vistas como fracas, mas na verdade sua melhor descrição seria alguém extraordinariamente sensível às perturbações emocionais. Têm opinião, mas a expressam de modo mais eficaz evitando o confronto. Quando tomam posição sobre qualquer questão, posicionam-se de modo estritamente não violento. Para os indivíduos ligados ao tema da passividade, é difícil lidar com os extremos, mas um pouco de tensão pode ser uma valiosa ferramenta para estimulá-los em sua forma de atuação.

Paciência. Como é um dos temas mais desafiadores, a paciência requer esforço constante em um mundo em que a impaciência é quase considerada uma admirável habilidade de enfrentamento. A escolha da paciência em lugar de um tema menos difícil indica a ânsia de se mover mais rapidamente no caminho rumo à perfeição do espírito – em outras palavras, a paciência, de certa forma, indica a *impaciência* espiritual. Junto com sua batalha em curso contra a tensão causada pelo estresse, aqueles que escolheram esse tema lutam frequentemente contra os lapsos ocasionais em seus esforços rumo a seu objetivo e contra a raiva que acham que seu tema exige que seja reprimida. Ao assumir e reconhecer que escolheram um tema muito difícil, poderão mais facilmente ter complacência consigo mesmos.

Peão. Os peões são aqueles cuja função é serem usados como o estopim que detona algo de grande magnitude, seja positivo, seja negativo, fazendo isso emergir. São essenciais para o avanço do espírito universal. Possivelmente o exemplo histórico mais clássico de peão é Judas, cuja traição remunerada a Cristo foi, em última análise, um elemento fundamental para o nascimento do cristianismo. Pessoas que escolhem o tema do peão, importantes à sua maneira como são, precisam estar vigilantes para alinhar-se apenas às causas mais dignas e louváveis.

Pacificador. Os pacificadores dedicam-se a deter a guerra e a violência. Ao contrário das pessoas ligadas aos temas da passividade e harmonia, os pacificadores tipicamente mostram uma dose surpreendente de agressividade e ardor em seus esforços pela paz. Sua fidelidade à paz é muito maior que sua lealdade a qualquer grupo ou país, e não se opõem a conseguir um pouco de notoriedade como parte de uma causa nobre e altamente visível.

Perfeccionista. O tema do perfeccionista é exatamente como parece ser: são aqueles que necessitam e esperam conseguir a perfeição em cada aspecto de sua vida: em seu trabalho, em sua vida pessoal, em sua casa, em seu carro, em suas roupas e mesmo em seus amigos. Como também esperam obter a perfeição em si próprias, essas pessoas são mais apreciadas quando param de escrever bilhetinhos sugerindo melhorias para os outros e passam a dirigir esses bilhetinhos para seu íntimo. São homens e mulheres muito valiosos na capacidade de fazer as coisas e de fazê-las bem feitas, mas também têm de perceber que nada no mundo é perfeito, todas as coisas aqui estão de passagem e são transitórias.

Desempenho. Quem escolhe esse tema pode perseguir uma carreira no campo do entretenimento, mas ficará contente se puder ser o centro das atenções da festa, do escritório ou da classe. É o tipo de pessoa alimentada pela atenção recebida dos outros, não importa se muita ou pouca. Muitas vezes, forma uma opinião sobre si própria baseando-se exclusivamente na maneira como os outros a veem, e a maneira de combater isso será reservando parte de sua considerável energia para a introspecção e a aprendizagem, de modo a prover a própria nutrição emocional e espiritual.

Perseguição. Aqueles ligados ao tema da perseguição não só estão se preparando constantemente para a pior das possibilidades, mas estão realmente convencidos de terem sido apontados para a má sorte e a atenção negativa. A noção de felicidade é literalmente assustadora para eles, porque têm certeza absoluta de que terão de pagar um preço alto demais por ela, ou de que a felicidade poderá subitamente ser arrancada deles sem nenhum aviso. Dominar esse tema exige uma força enorme, mas a recompensa por superá-lo é um avanço espiritual notável.

Perseguidor. Os perseguidores são normalmente agressivos, sociopatas que se autojustificam e que vão prejudicar e até mesmo matar as pessoas sem culpa ou remorso, e sem o fator atenuante da doença mental ou do distúrbio emocional. Obviamente, é quase impossível para nós entender o propósito de escolher esse tema no espaço de uma única vida, mas essas pessoas podem inadvertidamente desafiar, testar e inspirar o progresso em nossas leis, em nosso sistema judicial, em nossas técnicas de análise forense, em nossos limites morais, em nossa consciência social e na unidade da humanidade.

Pobreza. O desafio do tema da pobreza é, obviamente, prevalente em países do Terceiro Mundo, mas é quase mais difícil no meio da abundância, na qual o privilégio pode parecer algo zombeteiro em uma comparação desequilibrada e injusta. Mesmo os privilegiados podem apresentar um tema de pobreza, perpetuando a sensação de que não importa o que possam vir a ter, pois isso sempre será insuficiente. A persistência, a esperança e uma perspectiva real sobre a irrelevância cósmica dos bens materiais podem proporcionar o crescimento espiritual para aqueles que escolhem esse tema excepcionalmente exigente.

Paranormalidade. Você poderia achar que esse foi meu tema principal, mas não foi. As pessoas que o escolhem costumam projetar para si próprias um ambiente na infância extremamente restrito, no qual a capacidade de sentir as coisas além do "normal" é recebida com severa desaprovação. O desafio do tema da paranormalidade é aprender a aceitar essa habilidade não como um fardo, mas como um dom, e colocá-lo em uso em seu nível mais elevado, mais altruísta, mais espiritual.

Rejeição. As pessoas ligadas ao tema rejeição geralmente experimentam alienação ou abandono na infância e prosseguem com esses mesmos padrões vida afora. Por mais difícil que seja, o desafio para quem escolheu esse tema extraordinariamente difícil é reconhecer a rejeição não como um fardo além de seu controle, mas como tema específico que foi escolhido de forma que possam aprender que, quando o espírito se vê completo e autossuficiente em relação à sua identidade, a aceitação ou a rejeição dos outros deixa de ser relevante.

Salvador. Gravita em torno das vítimas, querendo ajudá-las e salvá-las, mesmo quando as vítimas obviamente criaram as próprias crises ou nem pretendem ser salvas. Os salvadores se mostram mais fortes na presença dos mais fracos ou dos mais indefesos e demonstram alta empatia, mas podem facilmente se tornar vítimas, se não mantiverem uma distância emocional segura daqueles que estão tentando resgatar.

Responsabilidade. Aqueles que escolhem um tema como a responsabilidade acabam por abraçar essa ideia não como obrigação, mas como forma de nutrição emocional. A alegria está na realização ativa daquilo que têm em mãos, e eles se sentem culpados se estão conscientes de algo que precisa ser feito e não acreditam que isso será atendido. O desafio está em ser altruísta o suficiente para lembrar que, muitas vezes, as pessoas ao redor precisam dessa mesma nutrição ao assumir a responsabilidade e a realização de alguma coisa.

Espiritualidade. Os indivíduos ligados ao tema espiritualidade passam a vida inteira em uma busca fervorosa pelo seu centro espiritual, se não como profissão, certamente como motivação pessoal constante. Quanto mais pesquisam, mais surgem novos territórios que eles se sentem compelidos a explorar, e, quando o tema se encontra em seu mais alto nível, criam ilimitada inspiração, compaixão, perspicácia e tolerância. Em seu nível mais baixo, entretanto, podem manifestar-se em estreiteza de visão, em uma natureza tendenciosa e no perigoso isolamento do fanatismo.

Sobrevivência. De certa forma, parece que todos nós teríamos o mesmo tema da sobrevivência. Mas, para aqueles que escolheram esse tema especificamente, a vida é uma luta constante e incansável, algo a ser suportado, apesar de as chances serem todas contra. Essas pessoas normalmente se destacam em situações de crise, mas mostram dificuldade em distinguir entre uma atribulação verdadeira e sua visão sombria dos desafios cotidianos comuns. Todos eles deviam colocar um adesivo no vidro do carro com a mensagem “Anime-se!”.

Temperança. O tema temperança é normalmente acompanhado por um vício que deve ser enfrentado e superado. Mesmo que o vício real nunca se manifeste, as pessoas que escolhem esse tema devem lutar contra uma sensação constante de vulnerabilidade a uma potencial dependência, seja de drogas, sexo, um estilo de vida, seja em relação a outra pessoa. Essas pessoas ainda precisam evitar o extremo oposto, que é se tornar alguém fanático ou psicologicamente avesso a qualquer coisa que elas achem que pode ser um vício em potencial. A chave para progredir e avançar nesse tema é a moderação.

Tolerância. Não importa o que seja, mas aqueles com o tema da tolerância se sentem compelidos a encontrar uma maneira de tolerar até o intolerável. Obviamente, isso pode se tornar um fardo insustentável, a ponto de eles acabarem por concentrar todas as energias em uma área que sentem poder tolerar mais facilmente, tornando-se alheios ou insensíveis a tudo mais que exista ao redor. Seu crescimento pode ser conseguido através do reconhecimento daquilo que está causando essa visão irreal e indiscriminada do mundo e do aprendizado de que ser magnânimo só vale a pena quando o objetivo é digno.

Vítima. Por definição, o cordeiro do sacrifício. Sua finalidade entre nós é lançar uma luz sobre a injustiça e nos inspirar a agir e a realizar as mudanças que deixem o mundo melhor. Crianças maltratadas e assassinadas, pessoas que são alvo de crimes causados pelo ódio e aquelas que foram condenadas injustamente por crimes violentos e depois foram inocentadas estão entre as que escolheram esse tema em função do bem maior.

Vitimizador. Ele está aqui para conseguir o controle absoluto sobre o maior número possível de vítimas, a fim de se ver cercado em todos os momentos pela prova visível de seu próprio poder. A vontade e os sentimentos de suas vítimas são desprezados a menos que estejam em perfeita concordância com os de seu algoz, e a única forma de compaixão de que ele se sente capaz é dirigida ao próprio e insaciável ego. Em pequena escala, os vitimizadores são os amantes ou esposos controladores, os assediadores, os pais patologicamente superzelosos, e assim por diante. Já em escala maior, é o caso de Jim Jones, ou do suicídio em massa de Heaven's Gate, David Koresh, do Ramo Davidiano, e todos aqueles que exigem essa devoção servil. Até mesmo crianças a quem não foi dada escolha foram sacrificadas, não em nome de Deus, mas em nome do vitimizador.

Guerreiro. Nossos destemidos soldados, nossos pioneiros, os astronautas, os bombeiros e os heróis desconhecidos em inúmeras outras profissões, com a coragem de multiplicar-se para enfrentar desafios físicos, morais ou espirituais. Eles trabalham em todas as esferas, desde a vida cotidiana até na linha de frente da guerra contra o crime, o tráfico de drogas, enfrentando as consequências de desastres naturais e tiranos homicidas. Ou ainda nos vastos espaços não conquistados do Universo. Mas, se não houver orientação, a agressividade dos guerreiros pode ser destrutiva. Quando focada, especialmente se tiver um tema secundário, como o humanitário, a energia dessas pessoas pode gerar contribuições históricas de significado global.

Vencedor. Esse tema difere daquele da infalibilidade porque o vencedor tem compulsão pelo triunfo. As pessoas que escolhem esse tema são otimistas perpétuas, acreditando sempre que o próximo negócio, o próximo relacionamento, a volta seguinte dos dados na mesa, o próximo bilhete de loteria, a aposta seguinte nos cavalos, o próximo emprego ou até mesmo o casamento seguinte ou o filho seguinte serão aquilo que elas vinham esperando, aquilo que vai fazer a diferença. Em sua expressão mais elaborada, o otimismo infatigável e a habilidade inata de "sacudir a poeira e dar a volta por cima" depois de cada fracasso, seguindo em frente com confiança, é uma atitude inspiradora e digna de exaltação. Mas, se o vencedor não verificar constantemente a realidade em volta, poderá dissipar seu dinheiro, sua segurança e sua vida em decisões impetuosas e baseadadas no erro.

Entidades com missão de vida

As entidades com missão de vida são seres espirituais incrivelmente evoluídos e estão entre os espíritos mais avançados aqui na Terra. É por isso que tão poucos deles são mencionados neste livro.

Cada um de nós tem uma missão devotada a Deus, quer nosso subconsciente saiba disso, quer não. Cada encarnação que vivemos aqui e cada momento que passamos do Outro Lado são trampolins para cumprir essa finalidade. É essencial lembrar que nenhum desses propósitos é mais importante do que qualquer outro – todo desígnio é orientado para cumprir a vontade de Deus, sendo indispensável e valioso. Se você está duvidando disso, tente imaginar um mundo repleto de reis e presidentes, mas sem professores, enfermeiros, mineiros, assistentes sociais, cozinheiros, mecânicos, donas de casa e todos os outros moradores deste planeta que contribuem para nosso dia a dia. Ou então imagine um exército que não tenha nada, exceto generais, sem um único soldado. Qualquer que seja nosso objetivo, deve ser algo com o que nos comprometemos, para cuja consecução devemos buscar a excelência e que reconheçamos que tudo que Deus pede é que apliquemos o máximo de nossa capacidade.

Aqueles que se colocam como voluntários para o objetivo de ser uma entidade com missão de vida disseram basicamente o seguinte: "Onde quer que precise de mim nesta Terra, Deus, eu vou de bom grado". Eles sacrificam as próprias necessidades e conforto para realizar aquela missão com a qual se comprometeram: para, com compaixão e abnegação, resgatar, afirmar, inspirar, inflamar e celebrar a ligação genética essencial com o divino em cada um dos filhos de Deus que encontrarem pelo caminho, não importa o que aconteça ou aonde isso possa levá-los.

As entidades com missão de vida não tentam recrutar nem converter os outros, muito menos pregar qualquer dogma ou religião específica. São seres espirituais gentis, generosos e incansáveis, que nunca alegam possuir superioridade ou alguma proximidade mais elevada com Deus. Incluem e abraçam toda a humanidade em vez de tentar isolar ou afastar alguém. Podem ser encontrados em todas as esferas da vida com uma grande variedade de cargos e em níveis desiguais de status social. Sua finalidade aqui não é dependente de quanto atraem de exposição na mídia. Ao contrário, sua missão é expressada através da generosidade, de uma empatia universal e de sua capacidade para enriquecer o bem-estar espiritual da humanidade durante seu tempo aqui na Terra, que se torna um caminho profundamente avançado e satisfatório, muitas vezes cheio de dificuldades e turbulências – por isso mesmo se torna uma viagem que apenas algumas almas especiais escolhem.

Viajantes místicos

Os viajantes místicos podem ser mais facilmente descritos como as entidades com missão de vida, só que com um escopo mais abrangente. O que eles disseram a Deus sobre sua jornada de alma foi: "Onde quer que precise de mim neste Universo, irei de bom grado".

Em outras palavras, os viajantes místicos se dedicam ao mesmo objetivo eterno das entidades com missão de vida: reforçar a conexão espiritual divina entre nós e Deus como uma força ativa e florescente. Mas, enquanto as entidades limitam seu foco à Terra, os viajantes místicos se voluntariam para encarnar e continuar sua missão em qualquer planeta habitado de qualquer galáxia existente no Universo. A maioria dos viajantes místicos teve muitas encarnações na Terra e agora se encontra disposta e pronta a conseguir seu "diploma" explorando horizontes mais vastos. É como se a aprendizagem na Terra lhes concedesse a graduação e agora desejem ir a outro lugar para cursar a pós-graduação.

Os viajantes místicos apresentam as mesmas qualidades transcendentais das entidades com missão de vida, como a aceitação pacífica do sacrifício e do desconforto, sua rara empatia, a generosidade, a bondade, a vontade de fazer alguma coisa se notarem que alguém precisa de ajuda. Os dois únicos que conheci nas minhas mais de seis décadas vivenciando experiências místicas tinham a vantagem adicional de aparentemente terem feito, com destaque, todos os cursos teológicos já realizados, sem sair deles com nenhum tipo de retórica, mas com toda a alegria de amar e ser amados por Deus. Esses dois viajantes místicos me fizeram sentir-me uma novata, e nenhum deles viveu o suficiente para atingir a idade adulta. Eles vieram, deram-nos um vislumbre do grande potencial de nosso espírito e foram embora rapidamente para realizar sua tarefa seguinte no Universo. Você vai ler sobre um deles neste livro.

Orientação

A orientação é parte essencial de nossa transição da vida na Terra para uma vida feliz do Outro Lado. Ela tem lugar em uma das incontáveis salas-satélite que existem no Portal da Sabedoria, depois que revisamos nossa encarnação mais recente passando pela máquina de esquadrinhamento. Durante a orientação somos informados sobre a vida que acabamos de viver na Terra com a ajuda do nosso espírito-guia, de uma equipe de orientadores treinados e, ainda, de quaisquer outros espíritos cujas ideias ou opiniões possam nos dar uma perspectiva melhor a respeito do que vivemos.

Por exemplo, digamos que exista alguém que você deixou profundamente ferido durante sua vida, e ver a própria crueldade através da máquina de esquadrinhamento o fez ficar arrasado. Os orientadores e seu espírito-guia podem ajudá-lo a saber se suas ações poderiam ter resultado em algum inimaginável progresso de longo alcance na jornada de sua alma ou na da pessoa que você magoou. Você pode até chamar essa pessoa (se ela estiver no Lar) ou o espírito-guia dela para participar da discussão. O objetivo é obter uma visão geral do impacto e do inevitável efeito cascata de seu comportamento, não para que você possa se vangloriar sobre a grande ideia que sua crueldade acabou se tornando, mas para lhe dar condições de fazer as pazes com quem você magoou – e com você mesmo.

Outra função da orientação é facilitar a transição para o Outro Lado dos espíritos que não estavam preparados para a viagem e estão muito confusos ou irritados para ficar em paz quando chegarem, mas que não precisam da terapia intensiva do acolhimento. Como já dissemos antes, e assim como você lerá nos comentários de Francine sobre as celebridades, nem todos estão instantaneamente ansiosos para ir para casa, e os orientadores são impecavelmente treinados para ajudar. Depois que esses espíritos despreparados experimentam a máquina de esquadrinhamento que resume sua vida e passam por um período de esclarecimento posterior, são aconselhados por esses orientadores a aquietar sua turbulência e seu ressentimento. Então, lhes é dado todo o tempo de que precisam para realizar as atividades que lhes traziam conforto durante a vida aqui na Terra – ler, fazer caminhadas, jogar futebol ou golfe, xadrez, TV ou cinema, jogos de computador (vamos encarar esse fato: existem aqueles que não se considerariam no céu se não houvesse jogos de computador), o que lhes permitirá "descomprimir" em seu próprio ritmo e renovar a consciência do espírito de que nossa vida *real* é a que vivemos do Outro Lado.

Quadrantes

Como já definimos, todos os pontos da Terra existem do Outro Lado, incluindo os continentes "perdidos" da Atlântida e da Lemúria. Cada um dos continentes é dividido em quatro quadrantes. Essa divisão nada tem a ver com governo ou política, já que não há necessidade de nenhum dos dois do Outro Lado (agora sim ele está se parecendo cada vez mais com o paraíso, não é mesmo?). Esses quadrantes são simplesmente áreas para fins específicos, correspondendo às vocações escolhidas por nós nesse lugar. Um quadrante de cada continente é dedicado à orientação, por exemplo, não apenas para as atividades de "descompressão" daqueles que precisam delas, mas também para a formação daqueles que aspiram a ser orientadores. Outro quadrante está destinado a abrigar todas as ciências. Outro é o centro para as artes criativas, e o quarto é o lugar onde todas as pesquisas de casa têm lugar.

Existe completa liberdade de movimento entre os quadrantes, e, assim como acontece com todas as outras áreas do Outro Lado, não há nada considerado fora de alcance de qualquer um. Uma sentinela é colocada na entrada de cada quadrante, apenas para acompanhar o paradeiro de todos os que trabalham lá e direcionar seus visitantes ou colaboradores de outros quadrantes até sua localização exata.

Para tornar nossa vida por lá cada vez mais confortável, se você for, digamos, para o segundo quadrante da Ásia, a fim de conversar com um amigo e a sentinela informá-lo de que seu amigo foi meditar nos jardins do Palácio da Justiça – como os "locais" gostam de fazer –, você não precisará enfrentar uma longa viagem. Livres de nosso corpo, e com nossa mente espiritual nítida e clara, podemos apreciar todos os benefícios da viagem astral, que é fácil, instantânea e garantida: simplesmente pensamos sair daqui e estar lá e num instante chegamos ao destino.

A MÁQUINA DE ESQUADRINHAMENTO

Assim que tivermos concluído nossa emocionante reunião com todos os amados amigos e animais que se reuniram para nos acolher na chegada ao Lar, nosso espírito-guia nos escoltará a uma imensa câmara no Portal da Sabedoria, sagrada e privada, para uma visita à máquina de esquadrinhamento. A máquina é uma enorme cúpula convexa de vidro azul, circundada por bancadas curvas de mármore branco. Através dessa cúpula de vidro azul podemos assistir a cada momento da encarnação que acabamos de completar será repetido diante de nossos olhos, como se fosse um filme em 3D. Como não existe tempo do Outro Lado, não é um problema a quantidade de "anos" que leva para revermos nossa vida em exaustivos detalhes.

Longe de ser um simples passeio nostálgico pela estrada de nossa memória, a sessão na máquina de esquadrinhamento é essencial para a jornada de nosso espírito. Nós todos tivemos uma caminhada difícil durante a vida aqui na Terra, sem nenhuma consciência daquilo que definimos previamente antes da encarnação. De fato, mesmo se viajarmos astralmente até o Salão dos Registros e localizarmos nosso script atual, iremos apenas olhar para um pergaminho em branco, já que esses scripts são inacessíveis enquanto não fizermos o melhor para viver de acordo com o que foi descrito neles. Porém, quando estivermos em casa de novo, voltaremos a ter a lembrança total de nossos scripts. A máquina de esquadrinhamento fornece os meios para que nós, literalmente, possamos ver como nossas intenções se transformaram em ações.

Acho fascinante, e muito lógica, a ideia de que não é Deus quem avalia quão bom ou mal foi nosso desempenho. Somos nós mesmos a fazer isso, totalmente despojados dos instintos terrenos de autodefesa ou de autojustificativas motivadas pelo ego. Ficamos cara a cara com a realidade, sem filtros, avaliando uma vida não editada, seja para o melhor, seja para o pior. Cabe a nós lidar com isso, processar a informação e aprender com ela.

Aliás, da próxima vez que você ler ou ouvir falar de alguém que teve uma experiência de "quase morte", e essa pessoa mencionar que sua vida passou inteirinha na mente dela em um piscar de olhos, você sabe agora que ela chegou até a máquina de esquadrinhamento antes de ser ressuscitada e voltar "à vida".

Almas Gêmeas

A verdadeira definição de alma gêmea, em oposição ao conceito hiper-romantizado que se tornou esse mito tão desastroso, é a seguinte: cada um de nós é criado com um espírito que tem os aspectos masculino e feminino. No momento em que nosso espírito é criado, um espírito gêmeo idêntico é criado junto conosco. Esse espírito gêmeo com aspectos masculinos e femininos é uma imagem espelhada de nós. Esse espírito é nossa alma gêmea.

Enquanto estamos vivendo nossa vida do Outro Lado, nós nos encontramos mais emocionalmente ligados a nosso companheiro de alma do que a qualquer um dos outros espíritos que conhecemos, assim como acontece com a maioria dos gêmeos idênticos, que são intensamente ligados. Mas também temos identidades separadas e completas. Nossa alma gêmea não é a outra metade de nós, nem nós somos a outra metade de nossa alma gêmea; nenhum de nós é metade de uma pessoa em processo de acabamento. Nós e nossa alma gêmea temos nossas próprias amizades, interesses particulares e atividades pessoais, embora amemos um ao outro livre e incondicionalmente. Então, não pense em almas gêmeas como romance: pense nelas como gêmeos idênticos, e você terá uma ideia mais acurada e saudável do seu significado.

Assim como acontece com todos os espíritos do Outro Lado, tanto nós quanto nossas almas gêmeas escolhemos quando, se e quantas vezes sentimos que irá beneficiar o nosso crescimento espiritual vir à Terra para outra encarnação. Uma vez que estamos separados, completos e caminhando em nossa trilha, tomamos a decisão de encarnar de forma independente e por razões intensamente pessoais, que se justificam porque queremos trabalhar fortemente em nós mesmos. Isso diminui muito as chances de que nossa alma gêmea possa vir a encarnar no exato momento em que o fizermos, sem falar que seria uma chance muito pequena escolhermos vidas terrenas em que estaríamos juntos, porque vemos o outro com a frequência que quisermos do Outro Lado. Minha frustração não tem fim quando os clientes se queixam de que não conseguem encontrar sua alma gêmea, quando a verdade é que parece bastante provável que essas almas gêmeas estejam alegremente ocupadas no Lar, e, quando a hora chegar, serão as primeiras a cumprimentá-los quando emergirem do túnel. Então, se você ficar surpreso ou mesmo decepcionado com a escassez de almas gêmeas entre os nomes famosos neste livro, agora vai entender o motivo.

Espíritos-guia

Já que meu espírito-guia, Francine, é o coautor deste livro, parece-me justo falar um pouco mais sobre quem são os espíritos-guia e qual é o seu papel em nossa vida. Como eu disse anteriormente, cada um de nós tem um espírito-guia, alguém que literalmente assumiu a responsabilidade pelo bem-estar de nossa alma no Outro Lado, alguém que concordou em ser nosso companheiro constante, vigilante e colaborador quando decidimos experimentar outra encarnação na Terra.

É uma exigência que os espíritos-guia já tenham experimentado pelo menos uma vida inteira aqui, para que os problemas, erros, tentações, medos e fraquezas inevitáveis aos seres humanos não sejam algo completamente estranho para eles. Na verdade, a maioria de nós já foi ou virá a ser o espírito-guia de alguém durante a jornada de nossa alma. Mas, para esclarecer um ponto sobre o qual me perguntam frequentemente, seu relacionamento com seu espírito-guia foi estabelecido entre vocês dois do Outro Lado muito antes de você nascer, por isso é impossível que seu espírito-guia seja alguém que você conheça na vida atual.

Os espíritos-guia são responsáveis por nos incentivar, nos aconselhar e nos apoiar para concretizarmos as metas que estabelecemos aqui na Terra. Estão equipados com muitas informações para ajudá-los a viver à altura do desafio surpreendente que concordaram em assumir. Eles nos estudam de perto, de forma objetiva, do Outro Lado; uma vez que concordamos mutuamente com essa relação, memorizam e se referem constantemente a nosso script durante todos os passos de nosso caminho, já que perdemos a percepção consciente desses scripts no momento em que nascemos.

Independentemente do fato de desejarmos que eles interfiram, os espíritos-guia nunca fazem isso; eles não influenciam o que definimos em nossos scripts nem nos privam de nosso livre-arbítrio. Na melhor das hipóteses, eles vão nos orientar para as alternativas possíveis e nos dar avisos ao longo do caminho. Mas nosso pacto com eles é baseado no fato de que estamos aqui encarnados para a educação e o crescimento de nossa alma, e essas coisas não podem ser realizadas se nossos espíritos-guia estão sempre nos protegendo das próprias lições que propomos a nós mesmos. São espíritos-guia, não espíritos-chefes ou espíritos-polícia ou espíritos-super-heróis, fazendo precisamente aquilo que Deus e nós lhes pedimos que fizessem para o nosso máximo benefício.

Os espíritos-guia se comunicam conosco de várias maneiras, por isso não desanime se você não tem as vantagens que eu tenho da clariaudiência e da capacidade de canalizar meu espírito. Na grande maioria das vezes eles se expressam por telepatia e por meio da infusão, diretamente de suas mentes para a nossa. Aquilo que você habitualmente pode definir como sua consciência, seu instinto ou o popular "alguma coisa me disse" tem grande probabilidade de ser seu espírito-guia lhe enviando mensagens, e cabe a você manter a mente aberta e atenta o suficiente para prestar atenção.

Eles também são os últimos a nos dizer adeus quando deixamos o Outro Lado para vir até aqui, e estão lá quando voltarmos para o Nosso Lar, no meio da multidão que nos acolhe. E é deles a mão firme que nos leva para a máquina de esquadrinhamento, onde a vida que acabamos de viver começará a fazer sentido. Em outras palavras, a aliança com nosso espírito-guia é uma das mais originais, firmes e valiosas que você virá a experienciar.

Espíritos

Só para esclarecer uma coisa logo no início: somos todos espíritos. A única diferença entre nós e as celebridades abordadas neste livro, para não mencionar nossos entes queridos, é que estamos atualmente habitando um corpo e eles não. Então, nessa discussão sobre os espíritos que se mudaram de seus corpos, quando uso os pronomes da terceira pessoa, como "eles", lembre-se de que não há muito tempo "eles" eram "nós", e não está muito distante o tempo em que voltaremos a ser "eles" de novo, assim como éramos antes de encarnar.

Os espíritos sobre os quais falaremos são aqueles que conseguiram passar com segurança para a dimensão de mais alta frequência do Outro Lado, que fica cerca de um metro acima de nosso chão. Sabe as inúmeras descrições que você já ouviu sobre os espíritos que nos visitam e que parecem estar nos olhando de cima, como se estivessem flutuando acima do solo? Eles não estão realmente flutuando; simplesmente se movem em seu próprio nível, quase um metro acima do nosso.

Assim que os espíritos chegarem ao Lar e passarem por todos os processos de orientação ou de acolhimento de que necessitarem, eles viverão em um lugar muito real e de felicidade perfeita, onde a própria atmosfera é carregada com a presença imediata de Deus, com paz e amor eternos e incondicionais. Ao viver nesse estado de êxtase, reunidos com as memórias de todas as vidas passadas na Terra, e agora em casa e de volta ao "relógio do tempo" da eternidade novamente, os espíritos se tornam literalmente incapazes de sentir as emoções estritamente humanas, como infelicidade, raiva, ressentimento, mesquinhez, medo, preocupação e negatividade. Qualquer carga emocional e física que um espírito tenha carregado durante sua encarnação é resolvida do Outro Lado sob a luz branca do Espírito Santo. Então, se você encontrar um ser que parece triste, maldoso ou incomodado de alguma forma, ou que mostra traços de mágoa, ferimentos ou doenças, pode acreditar que estará lidando com uma alma penada, e não com um espírito. E se alguma vez você se pegar preocupado se os entes queridos que já se foram estão com raiva de você, se já o perdoaram, ou se estão tão doentes ou infelizes como estavam durante sua vida, pode relaxar. Se eles estão em casa, estão bem.

Como os espíritos estão desobstruídos de nossas limitações terrenas, apresentam uma boa série de vantagens sobre nós, às quais todos deveríamos ansiar:

- A habilidade natural de se comunicar uns com os outros e conosco, quando nos visitam, usando a telepatia, ou seja, a transferência instantânea de informações de uma entidade para outra sem o uso dos cinco sentidos físicos. Uma das observações mais comuns que você vai ouvir de pessoas que experimentaram visitas dos espíritos é que uma conversa inteira ocorreu entre eles sem que ninguém precisasse dizer uma palavra.
- A capacidade natural da bilocação, ou seja, de literalmente estar em dois lugares ao mesmo tempo. Por exemplo, os entes queridos podem facilmente fazer ao mesmo tempo uma visita a dois familiares que vivem a centenas de quilômetros um do outro, e cada visita dessas é única e absolutamente real.
- A capacidade de manipular objetos animados e inanimados na Terra para chamar nossa atenção. Os espíritos podem se comunicar facilmente com nossos animais e levá-los a responder aos comandos telepáticos, por exemplo, um número notável de espécies de aves, borboletas,

esquilos, ou o que for que se mostre impossível de ser ignorado pelo beneficiário da visita. Pode acontecer de o animal de estimação da família de repente começar a realizar truques que só são feitos para o espírito visitante. As variações no uso de objetos inanimados como forma de os espíritos "acenarem" para nós são literalmente incontáveis. Eles movimentam retratos, balançam sua cadeira favorita, tocam uma caixa de música "quebrada" e fazem brinquedos adormecidos voltarem à vida. Escondem chaves e óculos, deixam moedas em lugares que não fazem sentido, sobrepõem-se a sua própria imagem em uma pintura ou fotografia apenas pelo tempo suficiente para serem vistos, enfim, fazem tudo que for preciso – às vezes de forma óbvia, outras de maneira mais sutil – para tentar expressar um "Ei, estou aqui!" e ser notados.

- A capacidade de afetar drasticamente os dispositivos elétricos. Os espíritos, afinal, têm de cruzar as duas dimensões, saindo do Outro Lado para vir até aqui nos visitar, e muitas vezes acham que é útil unir sua energia a esses condutores tão prontamente disponíveis, como a água e a eletricidade (por isso aquele velho clichê do cinema é verdadeiro: o mundo espiritual realmente adora uma boa tempestade!). Eles são capazes de provocar comportamentos bizarros em TVs (o mais comum é mudarem de canal vezes sem conta, como se alguém estivesse mexendo no controle remoto), eletrodomésticos (em particular os casos de portas de micro-ondas, geladeiras e fornos balançando, abrindo e fechando "por conta própria"), telefones ("toque fantasma" não se chamam assim à toa, e, se você já respondeu a um telefone tocando e não ouviu nada além de estática, é seguro supor que tenha recebido visitas), e inúmeros outros aparelhos elétricos e eletrônicos.

Em quase todos os comentários de Francine, você verá que ela menciona pessoas específicas aqui na Terra a quem as celebridades vêm visitar. Tenho esperança de que todas as pessoas que são visitadas – assim como todos vocês – fiquem atentas ao que ouvirem ou assistirem. Os espíritos estão tão ansiosos para assegurar que realmente estão vivos, que estão bem e com você que detestariam saber que você perdeu a visita deles.

Aparência

Através de sondagens completamente casuais e não científicas entre inúmeros de meus clientes ao longo dos anos, fiquei familiarizada com a popularidade do mito de que, quando deixamos nosso corpo e reingressamos no mundo dos espíritos, assumimos a forma de manchas ralas e disformes de neblina. Acho que podemos objetar que, tendo sido presenteados com a vida eterna, à qual devemos ser gratos, seria muito mesquinho se preocupar com a aparência que teremos do Outro Lado, embora viver eternamente num infinito oceano de bolhas e manchas flutuantes de neblina não pareça ser algo interessante a ansiar.

A verdade é que todos nós temos identidades individuais muito distintas no Outro Lado, para as quais voltamos quando nosso período na Terra tiver sido completado. Temos corpos de várias formas e tamanhos. Temos rostos com características únicas, assim como temos na Terra, uma variedade de cores de cabelo, de olhos e de pele. Temos olhos que piscam e bocas que sorriem. Na verdade, temos até o coração e outros órgãos "humanos", mas colocados numa imagem invertida do nosso corpo terreno, então tudo é invertido, da esquerda para a direita. Uma vez perguntei a meu espírito-guia, Francine, por que temos órgãos do Outro Lado quando não precisamos mais nos preocupar com funções como a digestão ou com doenças. Ela respondeu: "Porque essa é a maneira como Deus nos fez". Bem, não consegui pensar numa boa pergunta para continuar inquirindo...

Temos de escolher nosso próprio rosto do Outro Lado, e podemos mudá-lo sempre que quisermos através da simples projeção do pensamento, especialmente quando visitamos um ente querido na Terra e queremos ter certeza de que irá nos reconhecer. A única exceção a essa escolha é que somos agraciados com o aumento da beleza física na mesma proporção que aumenta nosso progresso espiritual, o que representa outra das grandes diferenças entre aqui e o Nosso Lar – pense nisso. Infelizmente, aqui na Terra aprendemos mais cedo ou mais tarde, quer desejemos isso, quer não, que não há nenhuma ligação confiável entre a aparência física e o desenvolvimento espiritual.

A SALA DE ESPERA

Nunca falha: sempre que penso que Francine e eu cobrimos tudo que existe para se aprender sobre o Outro Lado, descubro que há mais. Isso ocorre não porque Francine esteja segurando as informações, mas porque, como ela incansavelmente coloca, "Se você não fizer a pergunta, não posso lhe dar a resposta".

Eu sabia que, quando estamos prestes a descer para uma nova vida na Terra, há um processo longo, belamente projetado para garantir que não tomemos uma decisão de forma irrefletida, que não existe nada ao acaso nessa decisão e que realizamos todos os passos para garantir que nossa breve viagem para longe de casa concretize todas as metas que definimos para nós mesmos. Escolhemos nosso espírito-guia, projetamos exaustivamente *nosso* script. O corpo que iremos habitar está tomando forma no ventre da mulher que selecionamos para ser nossa mãe biológica.

Deitamos sobre uma mesa em uma sala calma e sagrada nas torres, com os tons pastéis do céu filtrando-se através da fachada de vidro azul. Estamos cercados de conforto e apoio por parte daquelas almas especiais e caridosas que são treinadas para nos manter confiantes e sem medo.

Pensei que isso fosse tudo, que o próximo passo seria nosso espírito entrar no feto em um piscar de olhos no momento exato que escolhêssemos. Mas eu estava errada.

Certa manhã, quando tinha seis anos de idade, minha neta Angelia me contou sobre uma viagem astral que havia realizado na noite anterior. Ela viajava rotineiramente para o Outro Lado enquanto dormia, e adorava visitar especialmente o silêncio pacífico das torres. Naquela noite em particular, chegou a ver uma sala que não tinha notado antes, com uma janela enorme coberta por um véu. Como qualquer outra criança confrontada com algo escondido, Angelia ficou curiosa e quis saber o que havia por trás do véu. Deu um passo em direção àquela sala, mas Francine, que a vinha observando, deteve-a: "Desculpe, Angelia. Você não pode ir lá". Angelia não conseguia se lembrar exatamente do que mais Francine havia dito, mas no final da conversa entendeu que por trás do véu, dentro da sala, os espíritos prestes a sair de casa para habitar um corpo infantil estavam realmente diminuindo de tamanho, sendo transformados de seus corpos de 30 anos de idade em bebês.

Honestamente, eu nunca tinha dado atenção a essa parte final de nossa viagem para cá. Acho que assumi que em um minuto estávamos em nosso corpo de 30 anos de idade e no instante seguinte, de alguma forma, puf!... Saíamos do Outro Lado e estávamos aqui na Terra ocupando o corpo de um feto. Quando compartilhei minha suposição com Angelia, jamais imaginei que essa seria uma das coisas mais estúpidas que ela já me ouvira dizer. Minha neta revirou os olhos, balançou a cabeça e suas mãos foram direto aos quadris quando respondeu, muito irritada: "Vó, eles não poderiam vir pra cá se não estivessem pequenos!".

Com a autoconfiança de uma mulher mais velha, mais sábia (e completamente errada), discuti essa afirmação com Francine, de que há um lugar aonde os espíritos vão para "ficar pequenos" antes de voltarem à Terra, e que achava tão adorável da parte de Angelia ter um sonho tão imaginativo. Eu deveria ter percebido isso antes. Aquilo não fora um sonho, fora uma viagem astral, e Francine tinha mesmo detido Angelia antes de ela entrar naquele lugar nas torres chamado de Sala de Espera. De fato, suas palavras exatas para mim foram: "*É claro* que os espíritos diminuem de tamanho fisicamente quando descem". Ela parecia quase tão irritada com minha ignorância quanto Angelia no momento em que minha neta esclareceu as coisas para mim.

Assim, à custa do próprio orgulho, posso confirmar oficialmente que temos todos 30 anos de idade no Outro Lado, pelo menos até que nos vemos prestes a reencarnar. Nessa altura, vamos para a Sala de Espera nas torres para essencialmente nos tornarmos bebês de novo, como preparação para entrarmos no feto que escolhemos para nossa nova vida na Terra.

As Celebridades

Paul Newman

Paul Newman passou sua vida mais recente na Terra como um prolífico ator, diretor, piloto da Marinha, filantropo, empresário, campeão de corridas de automóveis, marido e pai. Ele nasceu em Shaker Heights, Ohio, em 26 de janeiro de 1925. Após obter o diploma do ensino médio, matriculou-se no programa da Marinha na Universidade de Ohio, serviu na Segunda Guerra Mundial, completou sua formação universitária em Yale com uma licenciatura em teatro, estudou no renomado Actors Studio de Lee Strasberg e recebeu o primeiro crédito oficial na tela em uma série de TV chamada *Tales of Tomorrow*, em 1952.

Sua estreia na Broadway ocorreu em 1953, na produção original de William Inge *Picnic*. Em 1954, ele fez sua estreia no cinema em *O cálice sagrado*. A imprensa estrangeira teve a clarividência de premiá-lo com um Globo de Ouro em 1957 como revelação masculina. Até sua aposentadoria como ator, em 2007, Paul estrelou mais de 60 filmes, programas de TV, documentários e peças de teatro; produziu e/ou dirigiu mais de uma dúzia de projetos para o cinema e a TV; ganhou um Oscar de melhor ator (pelo filme de 1986 *A cor do dinheiro*), um Emmy de melhor ator coadjuvante e um Globo de Ouro (pela produção de TV de 2005 *Empire Falls*), um Globo de Ouro de melhor diretor (em 1968 por *Rachel, Rachel*), quase 50 indicações para melhor ator ou diretor, e ganhou prêmios prestigiosos como o Globo de Ouro Cecil B. DeMille e o Screen Actors' Guild Lifetime Achievement Award.

Ele e sua primeira mulher, Jackie Witte, foram casados de 1949 até 1958 e tiveram três filhos: um rapaz, Scott, que morreu em 1978 de overdose acidental de drogas, e duas garotas, Susan e Stephanie. Casou-se com a premiada atriz Joanne Woodward em 1958, uma relação que, sob todos os pontos de vista, continuou alegre, calma e devotada pela vida toda. Tiveram três filhas, Elinor, Melissa e Claire, e construíram seu lar em Westport, Connecticut, a milhares de quilômetros do brilho das celebridades de Hollywood.

A paixão de Paul pelo automobilismo se acendeu quando ele se preparava para o filme *500 Milhas,* de 1969. Ele competiu e venceu numerosos eventos patrocinados pelo Sports Car Club of America (SCCA) e outras associações de corridas até 2005; foi dono de uma equipe de corrida e, por sua integridade e dedicação ao esporte, foi introduzido no SCCA Hall of Fame, em 2009.

Paul Newman era tão intensamente concentrado no trabalho beneficente quanto era em sua carreira de ator. A Scott Newman Foundation, fundada em memória do filho que teve morte prematura, é uma organização que combate o abuso de drogas entre os jovens. A Hole in the Wall Gang Camp é um acampamento de verão residencial para crianças seriamente doentes com instalações em todo o mundo. O Kenyon College, em Gambion, Ohio, recebeu uma bolsa de estudos generosa, assim como as doações ao Catholic Relief Services, cujos esforços são dirigidos a ajudar os refugiados de Kosovo. Através de todas essas organizações, além de sua bem-sucedida empresa de alimentos Newman's Own, muito respeitada e geradora de uma receita anual de muitos milhões de dólares, Paul Newman, sempre fiel a seu caráter, compartilhou sua boa sorte, doando todos os lucros e royalties obtidos a milhares de instituições de caridade no mundo inteiro. Quando foi para casa depois de uma longa batalha contra o câncer de pulmão, em 26 de setembro de 2008, ele deixou a Terra mais rica e melhor do que quando a encontrou.

De Francine

O pai estava esperando por ele no fim do túnel, a silhueta recortada pela sagrada luz branca, antes mesmo de Paul chegar em casa. Saíram do túnel juntos, quando então Paul encontrou o abraço extasiado de seu filho Scott, antes de cumprimentar a imensa multidão composta por amigos e animais reunidos ao longo de suas 49 encarnações e de sua produtiva vida eterna aqui no Lar. A máquina de esquadrinhamento foi ao mesmo tempo difícil e curativa para ele – Paul diz que, apesar de todas as suas bênçãos, ele enfrentou perpetuamente uma profunda tristeza da qual estava ciente desde lá atrás, nos tempos de O cálice sagrado, *tristeza que não fora causada por suas esposas e filhos, mas enraizada naquilo que ele chama de "minha própria tendência a guardar, a reter, de forma que eu não me sentiria destruído se sentisse que havia decepcionado alguém que amava. Mas é claro que, ao segurar esse amor e essa entrega, acabei criando essa decepção que eu estava tentando evitar". Ele ficou aliviado ao ver-se superar esse demônio em particular ao longo dos anos e, finalmente, "tornar-se o marido e pai que minha esposa e filhos mereciam", mas foi imediatamente da máquina de esquadrinhamento ao jardim das torres com Scott pedir perdão por não "ter acordado mais cedo". Eles são vistos frequentemente juntos agora, amando-se e desfrutando da companhia um do outro.*

Os temas de vida escolhidos por Paul, estética e atividades humanitárias, serviram-lhe bem. Ele diz que, embora atuar nunca tivesse sido sua maior paixão, ele gostava do processo em si e apreciava essa atividade como um meio para atingir um fim, sendo esse fim a riqueza e a fama que lhe permitiram criar a Newman's Own, os trabalhos beneficentes que sempre foram sua grande paixão e conseguir o sucesso que teve. Este, como consequência, permitira-lhe ajudar inúmeras pessoas e animais em necessidade. Ele muitas vezes lembra que desejava ter escolhido um rosto menos bonito, o que lhe permitiria conseguir papéis de "mais caráter", e conta como esse rosto bonito quase pôs em risco sua carreira nos primeiros dias. Na época, Paul fora aconselhado a não colocar muitas esperanças em obter sucesso por muito tempo porque se parecia demais com Marlon Brando.

Paul retomou rápida e alegremente sua vida do Outro Lado. Ele é um conferencista popular sobre os temas da filosofia e da filantropia, com foco na riqueza a ser adquirida em dar em vez de receber, tanto financeira como emocionalmente, e seus seminários são praticamente obrigatórios para os espíritos que se preparam para reencarnar. Ele mora sozinho, calma e modestamente, em uma pequena casa com janelas abertas de apenas um lado, de modo que pode olhar para fora e vislumbrar uma densa floresta de sequoias onde a vida selvagem prospera e o visita sempre, como se fossem todos os seus animais de estimação. Ele socializa com uma interessante variedade de amigos, entre eles James Dean, Harvey Milk, Walter Cronkite, Spencer Tracy e Katharine Hepburn, e é visto frequentemente em óperas e peças de teatro, especialmente aquelas que continuam a ser escritas por seu frequente companheiro de caminhadas, Tennessee Williams. Paul de vez em quando atua "para se exercitar", apaixonado pela oportunidade de desempenhar o papel de ricos personagens, coisa que não conseguiu fazer durante sua carreira terrena. Enquanto continua a ser alguém atraente, o semblante de 30 anos de idade no Lar é algo mais comum, portanto mais dentro do seu nível de conforto.

Paul também adicionou uma paixão nova e valiosa para seu trabalho no Outro Lado desde que voltou. Ele e seu filho Scott estão entre as legiões de espíritos dedicados a acolher as vítimas de suicídio que venham da Terra ou do local de espera, e ficar a seu lado por todo o tempo que leva o processo de acolhimento ou de orientação. Fazem isso até que esses espíritos sejam capazes de retomar suas vidas pacíficas e produtivas, com a alma completamente curada e centrada em Deus novamente.

Paul acredita que "geralmente as coisas que 'não são ditas' são exatamente aquelas que precisam ser ditas", por isso faz questão de expressar que Joanne Woodward era seu "rochedo" e sua "âncora", e que "fazem muito parte um do outro para ficarem separados". Paul se lembra com clareza de todas as quatro vidas que passaram juntos – duas como marido e mulher, uma como irmão e irmã e uma como irmãos –, e sempre a visita com a esperança de que ela esteja ciente de sua presença amorosa. Paul não tem nenhuma intenção de encarnar mais uma vez, mas está pronto a dar sua contribuição para a vida na Terra "sempre que a vida na Terra precisar de uma mão amiga".

Marilyn Monroe

Marilyn Monroe deu sentido aos termos "estrela de cinema" e "símbolo sexual" durante a vida, e continua a defini-los ainda hoje, quase cinco décadas depois de sua morte polêmica. Marilyn foi descaradamente sensual, mas muito frágil; foi inteligente, mas impotente; ambiciosa, mas difícil de lidar... Foi um ícone da perfeição, mas cheia de falhas.

Em 1º de junho de 1926, em Los Angeles, Califórnia, Gladys Monroe Baker deu à luz uma filha chamada Norma Jeane. A paternidade do bebê nunca foi confirmada, mas o marido de Gladys, Edward Mortenson, está mencionado na certidão de nascimento de Marilyn como seu pai. Quem quer que tenha sido o pai biológico de Norma Jeane Baker, porém, nunca pôde ser encontrado, e também não se pode dizer que Gladys tenha sido uma mãe na acepção da palavra. Mentalmente instável e às vezes internada em clínicas, Gladys entregou a maior parte dos cuidados de sua filha a uma sucessão de orfanatos, tutores e lares adotivos, em alguns dos quais ela teria sido maltratada.

Em junho de 1942, quando estava com 16 anos, Norma Jeane casou-se com James Dougherty, um casamento arranjado para tirá-la de mais um lar adotivo. Dougherty alistou-se na Marinha Mercante em 1943, e durante a Segunda Guerra Mundial deixou a jovem esposa aos cuidados de sua mãe. Norma Jeane conseguiu emprego numa fábrica de munições, onde acabou sendo fotografada para um artigo na revista *Yank*. Como resultado dessa fotografia, a jovem foi contratada pela Blue Book Modeling Agency e, com seu incentivo, transformou-se de morena em loira e se tornou uma modelo de sucesso que começou a sonhar com uma carreira de atriz. Dougherty exigiu, assim que voltou para casa depois da guerra, que ela escolhesse entre o casamento e a carreira. Ela escolheu a carreira e se divorciou de James Dougherty em 1946.

Norma Jeane rapidamente chamou a atenção de Ben Lyon, executivo da Twentieth Century Fox, que assinou com ela um contrato de seis meses, mudando seu nome para Marilyn Monroe. Depois de algumas aparições em filmes de médio custo, em 1947, Marilyn foi liberada de sua obrigação com a Fox e voltou a ser modelo até 1948, quando assinou um contrato de seis meses com a Columbia Pictures.

Foi sua presença em um filme dos Irmãos Marx chamado *Loucos de amor*, em 1949, que atraiu um agente de sucesso chamado Johnny Hyde, que imediatamente firmou um contrato com ela e foi fundamental para ela conseguir papéis aclamados pela crítica em filmes como *O segredo das joias*, de John Huston, e *A malvada,* de Joseph Mankiewicz. Hyde também é creditado como o responsável pela negociação de um contrato de sete anos para Marilyn na Twentieth Century Fox, em 1950.

A carreira no cinema estava correndo bem até o final de 1952, apesar do medo do palco que havia começado a atormentá-la, fazendo com que Marilyn se escondesse no camarim durante horas, enquanto o resto do elenco e da equipe esperava impacientemente por ela. Ela apareceu na capa da primeira edição da revista *Playboy* em 1953, o mesmo ano em que seu contrato com a Fox foi suspenso em virtude de suas faltas ao trabalho e o mesmo ano, também, em que conheceu o astro do beisebol Joe DiMaggio, com quem se casou em 14 de janeiro de 1954 – união que durou menos de um ano.

Descontente com a qualidade dos papéis que a Fox lhe oferecia, além de achar que seu salário era relativamente baixo,

Marilyn rompeu com o estúdio e se mudou para Nova York, onde estudou arte dramática no famoso Actors Studio de Lee Strasberg e começou a namorar o dramaturgo Arthur Miller, com quem se casou em 29 de junho de 1956. O medo do palco se agravou e continuou a assolar a atriz durante todo o período de suas aulas de teatro, mas ela também foi reconhecida como alguém realmente talentoso. Nesse meio-tempo, o filme *O pecado mora ao lado* foi lançado com enorme sucesso, e Marilyn logo voltou a assinar um contrato com o estúdio, só que agora mais lucrativo e sem exclusividade.

Sob esse novo contrato, Marilyn atuou em *Nunca fui santa* e *O príncipe encantado*, recebendo elogios da crítica e enfrentando relativamente poucos problemas. Ela se afastou do trabalho por um ano para se concentrar em seu casamento com Arthur Miller, mas sofreu um aborto espontâneo em agosto de 1957. Retornou a Hollywood em 1958 para filmar *Quanto mais quente melhor*, produção dirigida por Billy Wilder, coestrelada por Jack Lemmon e Tony Curtis, durante a qual seus atrasos compulsivos, sua hostil recusa em receber orientações de Wilder e um comportamento destrutivo em geral contribuíram para a crescente reputação de pessoa difícil de lidar. No entanto, o filme foi um enorme sucesso de bilheteria, recebeu cinco indicações ao Oscar, e Marilyn ganhou o Globo de Ouro de melhor atriz.

Até o final dos anos 1950 a saúde de Marilyn continuou em visível declínio, sobretudo por causa da crescente dependência de medicamentos receitados, especialmente soníferos para combater a insônia crônica. As pressões e fissuras em seu casamento foram se tornando mais e mais aparentes.

Arthur Miller tinha escrito um roteiro para o cinema chamado *The Misfits* (Os desajustados) que começou a ser filmado em julho de 1960 com Marilyn, Clark Gable e Montgomery Clift, dirigido por John Huston. Acabou se tornando o último filme de Marilyn

Monroe. Ela estava muito doente e nervosa para atuar, com a saúde já frágil ainda mais comprometida pela ingestão constante de remédios e de álcool. Um mês depois do início das filmagens, a atriz foi hospitalizada por dez dias com uma doença não revelada. Quando voltou para o estúdio, sua hostilidade para com o marido tornou-se um obstáculo recorrente. Clark Gable também ficou doente durante as filmagens de *Os desajustados*. Menos de dez dias após as gravações terem sido concluídas, Marilyn Monroe e Arthur Miller estavam oficialmente separados, e Clark Gable morria de ataque cardíaco.

O vício de Marilyn em álcool e drogas aumentou, acompanhando o medíocre desempenho de bilheteria de *Os desajustados*. Em fevereiro de 1961, depois do processo de divórcio de Arthur Miller ter sido finalizado, a atriz se internou numa clínica psiquiátrica. Durante o restante do ano ela enfrentou uma série de desafios relativos à saúde mental e física, com o ex-marido e ainda fiel amigo Joe DiMaggio a seu lado.

Em 1962, Marilyn começou a filmar *Something's Got to Give*, mas seus contínuos atrasos e as faltas repetidas forçaram a Twentieth Century Fox a demiti-la e processá-la. Em 19 de maio do mesmo ano, a atriz fez uma performance inesquecível, voluptuosa e de fazer cair o queixo cantando "Feliz Aniversário" na festa de aniversário do presidente John Kennedy, com quem mais tarde se comentou que ela teria tido um caso. Marilyn se lançou então em uma série de entrevistas, sessões fotográficas e reuniões sobre projetos futuros. Ela e a Fox resolveram a disputa judicial, então Marilyn renovou seu contrato. E *Something's Got to Give* foi agendado para retomar as filmagens no início do outono de 1962.

Às 4h25 da manhã do dia 5 de agosto de 1962, o psiquiatra de Marilyn, dr. Ralph Greenson, fez uma chamada de emergência para informar que ela havia sido encontrada morta em sua pequena casa em Brentwood, Califórnia. Marilyn tinha apenas 36 anos de idade. A causa da morte foi declarada como "intoxicação aguda com barbitúricos e provável suicídio". Mesmo agora, quase 50 anos depois, as circunstâncias de sua morte continuam a criar inúmeras teorias e acusações, incluindo homicídio. Marilyn foi enterrada em 8 agosto de1962, no Corridor of Memories do Westwood Memorial Park, deixando para trás um legado de 30 filmes e se transformando em um ícone de beleza e glamour que nunca mais será repetido.

De Sylvia

Vários anos depois da morte de Marilyn, fui convidada por um programa de televisão transmitido nacionalmente a visitar sua casa com uma equipe de filmagem para ver se ela se comunicaria comigo. A condição para essa filmagem era que eu não teria permissão para entrar na casa ou até mesmo chegar muito próximo dela. O máximo permitido seria chegar até o portão. E a condição de minha parte foi: "Sem promessas". Não existem espíritos ou fantasmas com os quais a gente possa contar bastando que eu os chame, e eu ainda não havia percebido se Marilyn já havia conseguido passar para o Outro Lado ou continuava presa à Terra. Até onde eu sabia, aquela gravação poderia terminar com um monte de imagens minhas na frente de uma casa olhando estupidamente para a câmera, sem o menor sinal de Marilyn.

Admito não ter feito nenhuma pesquisa sobre sua vida antes de chegar lá, então não pensei muito nisso quando fui apresentada a um cavalheiro idoso e muito amável chamado James Dougherty, até saber que fora o primeiro marido de Marilyn. Ele logo esclareceu que nunca havia sido casado com Marilyn Monroe: fora casado com a jovem (pré-Marilyn) Norma Jeane Baker. James falou sobre ela com afeto e sobre como sua morte o havia tocado profundamente.

Assim que chegamos o mais perto da casa quanto fôramos autorizados, uma frase latina bem curta chegou até mim. Eu a pronunciei o melhor que pude, e, quando vi James olhando para mim, expliquei: "Está nas telhas logo acima da entrada. Significa algo como 'Todos são bem-vindos aqui'".

Ele me perguntou como eu sabia disso, já que nunca estivera naquela casa antes daquele dia, e respondi: "Marilyn está me dizendo".

Foi uma surpresa agradável. Ela estava definitivamente do Outro Lado, certamente tinha muito a dizer e estava pronta para falar tudo isso diretamente a mim, sem preferir fazê-lo através de Francine. Não posso julgar ou comentar quão exatos foram seus comentários. Vou relatar o que ela me passou e deixar o resto para vocês mesmo decidirem.

Marilyn foi inflexível sobre o fato de que não cometera suicídio. Contou que se encontrava sozinha em seu quarto naquela noite, havia tomado comprimidos demais e estava fazendo alguns telefonemas obscuros e vagos. Mas tinha uma lembrança muito clara de um homem entrando no quarto e enfiando uma agulha em seu coração com o que ela acreditava ser Nembutol.

Marilyn disse ainda que nunca deixou de amar Joe DiMaggio, e uma das fontes da depressão que a incomodara em seus últimos anos foi o receio de que, em função do fato de ela lhe ter confiado muitas coisas que, sem dúvida, ela não deveria saber – coisas que Marilyn havia registrado em um diário ou caderno de capa vermelha ou coisa assim –, o fato de ele a amar talvez lhe tenha trazido mais dor e perigo potencial do que alegria. Ela o visitava com frequência a partir do Outro Lado, particularmente quando ele estava dormindo, e já estava determinada a ser a primeira a cumprimentá-lo quando ele voltasse ao Lar.

Então ela se foi. Mesmo nesse breve encontro, fiquei agradavelmente surpresa com o quanto acabei gostando dela e da profundidade de sua franqueza.

De Francine

Marilyn foi de fato a primeira a acolher Joe DiMaggio. Eles levam vidas separadas e muito tranquilas por aqui, mas também passam muito tempo juntos, caminhando na praia. Marilyn é uma leitora voraz e pode ser encontrada frequentemente estudando os grandes clássicos literários no Salão de Registros.

Como todo mundo no Outro Lado, ela avalia sua vida mais recente com clareza cada vez maior. Sabe que era bipolar. Sabe também que se sentia melhor quando atuava, fingindo ser outra pessoa. Sabe ainda que, se tivesse vivido uma vida longa, nunca teria se transformado no ícone que se tornou. Marilyn deseja apenas que aqueles que tentam imitá-la não caiam na mesma armadilha que ela caiu, nos excessos que vêm com a fama. As pessoas param de dizer "não" para você. Você para de dizer "não" para si mesmo. E em pouco tempo acaba se esquecendo de que "não" pode ser uma palavra extremamente amorosa.

Cary Grant

Carismático, afável e irresistivelmente atraente, Cary Grant sintetizou a expressão "ator principal" e "astro de cinema" por três décadas, mais do que merecendo o lugar entre os maiores astros de todos os tempos do American Film Institute.

Ele era filho único, nascido Archibald Alexander Leach em 18 de janeiro de 1904, em Horfield, Bristol, Inglaterra. Seu pai, Elias Leach, mal conseguia sobreviver passando ternos para viver, enquanto sua mãe, Elsie, foi uma presença vaga e infeliz até desaparecer quando Cary tinha nove anos de idade. Elias disse ao filho que Elsie tinha ido passar longas férias longe de casa – de alguma forma, Elias decidiu que ser abandonado pela mãe seria mais fácil para uma criança suportar do que a verdade, no caso, que ela havia sido internada em uma instituição de tratamento por causa de uma depressão grave e incapacitante. (Na verdade, Cary continuou a acreditar na história do abandono até quando estava na casa dos 30 anos, quando reencontrou a mãe no asilo onde tinha vivido por todos aqueles anos. Foi uma reunião bem pouco alegre. Sua mãe não tinha interesse no filho bem-sucedido, nem mesmo em conhecê-lo, e Cary nunca a viu novamente, embora tenha pago por seus cuidados pelo resto da vida dela.)

Cary foi expulso da escola em 1918 e se juntou ao Bob Pender Troupe Stage, grupo de comediantes circenses que viajou por toda a Inglaterra, onde Cary aprendeu a andar com pernas de pau, a fazer pantomimas, a cair sem se machucar e a ter o timing do humor. A trupe viajou pelos Estados Unidos em 1920, e, quando estava prestes a voltar à Grã-Bretanha, seu jovem astro decidiu ficar na América e tentar abrir caminho para uma carreira no teatro. Depois de algumas comédias leves em St. Louis e, finalmente, na Broadway, Archibald Leach viajou para Hollywood em 1931 e evoluiu de Cary Lockwood a Cary Grant na preferência da Paramount Pictures, que ansiosamente terminou por contratá-lo. Ele foi rapidamente lançado, em 1932, em *A Vênus loira* como ator principal, contracenando ao lado de Marlene Dietrich, e já estava a caminho do estrelato quando um vulcão chamado Mae West o escolheu para astro de dois de seus filmes de maior sucesso: *Uma loira para três,* indicado ao Oscar de melhor filme em 1933, e *Santa não sou,* um enorme sucesso de bilheteria que salvou a Paramount da falência. A Paramount passou a elencar Cary para uma série de filmes medíocres, e em 1936 ele deixou o estúdio em troca de um contrato com a Columbia Pictures, que prontamente o emprestou a Hal Roach para sua primeira comédia real, *Topper e o casal do outro mundo.*

Enquanto Cary dividia a tela, entre as décadas de 1930 e 1940, com algumas das maiores atrizes de Hollywood, incluindo Katharine Hepburn, Rosalind Russell e Irene Dunne, dedicou muito de seu tempo fora das telas às três primeiras de suas cinco esposas. Em 1934, casou-se com a atriz Virginia Cherrill. Ela se divorciou dele um ano mais tarde, alegando ter sido agredida pelo marido. Em 1942, Cary se casou com Barbara Hutton, a incrivelmente rica socialite, herdeira das fortunas da Woolworth e da E. F. Hutton. As acusações de que Cary se unira a ela por dinheiro (os mais cínicos em Hollywood o apelidaram de "Cash and Cary", um trocadilho com a expressão "cash and carry", que em português significa "pague e leve") foram refutadas quando, após o divórcio, em 1945, foi revelado que ele havia assinado um acordo pré-nupcial no qual renunciava a cada centavo do dinheiro da esposa. Cary e Barbara Hutton ficaram amigos para o resto de suas vidas, e ele continuou a tratar o filho dela, Lance

Reventlow, como membro da própria família. Seu casamento seguinte foi com a atriz Betsy Drake, no dia de Natal de 1949. Esse casamento durou até 14 de agosto de 1962, apesar de Cary ter se apaixonado por Sophia Loren durante as filmagens de *Orgulho e paixão*, em 1957. Sophia já estava muito apaixonada por seu futuro marido, Carlo Ponti, na época dessas filmagens.

Esses casamentos aconteceram, note-se, contra os rumores persistentes de que Cary ou era homossexual ou era bissexual, especialmente à luz da forte e duradoura amizade com o ator Randolph Scott. Ele estava bem ciente dos rumores e foi citado como tendo dito: "Enxerguei do seguinte modo: sempre tentei me vestir bem. Tive algum sucesso na vida. Aproveitei meu sucesso e incluo nele alguns dos relacionamentos com mulheres muito especiais. Se alguém quer falar que sou gay, o que posso fazer? Acho que isso provavelmente é dito sobre todo homem conhecido por se dar bem com as mulheres. Mas não deixo esse tipo de coisa me incomodar. O que importa para mim é que eu sei quem eu sou".

Nesse meio-tempo, Cary Grant uniu-se para desenvolver vários projetos com o diretor Alfred Hitchcock, que se referiu a Cary como "o único ator que eu realmente amei em toda a minha vida". Seus filmes juntos incluem *Suspeita* (1941), *Interlúdio* (1946), *Ladrão de casaca* (1955) e *Intriga internacional* (1959), que ainda são considerados clássicos, do mesmo modo como o são muitos dos mais de 70 filmes em que Cary atuou.

Ele era bastante inteligente, e bastante rebelde, para se tornar o primeiro ator a montar sua própria produtora, a Grantley Productions, em meados da década de 1950, o que lhe permitiu controlar todos os aspectos de sua carreira, e os filmes que sua empresa produziu, e que foram distribuídos pela Universal – alguns deles foram sucessos, como *Anáguas a bordo* (1959), *Carícias de luxo* (1962) e *Charada* (1963, com a extraordinária Audrey Hepburn).

Seu último filme, *Devagar, não corra,* foi gravado em 1965. Graças à Grantley Productions, Cary recebeu uma parte dos lucros de todos esses filmes, e suas posses, quando ele morreu, foram estimadas em cerca de 60 milhões de dólares. Supõe-se, no entanto, que a decisão politicamente impopular de virar as costas para o *studio system* tão bem estabelecido e se tornar uma entidade independente custou-lhe dois Oscar para os quais foi indicado.

O casamento seguinte de Cary, no final de sua carreira no cinema, foi com a atriz Dyan Cannon. Eles foram para Las Vegas em 1965, e para sua profunda alegria, sua única filha, chamada Jennifer, nasceu em 26 fevereiro de 1966. O conturbado casamento terminou em um divórcio amargo, amplamente divulgado em 1968, e desencadeou uma batalha sobre a custódia permanente de Jennifer, que continuou até a década de 1970.

Em 11 de abril de 1981, Cary casou-se com a quinta e última esposa, sua amiga de longa data e companheira Barbara Harris, que trabalhava com relações públicas e era 47 anos mais jovem do que ele. Ela o acompanhou nos últimos anos de sua vida, quando o astro começou a viajar pelos Estados Unidos se apresentando em um monólogo chamado *Uma conversa com Cary Grant.* Na tarde de 29 de novembro de 1986, ele estava se preparando para uma apresentação em Davenport, Iowa, quando de repente se mostrou um pouco confuso e disse à esposa que precisava descansar. Quando se dirigiu ao camarim, ela percebeu que havia algo muito errado e chamou uma ambulância. Cary Grant foi declarado morto às 23h22 no St. Luke's Hospital de Davenport em virtude de um grave acidente vascular cerebral.

A fortuna substancial de Cary foi dividida entre sua esposa Barbara e sua filha querida Jennifer, que, em agosto de 2008, deu à luz o primeiro filho, batizado Cary Benjamin Grant.

De Francine

Risos se espalharam pela multidão que acolheu Cary do Outro Lado quando ele saiu do túnel e anunciou, com a sagacidade cômica que sempre foi sua marca registrada: "Bem, isso foi interessante". Alfred Hitchcock foi um dos primeiros a abraçá-lo, junto com sua alma gêmea, uma mulher chamada Rachel, que se parece muito como Barbara Hutton, mas muito alta e com cabelos pretos de longas tranças. Cary estava extremamente introspectivo quando se dirigiu à máquina de esquadrinhamento, interessado em saber por que que se encontrava mais indignado sobre sua vida enquanto a viveu do que tinha ciência no momento: "Eu não me importava muito sobre o que as pessoas pensavam ou diziam de mim, se eram os estúdios ou os fãs. Eu sabia exatamente quem eu era e quem não era. O que realmente me interessava era o número surpreendente de pretensos especialistas em mim e em minha vida que não podiam ser incomodados em receber uma simples verdade como a resposta que procuravam. Sei que cometi mais faltas e tenho mais defeitos do que a parte que me foi destinada, mas a mentira não é um deles". Os temas de vida que escolheu, busca estética e experimentador, serviram tanto a seu favor quanto contra ele. Cary acredita que ambos o transformaram num artista versátil e aventureiro e que conseguiu ter uma carreira maravilhosa, mas também o fizeram, na maior parte das vezes, "ser uma escolha infeliz como marido".

Ele não podia esperar para voltar a sua vida no Outro Lado, onde os mesmos temas parecem se aplicar. Cary muda frequentemente de casa: a qualquer momento pode estar morando em uma casa em estilo grego num lugar que corresponde à sua costa norte do Atlântico, numa casa com terraços perto das torres para onde ele costuma ir meditar, ou em uma barraca simples no meio da selva perto dos animais que adora, ou ainda em um castelo luxuoso esculpido nas encostas rochosas de nosso Monte Everest. Ele se deleita com uma vida social muito ocupada, nunca perdendo a oportunidade de reunir-se com todo mundo, desde atores e músicos até físicos e astrônomos e antigos líderes mundiais, os quais comentam, depois de conviver com Cary, sobre sua ânsia encantadora em ouvir e aprender, não importa o assunto. Ele continua a atuar, especialmente em uma brilhante interpretação de None But the Lonely Heart, *na qual atua ao lado de "voluntários" da estatura de Grace Kelly, Ingrid Bergman, Rock Hudson, Lee J. Cobb, Anthony Quinn e seus grandes amigos Katharine Hepburn e Spencer Tracy. Também é um ávido jogador de golfe e está aprendendo a tocar violoncelo, cujo som acha reconfortante e faz uma "limpeza na alma".*

Sua grande paixão em casa, porém, é seu dedicado trabalho, ao lado de nossas muitas equipes de pesquisa, determinado a reverter o aquecimento global da Terra e a infundir soluções para seus diligentes cientistas, pesquisadores e ambientalistas. Todos nós estamos profundamente preocupados, mas ninguém mais do que Cary, que se recusa a "ficar parado e não fazer nada enquanto meu neto inocente cresce em um planeta em perigo".

Suas visitas à Terra, por falar nisso, são inteiramente dedicadas a seu neto, e ele promete: "Cuidarei daquele lindo menino por toda a sua vida".

George Carlin

O controvertido comediante, ator e autor George Denis Patrick Carlin nasceu em 12 de maio de 1937 em Nova York. Sua mãe, Mary, trabalhava como secretária e era católica devota; seu pai, Patrick, era o gerente nacional de publicidade do *New York Sun*. George foi criado pela mãe, que abandonou o pai quando o menino tinha dois meses de idade. O garoto frequentou a escola paroquial e foi coroinha, fato ao qual creditou seu ateísmo declarado quando atingiu a idade adulta. Aos 15 anos George achou que já tinha tido o suficiente de educação formal e abandonou a escola na nona série. Ele também desenvolveu o hábito de fugir de casa constantemente, por causa da relação tempestuosa que mantinha com a mãe. Alistar-se na Força Aérea em 1954, com a idade de 17 anos, pareceu-lhe uma boa ideia na época. Sua base era em Bossier City, Louisiana, e lá foi treinado como técnico de radar, ganhou sua equivalência do ensino médio e fez bicos como disc jockey na rádio KJOE, nas proximidades de Shreveport. Do lado ruim, George passou por três cortes marciais e recebeu várias punições disciplinares, foi declarado "aviador improdutivo" e recebeu sua baixa em 1957.

Enquanto trabalhava na rádio KXOL em Forth Worth, Texas, George conheceu um colega de trabalho, Jack Burns, e os dois formaram uma dupla de comediantes, refinando seu número em um café chamado The Cellar antes de se mudar para Los Angeles, em fevereiro de 1960. Batizando a dupla de Os Irmãos Wright, eles passaram a apresentar um programa matinal na rádio KDAY, em Hollywood, gravado em cafés da Costa Oeste à noite, e atraíram a atenção do brilhante e muito controvertido comediante Lenny Bruce, cuja influência abriu as portas para uma apresentação de Burns e Carlin no *The Tonight Show* de Jack Paar. Não por acaso, foi também em 1960 que George conheceu Brenda Hosbrook durante a turnê. Eles se casaram em 1961. Sua filha, Kelly, nasceu em 1963.

Burns e Carlin seguiram caminhos diferentes, e George se tornou um convidado bastante popular em programas de variedades, entre os mais famosos o *Ed Sullivan Show* e o *Tonight Show*. De fato, entre essas apresentações como convidado ou como o astro principal da noite, George atuou no *Tonight Show* 130 vezes durante os anos de Jack Parr e as décadas em que Johnny Carson apresentou o programa. Ele afiou suas habilidades nas comédias stand-up em Las Vegas, aperfeiçoando números clássicos do tipo *Al Sleet, the Hippie-Dippie Weatherman* e *Stupid Disk Jockeys*, gravando essas apresentações em seu primeiro álbum, *Take Offs and Put Ons*.

À medida que sua carreira progredia, seu estilo e o assunto de seus números se tornavam cada vez menos convencionais. O cabelo curto deu lugar a cabelos longos. O rosto escanhoado começou a mostrar uma barba. Seus ternos conservadores evoluíram para jeans e camisetas. Em 21 de julho de 1972, George foi preso no Summerfest de Milwaukee, acusado de obscenidade em virtude do número que se tornou um marco da comédia, *Seven Words You Can Never Say on Television* (Sete palavras que você nunca pode dizer na televisão). O caso acabou sendo arquivado. Uma apresentação parecida com essa foi transmitida por uma rádio FM de Nova York em 1973, resultando em uma multa para essa estação por emissão de material de radiodifusão "indecente, mas não obsceno" durante um horário em que haveria grande probabilidade de crianças estarem ouvindo.

A polêmica, combinada com o brilhantismo característico de George, tornou-o ainda mais popular, e ele foi o convidado natural para o primeiro episódio do também pouco convencional, irreverente e mordaz *Saturday Night Live*, em outubro de 1975. Àquela altura ele já se havia declarado um usuário regular de cocaína, por isso não foi surpresa quando, depois de um inesperado semi-hiato de cinco anos das comédias stand-up, durante o qual ele gravou os primeiros episódios do que se tornariam mais tarde os catorze especiais que fez para a HBO entre 1977 e 2008, George informou ter sofrido o primeiro de três ataques cardíacos.

A carreira de ator de George Carlin deslanchou na década de 1980, com o lançamento de uma impressionante lista de produções que incluiu filmes como *Outrageous Fortune*, *Bill e Ted: uma aventura fantástica*, *Bill e Ted: dois loucos no tempo*, *O Príncipe das marés*, *Dogma*, *Menina dos olhos* e *Carros* (uma produção da Disney/ Pixar em que Carlin faz a voz de Fillmore, uma Kombi psicodélica). Ele também emprestou sua voz para os programas infantis de TV *Thomas, the Tank Engine and Friends*, entre 1991 e 1998, e surgiu como Mr. Conductor no seriado infantil de TV da PBS *Shining Time Station*, a partir de 1991 até 1993. Em 1993 ele lançou 27 episódios de um seriado da Fox, *The George Carlin Show*.

Tragicamente, em 1997, Brenda Carlin, esposa de George por 38 anos, morreu de câncer no fígado. Em junho de 1998, ele se casou com Sally Wade, um casamento que durou pelo resto de sua vida. (Na verdade sua morte ocorreu dois dias antes do que teria sido o seu décimo aniversário de casamento.)

George gozou de um longo status como atração em Las Vegas. Mas em 2005 foi demitido pelo MGM Grand Casino após uma longa e profana interação com sua plateia, e algumas semanas depois se internou em uma clínica de reabilitação para dependentes de álcool e Vicodin. Anunciou à sua plateia no Tachi Palace Casino, em Lemoore, Califórnia, no dia 1º de fevereiro de 2006, que ela estava testemunhando seu "primeiro show de volta" depois de ser hospitalizado com insuficiência cardíaca e pneumonia.

Em meados de junho de 2008, George voltou para casa em Los Angeles depois de uma festa social com a realização de uma comédia stand-up no Orleans Hotel e Cassino, em Las Vegas. Uma semana depois, em 22 de junho, foi internado no St. John's Health Center, em Santa Monica, reclamando de dores no peito. Ele morreu às 17h55 do mesmo dia, de insuficiência cardíaca. Atendendo a um pedido seu, o corpo foi cremado e as cinzas foram espalhadas, sem velório ou serviços religiosos.

Certa vez, perguntavam a George do que ele tinha mais orgulho em sua carreira. Ele respondeu que era o número de livros que vendera, totalizando quase um milhão de cópias. A partir de 1984 ele escreveu seis livros, sendo que os últimos dois – *Watch my Language* e o autobiográfico *Last Words* – foram lançado postumamente.

De Francine

Eu gostaria que você tivesse visto o olhar de choque no rosto de George quando ele saiu do túnel e redescobriu que realmente há vida após a morte, afinal. Quando encontrou sua primeira esposa, Brenda, esperando para cumprimentá-lo, ele ficou surpreso e absorto em um longo silêncio enquanto a abraçava, e só depois me disseram que ele ficou boquiaberto com as centenas de espíritos e animais que se reuniram para a reunião, dizendo: "Caramba, não acredito!". George é um excelente exemplo do fato de que os ateus são recebidos no Outro Lado com o mesmo carinho que é destinado ao mais devotado religioso. Com seu humor, sua honestidade consigo mesmo e suas intenções erradas mas honradas, ele tentou viver uma vida piedosa, não importa que tipo de palavras tenha usado para defini-la.

Depois que ele passou algum tempo na máquina de esquadrinhamento e na orientação, todas as suas lembranças vieram à tona, não só da vida no Outro Lado para a qual acabara de retornar, mas também da vida que precedera sua encarnação mais recente – George era um homem negro em meados do século XIX que foi injustamente condenado e executado por um assassinato que não cometeu, o assassinato de uma mulher branca que, mais tarde se soube ter sido cometido na verdade pelo juiz que presidira o julgamento. Era compreensível que George se mostrasse irritado e rebelde contra "o sistema", e foi brilhante da parte dele ter um senso de humor que lhe permitisse expressar sua indignação através do poder do riso. Ele lamenta ter sentido dificuldade para distanciar-se da raiva penetrante que motivava seu dom para a comédia, de forma que pudesse realmente relaxar e desfrutar de seu sucesso ao longo do tempo. George também reconhece que estava em conflito sobre esse sucesso, amando o conforto que lhe proporcionava, mas também não querendo que o sucesso o deixasse confortável demais a ponto de perder a agudeza mental. Foi em busca dessa agudeza que ele se permitiu entrar no vício da cocaína. Ele quer que sua filha saiba o quanto a ama, que espera ter sido o pai que ela merecia e que sente um imenso orgulho dela. George também agradece à segunda esposa, sobre quem comenta ter sido mais compreensiva e compassiva sobre a "bagagem" que ele trouxe para seu casamento, e de uma forma que jamais poderia retribuir.

Sua vida em casa é muito feliz, à sua maneira. É preciso lembrar que todos nós mantemos os mesmos traços básicos de personalidade por toda a eternidade de nossos espíritos: o extrovertido continuará extrovertido, não importa quantas vezes encarne e depois volte para cá; o introspectivo continuará sendo introspectivo; o que é sem graça ficará sem graça; aqueles que têm senso de humor continuam eternamente com senso de humor e assim por diante. George não é exceção. Ele adora passar o tempo no Salão dos Registros, pesquisando scripts dos homens historicamente poderosos do passado e do presente, e se apresentar em grandes reuniões mostrando sua perspectiva singularmente perspicaz sobre aqueles que exercem o poder na Terra. Ele também é muito dedicado ao estudo e à meditação sobre os scripts de suas próprias vidas, com a intenção de acompanhar o início de sua declarada descrença em Deus, em um esforço para aprender como cresceu sendo tão absurdamente errado sobre a existência Dele. George não tem planos de encarnar novamente.

Rock Hudson

Personificação da expressão "alto, moreno e bonito", o ator Rock Hudson era um garoto do Meio-Oeste, nascido Roy Harold Scherer Jr. em Winnetka, Illinois, em 17 de novembro de 1925. Sua mãe, Katherine, era telefonista, e seu pai, Roy Harold Scherer Sr., um mecânico de automóveis que abandonou a esposa e o filho quando Roy Jr. tinha oito anos, durante a Grande Depressão. O segundo marido de Katherine, Wallace Fitzgerald, adotou oficialmente o menino e mudou seu nome para Roy Fitzgerald.

Roy foi um aluno desinteressado na New Trier High School. Sua intenção era muito mais seguir carreira como ator. Após a formatura, ele serviu como mecânico de aviões militares nas Filipinas durante a Segunda Guerra Mundial e se mudou para Los Angeles quando o serviço militar acabou. Seu primeiro esforço no sentido de seguir com seriedade a carreira de ator foi matricular-se no programa de teatro da Universidade do Sul da Califórnia, mas foi desclassificado por causa das notas sem brilho. Ele dirigia um caminhão de entregas para fazer face às despesas pessoais e passava cada hora de folga disponível distribuindo fotos com closes de seu rosto a cada diretor, executivo de estúdio e agente artístico que conseguisse encontrar.

Sua determinação foi recompensada quando, em 1948, Henry Willson, caçador de talentos assumidamente gay de Hollywood, reconheceu o potencial de Roy para se tornar um astro do cinema, mudou seu nome para o intensamente másculo Rock Hudson e garantiu seu primeiro trabalho, uma pequena participação no filme da Warner Bros. *Sangue, suor e lágrimas*, de 1948. Ele também começou a preparar seu novo e atraente cliente para o estrelato com aulas de atuação, canto, dança, equitação, esgrima, além de lançar uma campanha publicitária que logo convenceu as revistas especializadas em cinema de todo o País a estampar na capa o rosto de Rock Hudson. Quando completou 29 anos, Rock já recebia aplausos da crítica por seu papel em *Sublime obsessão*, de 1954, com Jane Wyman. Sua carreira estava a todo vapor.

Em um esforço para manter a imagem masculina e heterossexual de Rock, numa época em que o show business não aceitava o homossexualismo com naturalidade, Henry Willson recrutou sua secretária, Phyllis Gates, para se casar com Rock Hudson em 1955, divulgando amplamente fotos da cerimônia e do casal feliz em seu lar. Embora o casamento tenha durado apenas três anos, é de conhecimento geral que havia muito carinho e respeito mútuo entre Rock e Phyllis durante todo o relacionamento, e a percepção de Rock Hudson como astro de cinema "macho" foi firmemente estabelecida.

O maior triunfo da carreira de Rock até aquela data foi conseguido logo após o casamento, quando ele estrelou – ao lado de James Dean e Elizabeth Taylor – o grande sucesso de 1956, *Assim caminha a humanidade*. Rock não apenas conquistou, com esse filme verdadeiramente prestigioso, sua primeira indicação ao Oscar, mas se uniu em uma estreita amizade com Elizabeth Taylor, que duraria pelo resto de sua vida.

Depois de vários papéis dramáticos moderadamente bem-sucedidos, Rock encontrou um nicho totalmente novo em comédias românticas, atuando com uma coestrela que se tornou outra querida amiga, Doris Day. A química encantadora entre os dois resultou em três grandes sucessos de bilheteria: *Confidências à meia-noite* (1958), *Volta, meu amor* (1961) e *Não me mandem flores* (1964).

Os papéis no cinema tornaram-se mais escassos na medida em que a década de 1960 transcorria, e, em 1971, Rock decidiu com relutância ingressar na televisão, estrelando um filme chamado *Once Upon a Dead Man,* que evoluiu depois para os seis anos da série policial *O casal McMillan*, com Susan Saint James, John Schuck e Nancy Walker.

Em 1982, Rock assinou contrato para estrelar uma segunda série, *Conexão Devlin,* mas a filmagem foi interrompida e o seriado acabou cancelado quando o astro sofreu um violento ataque cardíaco, agravado pelos muitos anos de tabagismo pesado e de consumo de uísque. A cirurgia na qual ele recebeu cinco pontes de safena foi um sucesso, mas Rock nunca pareceu se recuperar completamente do episódio. Embora tenha sido convidado a desempenhar o par romântico da personagem de Linda Evans no grande sucesso da TV *Dinastia,* em 1985, sua crescente perda de peso, agravada pela instabilidade e aparente fragilidade, forçou os produtores a eliminar seu personagem depois de 14 episódios.

Rock entrou em reclusão forçada por vários meses até julho de 1985, quando fez sua última aparição pública para ajudar a amiga Doris Day no lançamento de seu novo talk show, *Doris Day's Best Friends.* Ele se encontrava dolorosamente magro, pálido e resmungando ao admitir o óbvio para ela e para o resto do mundo: Rock Hudson estava morrendo. Fotografias do grande astro devastado pela doença foram transmitidas para o mundo todo, e não demorou muito para Rock preencher a peça que faltava naquela história ao confirmar que era a AIDS que o estava levando embora.

Em 2 de outubro de 1985, Rock Hudson morreu de complicações relacionadas à AIDS. Na esteira de sua morte, e agora com um rosto bonito e famoso ligado ao flagelo até então minimizado do HIV-AIDS, o público, a comunidade médica e os astros e produtores de Hollywood começaram a empurrar a conscientização da doença e seu tratamento para o topo de suas prioridades. Elizabeth Taylor liderou as campanhas para angariar fundos em nome de seu querido amigo falecido. O legado de Rock Hudson se estende muito além de seus mais de 70 filmes no cinema e papéis na televisão – é impossível calcular o impacto de sua vida e morte sobre as vítimas da AIDS em todo o mundo a partir de 1985.

De Francine

Como a maioria das vítimas da AIDS, Rock estava em êxtase ao sair de seu corpo e voltar para casa com a saúde totalmente restaurada e total vitalidade. Sua mãe foi a primeira a cumprimentá-lo, passando pelo meio de uma matilha entusiasmada de cães de grande porte, liderada por um setter irlandês especialmente adorado por Rock. Eles foram prontamente seguidos por Roddy McDowall, Marlon Brando e uma série de outros amigos de Hollywood, incluindo o astro Montgomery Clift, com quem Rock sempre teve uma conexão especial – Rock diz que estava entre os primeiros a chegar à cena do trágico acidente de carro que quase matou Clift e que, a longo prazo, praticamente devastou-lhe a vida, e foi às lágrimas ao vê-lo bem novamente.

Definitivamente, Rock voltou para casa com uma série de compromissos em mente. Ele acumulou toda a paciência que conseguiu ao sentar-se diante da máquina de esquadrinhamento, através da qual repetiu sua última encarnação, porque estava ansioso ao extremo para começar a treinar como orientador. Ele queria ajudar outras vítimas da AIDS a fazer sua transição para o Outro Lado da forma mais suave e pacífica possível. Rock também se voluntariou para estudos intensivos em um de nossos diversos centros de pesquisa médica, onde encontrar a cura para a AIDS é prioridade constante. Equipes de mentes brilhantes no Lar estão sempre trabalhando em busca de tratamentos e curas, infundindo todos os avanços que descobrem.

Aqui a casa de Rock é feita inteiramente de janelas, com vista para seus vastos jardins hidropônicos. Ele é um de nossos anfitriões mais prolíficos e charmosos, divertindo com regularidade a maior variedade possível de amigos. Durante o curso das festas é sempre possível contar com ele para cantar uma de suas canções favoritas, "Send in the Clowns", *acompanhada ao piano por sua frequente parceira Marha Raye. (Rock pediu que os amigos que deixou para trás sejam informados de que finalmente consegue se lembrar da letra inteira dessa música.) O astro nunca perde um show musical dos anos 1950 e, apesar de se descrever como "dançarino e cantor frustrado" na Terra, está muito animado nos ensaios para o papel principal de "The Music Man".*

Sobre sua vida mais recente, ele diz: "Claro que tenho arrependimentos, especialmente sobre aqueles momentos em que eu agia de forma completamente irresponsável, com a desculpa de que estava apenas curtindo. Mas, em sua maior parte, eu amei a minha vida, minha carreira e meus muitos e queridos amigos. Posso dizer que fui abençoado de várias maneiras, e, se não me lembrei de demonstrar isso muitas vezes, eu era e sou muito grato a Deus pelos momentos vividos". Os temas de vida que escolheu, vítima e humanitarismo, tornaram-se mais claros para ele em seus últimos meses na Terra, quando provou ao mundo o tipo de monstro oportunista que a AIDS é realmente. Quando foi diagnosticado com a doença, conta, ele não quis que ninguém soubesse. Mas quando, mais tarde, o prognóstico tornou-se inegável, entendeu o orgulho que poderia ostentar pelo fato de ter ajudado a "despertar as pessoas" e inspirar todos no mundo a ter mais consciência da epidemia, a melhorar a prevenção e a se informar mais. E, acima de tudo, a ter mais compaixão pelas vítimas.

Rock hoje é muitas vezes uma presença tangível em clínicas de AIDS em todo o mundo e ainda faz uma parada no pátio da casa em Hollywood Hills, onde viveu muitos anos felizes. (Ele se diverte quando, de vez em quando, faz funcionar os sensores de movimento instalados naquela que continua a considerar a "sua casa"). Rock também foi o primeiro a acolher de volta ao Lar seu parceiro de longa data, Tom Clark, que esteve a seu lado durante os últimos meses de sua vida na Terra.

Heath Ledger

Outro astro que partiu antes que o mundo estivesse pronto, o ator Heath Ledger nasceu em 4 de abril de 1979, em Perth, Austrália. Seu pai, Kim Ledger, foi ao mesmo tempo piloto de corridas e engenheiro de minas na companhia da família, Ledger Engineering Foundry. A mãe de Heath, Sally Ledger, foi professora de francês. Heath era uma criança brilhante. Venceu, por exemplo, o Western Australia's Junior Chess Championship (campeonato de xadrez infantil) com dez anos de idade. Inspirado por sua irmã mais velha, Kate, atriz e posteriormente sua assessora, de quem esteve muito próximo ao longo de sua vida, ele foi lançado também com cerca de dez anos de idade no papel principal da montagem de *Peter Pan* em sua escola primária. Infelizmente o casamento de seus pais se desfez nesse mesmo período, forçando Heath a passar os próximos anos indo e vindo para morar com um deles. Sua paixão pelos palcos expandiu-se para a dança e a coreografia, que se tornaram sua válvula de escape, e sua determinação o levou a um pequeno papel não creditado em um filme chamado *Clowning Around* e a uma participação na série de TV *Ship to Shore*.

Ele terminou o ensino médio com a idade de 16 anos e rapidamente foi para Sydney, onde se tornou ainda mais consciente sobre a vontade de seguir carreira como ator. Conseguiu trabalho na televisão e quase imediatamente fez sua estreia oficial nas telonas em *Assassinato em Blackrock*, de 1997, participação impressionante a ponto de lhe garantir o papel de protagonista na bem-sucedida série australiana *Home and Away* e em uma série de fantasia chamada *Roar*. *Roar* foi financiada com dinheiro americano, dando a Hollywood a primeira exposição de Heath Ledger. Sua colega de elenco e namorada Lisa Zane foi quem convenceu o ator de 19 anos a ir com ela para Los Angeles e tentar encontrar um agente que o representasse.

O sucesso veio logo depois de sua chegada aos Estados Unidos: em 1999, Heath estrelou com Julia Stiles o filme de sucesso mundial *10 coisas que odeio em você*, colocando-se oficialmente no mercado. Em 2000 foi escalado por Mel Gibson para *O patriota*. Em seguida veio *A última ceia*, com Billy Bob Thornton, também em 2000, seguido por *Coração de cavaleiro,* em 2001. Ao mesmo tempo, depois de romper com Lisa Zane, não foi difícil para esse belo e jovem astro em ascensão ser bem-sucedido em sua vida pessoal, e sua reputação como playboy atraía a atenção dos tabloides de Hollywood.

Uma série de inteligentes e talentosos desempenhos em filmes independentes o manteve ocupado e estimulado durante o início dos anos 2000. Mas então, em 2005, vieram os holofotes gritantes que acompanharam o sucesso do filme de caubói gay *O segredo de Brokeback Mountain,* no qual estrelou ao lado de outro jovem astro em ascensão, Jake Gyllenhaal. Foi uma vitória para Heath Ledger, indicado para um Globo de Ouro e um Oscar. Ele ganhou em 2005 o prêmio de Melhor Ator do San Francisco and New York Critics Film Circles.

Heath conheceu a atriz Michelle Williams nos bastidores de *Brokeback Mountain*. O romance gerou uma filha, Matilda Rose, que nasceu em Nova York em 2 de outubro de 2005. A essa altura, Heath era alvo implacável dos paparazzi, e foi como resultado dessa atenção excessiva que ele, Michelle Williams e o bebê mudaram-se de sua casa em New South Wales para um apartamento no Brooklyn, onde o ator viveu até 2007.

Logo após *Brokeback Mountain*, Heath atuou em um filme australiano chamado *Candy*, no qual interpretou um viciado em heroína cujo esforço para superar o vício tem como mentor o brilhante

Geoffrey Rush. Foi indicado para três prêmios por sua atuação e recebeu o de melhor ator do Film Critics Circle of Australia. Em seguida veio o premiado *Não estou lá,* um estudo sobre Bob Dylan com seis atores representando diferentes aspectos de sua vida, pelo qual Ledger, o elenco e o diretor, Todd Haynes, ganharam o prêmio Robert Altman Independent Spirit de 2007.

No início do outono de 2007, a relação entre Heath Ledger e Michelle Williams terminou, mais ou menos na mesma época em que ele fez aquele que seria seu último filme completo, interpretando o papel do Coringa numa sequência de *Batman,* chamada *O cavaleiro das trevas.* Durante as filmagens, como Heath descreveu em uma entrevista concedida em 4 de novembro de 2007 ao jornal *The New York Times*, ele lutava contra uma terrível insônia. "Na semana passada eu provavelmente dormi uma média de duas horas por noite. Eu não conseguia parar de pensar." Heath começou tomando Ambien para tentar dormir, mas dois ao mesmo tempo não adiantavam, porque o deixavam em "estado de torpor, do qual acordava uma hora mais tarde," com a mente ainda girando. Além da insônia ele foi atingido por uma doença respiratória grave em janeiro de 2008, enquanto estava em Londres para filmar a produção de Terry Gilliam *O mundo imaginário do doutor Parnassus,* trabalho que ele nunca chegaria a completar.

Em 22 de janeiro de 2008, Heath foi encontrado inconsciente em sua cama aproximadamente às 14h45. Todos os esforços para ressuscitá-lo falharam, e ele foi declarado morto em seu apartamento no bairro do SoHo, em Manhattan, às 15h36. De acordo com a autópsia realizada no dia seguinte, ele morreu de intoxicação acidental aguda por causa de uma combinação de seis medicamentos normalmente receitados para insônia, dor, depressão e congestão respiratória.

As homenagens começaram a chegar da comunidade do cinema e de fãs de todo o mundo, e, depois de uma cerimônia privada em Los Angeles, o corpo de Heath Ledger foi levado de volta para Perth por seus pais e irmã para um segundo velório, ao qual compareceram centenas de pessoas. Michelle Williams disse à imprensa que tinha certeza de que o espírito de Heath viveria através da filha Matilda, a quem a família dele entregou a fortuna de seu pai, de 16,3 milhões de dólares. Na sequência da morte de Ledger, aos 28 anos, *O cavaleiro das trevas* quebrou vários recordes de bilheteria. Por sua atuação como o Coringa, ele recebeu tanto o Globo de Ouro quanto o Oscar de melhor ator coadjuvante.

De Francine

Heath estava exausto quando saiu do túnel e ficou chocado ao encontrar-se aqui, porque tinha intenção de acordar na cama, em seu apartamento, poucas horas depois de se preparar para uma soneca desesperadamente necessária. Seu espírito veio para cá em segurança antes que seu corpo fosse encontrado inconsciente, e suas primeiras palavras quando percebeu onde estava e o que tinha acontecido foram: "Quero que cuidem de Matilda". Após as reuniões, das quais estava muito confuso para desfrutar, ele foi levado para a orientação antes mesmo de ser enviado para a máquina de esquadrinhamento. Dormiu, passou pela "desintoxicação", recebeu uma carinhosa terapia por parte da equipe de orientadores e viajou frequentemente para o quadrante dedicado à orientação a fim de meditar; além disso, fez longos passeios de canoa sozinho, leu as obras de Shakespeare (que ele ama, segundo disseram) e ouviu concertos de Mozart (que também adora).

O processo de cura levou quase dois anos, conforme são medidos no tempo da Terra, e ele está prosperando agora, eufórico com a ideia de retomar sua vida aqui no Outro Lado. Heath aprecia o valor da orientação mais do que muitos, pois ele mesmo é um hábil orientador. Desde a última encarnação ele começou a se especializar como fisioterapeuta para dar atenção a quem chega com casos de overdose acidental. Voltou apaixonado por cinema, na frente e atrás das câmeras. "Adorei o trabalho, odiava a fama", ele costuma dizer. Heath tem estudado exaustivamente os atuais filmes em produção ao redor do mundo, e, em antecipação de sua próxima encarnação, que terá início em 2016, está sendo treinado como editor de filmes pela talentosa Verna Fields e aprimorando sua capacidade de atuação sob a tutela particular de Spencer Tracy, alguém a quem Heath sempre admirou.

Ele diz que nunca esteve em seus planos que esta encarnação mais recente fosse duradoura depois das quatro vidas anteriores, em que sofreu demais, física e mentalmente, nos últimos anos. Embora o uso de drogas não tenha sido motivado por outra coisa que não a medicação, Heath estava dolorosamente consciente de que isso havia se tornado um grave problema, que ele teria de superar se pretendesse ser o pai atento e envolvido que sua filha merecia. Ele deseja que Michelle e sua família saibam que está profundamente grato a todos por organizarem as coisas de forma que seus bens tenham sido colocados sob tutela em nome de Matilda.

Ele também quer que Michelle prometa à sua filha que ele vai encontrar uma forma de se aproximar dela quando voltar à Terra. Ela terá 11 anos quando ele nascer, e Heath entrará na vida de Matilda como uma "pessoa estranhamente familiar" quando ela estiver perto dos 30 anos. Heath não vê a hora de isso acontecer.

Grace Kelly

Ela se portava como alguém da realeza e se tornou de fato uma princesa. Seu nome era Grace Patricia Kelly, e ela veio ao mundo em 12 de novembro de 1929, em Filadélfia, Pensilvânia, terceira dos quatro filhos de Brendan "Jack" Kelly e sua esposa, Margaret. A determinação de Grace em correr atrás do que queria foi herdada de seus pais, trabalhadores e ambiciosos. Sua mãe foi a primeira chefe mulher do departamento de Educação Física da Universidade da Pensilvânia, e seu pai era medalhista olímpico em aparelhos (remo) que, ao retornar para casa, tornou-se milionário como empreiteiro e dono da maior empresa de tijolos do leste americano.

Grace sabia desde a infância que queria ser atriz. Sua beleza natural fez dela uma popular modelo infantil, e, depois de estudar nas melhores escolas privadas de Filadélfia, fez o teste na American Academy of Dramatic Arts, em Nova York. Trabalhou como modelo para sustentar-se e finalmente conseguiu seu primeiro trabalho profissional numa produção da Broadway em 1949, *The Father,* de August Strindberg.

A televisão e a carreira de Grace estiveram em sua prolífica infância mais ou menos ao mesmo tempo, por isso ela foi escalada para quase 60 produções de televisão ao vivo em Nova York antes de alegremente se render à atração de Hollywood e mudar-se para o Oeste. Seu primeiro papel no cinema foi uma pequena ponta em *Fourteen Hours,* de 1951, dirigido pelo aclamado Henry Hathaway. O papel não era importante a ponto de gerar alguma atenção sobre o nome de Grace, então ela voltou a atuar no teatro e na televisão. A jovem trabalhava em uma peça no Colorado, em

1951, quando foi surpreendida por um telegrama do produtor Stanley Kramer, oferecendo-lhe um papel em *Matar ou morrer,* estrelado por Gary Cooper e Lloyd Bridges. *Matar ou morrer* foi um sucesso, e a carreira de Grace Kelly estava a caminho de se tornar um sucesso também. Em seguida veio a oferta de um contrato de sete anos com a MGM e um papel numa produção estrelada pelos superastros Clark Gable e Ava Gardner, *Mogambo.* Aquele foi um projeto de prestígio e resultou em um tremendo sucesso tanto para o estúdio quanto para Grace – ela recebeu sua primeira indicação ao Oscar como atriz coadjuvante e ganhou o Globo de Ouro de 1953 na mesma categoria.

Seu talento e sua beleza virginal e imaculada chamaram a atenção de Alfred Hitchcock, que a escalou para o thriller *Disque M para matar,* de 1954, estrelado por Ray Milland. O filme a elevou ao estrelato e criou um duradouro relacionamento profissional entre Hitchcock e Grace. Ela já havia terminado o filme seguinte, *As pontes de Toko-Ri,* com William Holden, em 1954, quando recebeu um telegrama de Hitchcock confirmando seu compromisso com Edith Head, a estilista de maior prestígio de Hollywood, para começar a criar o figurino para seu próximo filme, *Janela indiscreta.* Apesar do fato de Hitchcock nunca lhe ter oferecido formalmente um papel nessa produção, Grace prontamente recusou uma participação ao lado de Marlon Brando em *Sindicato de ladrões*, manteve agendado o encontro com Edith Head e assim coestrelou *Janela indiscreta* com James Stewart, outro sucesso de bilheteria e de crítica da dupla Alfred Hitchcock e Grace Kelly.

Em seguida vieram *Amar é sofrer*, em que ela se uniu a William Holden e Bing Crosby, que passou a fazer parte de sua lista de fãs e parceiros. Tanto Grace Kelly quanto Judy Garland foram o assunto da cidade naquele ano: Grace pelo impressionante desempenho em *Amar é sofrer,* e Judy pela atuação triunfante em *Nasce uma estrela*. Ambas ganharam o Globo de Ouro e ambas foram indicadas ao Oscar, Judy Garland sendo a favorita. Depois de ver Grace levando o Oscar, Judy Garland teria dito: "Não gostei de ver Grace Kelly tirando a maquiagem e indo embora com meu Oscar".

Depois de um fracasso de bilheteria chamado *Tentação verde*, Grace foi para a França fazer sua terceira e última parceria com Hitchcock, *Ladrão de casaca*, com Cary Grant, com quem desenvolveu uma estreita amizade e provável atração que durou pelo resto da vida. Quando questionado sobre sua parceira favorita em todas as décadas de trabalho no cinema, ele respondeu, de forma simples e imediata: "Grace Kelly".

Grace ficou encantada com o convite para chefiar a delegação americana, em abril de 1955, no Festival de Cannes e visitar o palácio de Mônaco para uma sessão de fotos com o príncipe Rainier III. Ela guardou para si mesma a informação de que, depois que retornou aos Estados Unidos para filmar *O cisne,* com Alec Guinness, e *Alta sociedade,* com Bing Crosby e Frank Sinatra, ela e o príncipe começaram a manter uma ativa troca de correspondência que continuou até a chegada dele aos Estados Unidos, em dezembro do mesmo ano.

Divulgou-se amplamente que Rainier tinha vindo para os Estados Unidos em busca de uma esposa pelo menos romântico dos motivos: de acordo com um tratado de décadas, se o príncipe não conseguisse gerar um herdeiro, o Principado de Mônaco voltaria a se tornar domínio da França. Por sua vez, Grace estava com 27 anos, uma carreira de sucesso que ela jamais poderia ter imaginado alcançar e pronta para o casamento, se pudesse encontrar um homem que obtivesse a aprovação de seus pais.

Logo após sua chegada, o príncipe Rainier III se encontrou com Grace e os pais dela. Três dias depois, ele fez a proposta. A família de Kelly providenciou o dote requerido pelo príncipe, de dois milhões de dólares, e o mundo animadamente começou a se preparar para o "casamento do século". Em 18 de abril de 1956, na sala do trono do palácio de Mônaco, diante de 600 convidados e 30 milhões de telespectadores em toda a Europa, Grace Kelly tornou-se Sua Alteza a Princesa Grace de Mônaco, um conto de fadas da vida real.

Imediatamente após o casamento, o príncipe Rainier proibiu todos os filmes de Grace Kelly nos cinemas do principado, e Grace nunca mais aceitou um convite para atuar. Seu primeiro ato oficial como princesa de Mônaco foi a fundação de uma organização sem fins lucrativos chamada AMADE Mondiale, dedicada ao bem-estar das crianças em todo o mundo. Ela também criou a Fundação Princesa Grace, em benefício de artesãos locais, e realizou uma festa anual de Natal para os órfãos. Mas sua mais importante e mais divulgada criação foram os três filhos: a princesa Caroline, nascida em 23 de janeiro de 1957, o príncipe Albert II, nascido em 15 de março de 1958, e a princesa Stephanie, nascida em 1º de fevereiro de 1965.

Em 13 de setembro de 1982, a princesa Grace dirigia por uma estrada estreita nas montanhas, trazendo Stephanie de volta para Mônaco, quando o carro saiu da estrada e foi lançado sobre as rochas do precipício. Embora Stephanie tenha sobrevivido ao acidente, a princesa Grace morreu no dia seguinte, aos 52 anos, sem nunca ter recuperado a consciência. A autópsia mostrou que, momentos antes de a princesa perder o controle do carro, sofreu um acidente vascular cerebral catastrófico, considerado a causa subjacente do acidente. Quatrocentos convidados, entre eles Cary Grant e Diana, a princesa de Gales, compareceram ao funeral, transmitido para um público estimado de 100 milhões de telespectadores ao redor do mundo. A princesa Grace foi sepultada em Mônaco, no jazigo da família real, e o príncipe Rainier, que nunca mais se casou de novo, foi enterrado ao lado dela em 2005.

De Francine

Grace estava muito chocada com a rapidez e violência de sua morte para notar a multidão que se reuniu para recebê-la no Nosso Lar. Pode-se dizer que ela praticamente caiu nos braços do pai, que a confortou o melhor que podia, antes que ele e seu espírito-guia, chamado Cordélia, gentilmente a levassem para uma câmara de acolhimento, onde se soube que Grace sussurrava repetidamente: "Stephanie poderia ter morrido, Stephanie poderia ter morrido". Grace se acalmou quando lhe garantiram que a filha ficaria bem, mas estava tão atordoada e perturbada que lhe foi concedida a bênção de ser acolhida por quase seis anos em seu tempo. Grace emergiu totalmente curada, radiante e ansiosa para passar para a máquina de esquadrinhamento e depois voltar para sua vida emocionante aqui no Lar.

Ela achou que os temas de vida que escolheu, infalibilidade e vencedor, foram um desafio muito maior do que previra quando os selecionou. Mas, quando avalia do melhor modo possível sua encarnação mais recente, a qual garante ser a última, ela sente que o objetivo mais importante que veio cumprir na Terra foi trazer seus três filhos para o mundo: "Não apenas por causa de meu marido, não por causa de Mônaco, mas pelo fato de eles serem as pessoas únicas e extraordinárias que são". (Ela deseja, aliás, que Albert tenha conhecimento de que sempre soube que ele ascenderia ao trono com dignidade, e que está zelando por ele e por suas irmãs "a cada momento de cada dia").

Se tivesse tido escolha, ela diz que gostaria absolutamente de continuar sua carreira no cinema depois de se casar com Rainier. Grace diz que sentiu muita falta de tudo – do estímulo, do desafio, do sentimento de realização e, acima de tudo, de todos os queridos amigos "que continuaram fazendo filmes maravilhosos enquanto eu os assistia do palácio". Ela rapidamente acrescenta que seus anos como princesa Grace foram dolorosamente solitários, "mas deixar isso para trás significaria perder meus filhos, o que seria impensável". Agora ela olha para es-

ses dias da perspectiva do Lar e percebe que não tinha ninguém para culpar, a não ser ela própria, por aquela solidão. "Eu fui abençoada demais. Fui privilegiada desde o início. Foi uma vida emocionante em sua maior parte. Mas, sem desculpas, dediquei praticamente nada do meu tempo a me alimentar espiritualmente. Não estou me referindo a meu trabalho de caridade, que veio do meu coração e foi profundamente importante para mim. Estou falando de todas aquelas horas sozinhas, quando eu me sentia vazia e ficava procurando algo fora de mim com que preencher aquele espaço, em vez de olhar para dentro. Eu gostava da companhia de outras pessoas muito mais do que da minha própria, e encontrei mais profundidade nos outros do que em mim mesma. As pessoas que eu invejava silenciosamente eram aquelas que haviam aprendido a se bastar a si mesmas. Essa era uma arte à qual nunca dediquei tempo e habilidade para dominar, e teria curado minha solidão. Não foi responsabilidade de ninguém mais, só minha".

Grace está compensando o tempo perdido. Ela não é de viver em clausura, mas optou por morar sozinha em uma construção de estilo georgiano onde diz que "se sente em casa". Estuda teologia e espiritualidade e começará a ser treinada em breve como orientadora. Ela também retomou o trabalho de pesquisa, mas mudou seu foco de medicina para as ciências forenses, uma nova paixão que ela não explica nem discute. Grace adora ir ao teatro com os amigos, apesar de não ter interesse em atuar, e cavalga muito bem.

Grace menciona de passagem que ela e o príncipe Rainier se sentem perfeitamente confortáveis um com o outro nas raras ocasiões em que se encontram, e deseja que os filhos saibam que ambos os amam e cuidam deles daqui.

John Kennedy Jr.

Sua imagem está cristalizada na memória de uma nação em luto pela morte de seu presidente – um inocente garoto de três anos de idade se afastando da mãe e do tio para saudar a bandeira americana sobre o caixão do pai. Naquele momento, John Fitzgerald Kennedy Jr., primeiro filho nascido de um presidente já exercendo o mandato, tornou-se o "nosso" filho, para além da política e das teorias da conspiração, apenas um bebê que havia sofrido uma perda que ele não teria nenhuma possibilidade de compreender naquele momento.

John nasceu em 25 de novembro de 1960, em Washington, 16 dias depois de seu pai, John F. Kennedy, ter sido eleito o trigésimo quinto presidente dos Estados Unidos. Era o segundo filho de John e Jacqueline Kennedy – sua irmã, Caroline, nascera três anos antes, e o caçula, Patrick, morreu apenas dois dias após o parto, em 1963.

Após o assassinato do presidente Kennedy, em 22 de novembro de 1963, ele se mudou com Jacqueline e Caroline para um apartamento no Upper East Side de Manhattan, em um esforço da mãe para protegê-los dos gritantes holofotes da mídia que teimavam em seguir os dois belos filhos daquela idealizada família da fantasiosa "Camelot" americana. A tragédia se abateu novamente sobre eles no dia 6 de junho de 1968, quando Robert Kennedy, o tio Bobby, que se tornara sua figura paterna após a morte de JFK, foi assassinado no Hotel Ambassador, em Los Angeles, depois de vencer as eleições primárias da Califórnia em seu caminho para a candidatura à presidência. Quatro meses depois, a mãe de John,

Jacqueline, casou-se com o magnata armador grego Aristóteles Onassis, união que durou até a morte de Onassis, em1975.

John fez o Collegiate School de Nova York, e em seguida formou-se na Phillips Andover Academy. A curiosidade e o interesse na educação intensificaram-se no final da adolescência, levando-o para a Universidade Brown a fim de estudar história americana, mais tarde para a Guatemala para literalmente dar uma mão depois de um terremoto devastador, e a seguir até a África, onde estudou questões ambientais e trabalhou para uma empresa de mineração em Joanesburgo. A boa aparência levou-o inevitavelmente a atuar em algumas peças montadas na universidade, mas suas paixões, em última análise, terminaram por guiá-lo a outros lugares. Após se formar na Brown com licenciatura em história em 1982, ele viajou para a Índia e estudou na Universidade de Délhi. Em seguida, retornou aos Estados Unidos e dedicou o tempo a projetos da família Kennedy, como a School at Exodus House, no East Harlem, e o Reaching Up, programa que ele mesmo criou a fim de melhorar o tratamento para pessoas com deficiência. Também trabalhou para o New York City Office of Business Development e para a 42nd Street Development Corporation antes de entrar na Faculdade de Direito da Universidade de Nova York, em 1986.

Rumores da entrada potencial de John na arena política se espalharam como fogo quando, na Convenção Nacional do Partido Democrata de 1988, em Atlanta, sua presença fotogênica, carismática, comovente e articulada para apresentar o tio, o senador Edward Kennedy, de Massachusetts, tornou-se o tema dos comentários de especialistas de todo o país. Em vez disso, ele se formou em Direito, com doutoramento em 1989, passou no exame da ordem em sua terceira tentativa e se tornou assistente do promotor do distrito de Nova York, Robert Morgenthau, posição que ocupou com êxito durante quatro anos, vencendo os seis casos que presidiu.

Em 1995, John assumiu a tarefa hercúlea de cofundar uma nova revista, uma publicação mensal chamada *George*, cujo slogan prometia "Não é a política como de costume". Escreveu ensaios e editoriais que de vez em quando atingiam até mesmo os membros da própria família. Embora não tenha sido um sucesso arrasador, a *George* conseguiu manter-se até 2001, dois anos após a morte de John.

Sua vida.social era uma constante fonte de fascínio da mídia, tão ativa quanto se espera de alguém eleito pela *People* de 1998 "o homem mais sexy do mundo". Ele namorou Daryl Hannah, Julia Roberts, Madonna, Brooke Shields e Sarah Jessica Parker, só para citar alguns nomes, antes de finalmente se casar com a publicitária Carolyn Bessette. O casamento ocorreu em 21 de setembro de 1996, em Cumberland Island, na Geórgia, em uma cerimônia privada que conseguiu escapar da imprensa e na qual a irmã de John, Caroline, foi dama de honra.

Em 16 de julho de 1999, John, Carolyn e a irmã dela, Lauren Bessette, estavam a caminho de Martha's Vineyard em um avião monomotor particular. John pilotava. Iriam depois para o casamento do primo de John, Rory, em Hyannisport, Massachusetts. O avião não chegou no horário previsto. Equipes de busca foram enviadas para vasculhar os arredores e finalmente, em 21 de julho, os corpos de John F. Kennedy Jr., de sua esposa e de sua cunhada foram encontrados nas águas ao largo de Gay Head em Martha's Vineyard. As cinzas foram espalhadas no Atlântico, lançadas do destroiér americano Briscoe, e a América lamentou a perda de seu bonito e magnético príncipe de Camelot.

De Francine

John chegou ao Lar num piscar de olhos e imediatamente se viu nos braços da mãe. Seus avós, o tio Robert e seu pai esperavam para cumprimentá-lo. Ele deixou a mãe, de cuja morte na Terra nunca se recuperara totalmente, para abraçar os outros, e havia certa timidez quando ele e o pai se encontraram. "Eu estava com três anos quando meu pai morreu", diz ele. "E nunca tive oportunidade de conhecê-lo. Era muito mais próximo de meus tios, que fizeram um ótimo trabalho ao substituí-lo enquanto eu crescia".

John não sentiu tristeza, confusão ou arrependimento. Em vez disso, estava eufórico ao encontrar-se aqui e não demonstrou necessidade de receber orientação ou de aconchego, nem sua esposa. Assim que passou pela máquina de esquadrinhamento, John reassumiu sua vida rica e ativa ao lado de Jackie, sua alma gêmea. Por favor, abandone essa falácia de que as almas gêmeas, naquelas ocasiões extremamente raras em que ambos encarnam ao mesmo tempo, são limitadas na Terra aos relacionamentos românticos. Elas podem ser membros da mesma família. Podem ser bons amigos. Podem ter qualquer tipo de ligação que escolham construir para si, para atingir seus próprios fins numa encarnação compartilhada. Jackie e John escolheram ser mãe e filho em sua encarnação partilhada, de modo que estavam sempre presentes um para o outro através daquele script extremamente difícil que projetaram para si mesmos. Agora que estão juntos em casa novamente, eles naturalmente mantêm as próprias identidades individuais e procuram os próprios interesses, mas vivem e trabalham juntos.

Sua casa é construída, decorada e localizada de forma idêntica à casa em Martha's Vineyard, onde ambos se sentiam seguros e em paz. "Havia um portão na estrada, bem na entrada do longo caminho que levava a nossa casa", diz John. "Mesmo que toda a mídia tivesse noticiado que eu ou minha mãe estávamos em casa, podíamos deixar aquele portão aberto, o que fizemos muitas vezes, e ficar despreocupados quanto a alguém vir nos aborrecer. Todos respeitavam nossa privacidade, e nós respeitávamos a dos outros, por isso adorávamos aquele lugar". Os dois continuam a equilibrar o amor com a vida social, e cada um tem os próprios amigos, com quem preferem passar o tempo em pequenos grupos. Jackie adora reuniões em casa com autores, artistas e músicos. John prefere caminhar com historiadores, atletas, líderes políticos, sobretudo seus tios e seu pai – eles estão desfrutando da oportunidade de se conhecer melhor, e John Pai manifestou seu apreço e respeito pela decisão do filho de não se tornar um político, coisa que John Jr. diz nunca ter passado pela cabeça. Seus temas de vida escolhidos, de experimentador e justiça, diz ele, são incompatíveis com qualquer coisa envolvendo a política que vá além de estudar e escrever sobre ela; como diz, ele preferiu fazer as coisas em vez de marcar reuniões intermináveis para discutir como fazer as coisas.

John e Jackie trabalham em conjunto com uma vasta equipe de pesquisa focada na detecção pré-natal, no tratamento e na cura de imperfeições no nascimento. Essa equipe inspira grupos de cientistas e pesquisadores médicos na América do Norte, no Japão e no Brasil, e antecipou que haverá um grande avanço colaborativo global em torno de 2026 de seu tempo na Terra. John também faz parte de uma equipe de ecologistas que está trabalhando na busca de soluções para o restabelecimento da camada de ozônio.

Ele e Jackie estavam entre o que parecia ser um grande número de membros da família que se reuniram para receber o tio de John, Ted, do Outro Lado. Assim como o restante dos "homens da família Kennedy", John não vai reencarnar mais.

Mattie Stepanek

O poeta, o pacificador, o filósofo que brincava. Matthew Joseph Thaddeus Stepanek nasceu em 17 de julho de 1990 em Rockville, Maryland. Sua mãe, Jeni, com Ph.D. em educação infantil, teve quatro filhos antes de ser diagnosticada com a forma adulta de miopatia mitocondrial disautonômica, uma doença genética rara de distrofia muscular que tirou a vida de sua filha Katie aos dois anos, de seu filho Stevie aos seis meses e de seu filho Jamie aos três anos. Um dos milagres de Mattie foi ter sobrevivido à mesma doença até os 13 anos de idade e ter realizado mais naqueles poucos anos do que muitos de nós conseguimos fazer em uma vida inteira.

Por um lado, Mattie viveu como um garoto normal, e adorava viajar para a praia, ler e praticar a arte marcial coreana Hapkidô, na qual ganhou a faixa preta aos oito anos, antes de se tornar dependente de uma cadeira de rodas, de seu cão-guia Mica e de um ventilador. Por outro lado, quando tinha três anos, começou a escrever poesia. Seus dons extraordinários como escritor e poeta levaram-no a publicar seis livros de poesia e uma coleção de ensaios sobre a paz; todos chegaram à lista dos mais vendidos do *New York Times,* e um deles, *Just Peace*, foi agraciado com a Independent Publishing Gold Medal como "O livro da paz do ano" em 2007, três anos depois da morte de Mattie.

Sua poesia e sua presença encantadora atraíram a atenção de Oprah Winfrey e de Larry King. As apresentações frequentes nos respectivos talk shows levaram à sua nomeação como Embaixador da Boa Vontade da Associação Nacional de Distrofia Muscular dos Estados Unidos em 2002, quando ele estava com 12 anos.

A doença de Mattie o obrigou a estudar em casa, situação que permitiu que seu surpreendente intelecto se desenvolvesse. Ele foi hospitalizado várias vezes e teve uma experiência de quase morte que só aprofundou sua elevada fé em Deus, levando-o a dizer a Larry King, em uma entrevista de 2002, quando perguntado se tinha medo da morte: "Tenho medo de morrer, mas não da morte".

Em 22 de junho de 2004, em Washington, no Children's National Medical Center, Mattie Stepanek deixou esta Terra e foi para casa. Seu funeral, seis dias depois, foi assistido por mais de mil pessoas. O ex-presidente Jimmy Carter lembrou a filosofia de vida de Mattie em seu panegírico: "Lembre-se de brincar depois de cada tempestade". A mãe de Mattie, Jeni, continua o trabalho de seu filho amado como palestrante motivacional e defensora da paz.

De Francine

Mattie é um viajante místico, um espírito raro, altamente avançado, que parece iluminado de dentro pelo total compromisso sagrado com Deus e com as pessoas. A multidão de espíritos e dos animais que se reuniu para comemorar sua volta ia tão longe quanto os olhos podem enxergar. Como a maioria dos viajantes místicos, ele encarnou na Terra uma vez e apenas uma vez, e permaneceu lá o tempo suficiente para reacender a chama da fé em um número incalculável de pessoas e inspirar sua mãe a continuar seu trabalho antes de retornar para o Outro Lado. Então, após participar de uma audiência privada com o Conselho, ele foi embora de novo, para as estrelas e para outro planeta que precisava desesperadamente dele como a Terra precisou.

Isso não quer dizer que ele e sua mãe estejam sempre separados. Mattie está com ela em todas as apresentações, grandes ou pequenas;

e se senta na cama ao lado dela todas as noites até que ela adormeça, adorando-a e lhe agradecendo pela vida abençoada que lhe deu – exatamente a vida que ele sabia que ela lhe daria quando a escolheu para gerá-lo e ser sua melhor amiga, companheira e cuidadora durante o breve tempo que passou na Terra.

Walter Cronkite

O homem mais confiável dos Estados Unidos, o renomado jornalista Walter Cronkite Leland Jr. nasceu em 4 de novembro de 1916 em St. Joseph, Missouri, filho único do dentista Walter Leland Cronkite e de sua esposa Helen. Quando Walter tinha dez anos, a família se mudou para Houston, no Texas, buscando a oportunidade de seu pai conseguir um cargo na Faculdade de Odontologia da Universidade daquele Estado. Walter, que era escoteiro, creditou seu interesse precoce pelo jornalismo à leitura de um artigo na revista *American Boy* sobre os repórteres que cumpriam missões em outras partes do mundo, e se tornou editor do jornal da escola e do livro do ano durante o tempo que cursou a San Jacinto High School.

Após dois anos estudando ciências políticas e jornalismo na Universidade do Texas, em Austin, Walter saiu da faculdade em 1935 para aceitar um emprego em tempo parcial como repórter esportivo do *Houston Post*. Seu primeiro trabalho em radiodifusão oficial foi na rádio WKY, de Oklahoma, e de lá foi para a rádio KCMO, de Kansas City, como repórter de esportes em geral. Foi nessa cidade, em 1936, que conheceu sua futura esposa, Mary Elizabeth Maxwell, que chamou de Betsy por toda a vida. Em 1937, ele entrou para a United Press International (UPI) e se tornou um dos principais repórteres a cobrir a guerra no Norte da África e no continente europeu durante a Segunda Guerra Mundial. Foi nomeado correspondente-chefe para cobrir os julgamentos sobre crimes de guerra em Nuremberg e chefe do escritório da UPI em Moscou.

Sua longa carreira na CBS News começou em 1952, quando narrou um programa chamado *You Are There*, que dramatizava acontecimentos históricos. Ele também ancorou a cobertura da CBS das convenções democrata e republicana para as eleições presidenciais de 1952, e se estabeleceu desde então como jornalista de televisão articulado e confiável.

Em 1962 Walter fez sua estreia como âncora e editor do *CBS Evening News*, posição que ocupou até que, com a idade de 65 anos, deixou o cargo, em 6 de março de 1981. Durante esse período brilhante, Walter entrevistou todos os presidentes americanos, de Eisenhower a Reagan; foi o primeiro a noticiar para os Estados Unidos a morte dos presidentes Kennedy e Johnson, viajou ao Vietnã para relatar as consequências da ofensiva do Tet, trouxe uma cobertura clara e coerente sobre o escândalo de Watergate enquanto ele se desdobrava; participou da primeira transmissão transatlântica ao vivo, em 1962, e narrou ao vivo as mais históricas realizações do programa espacial da NASA, incluindo o pouso da Apollo 11 na Lua, em 20 de julho de 1969.

Sua esposa Betsy esteve a seu lado a cada passo do caminho. Ficaram casados por 65 anos até sua morte, em 2005. Seus três filhos, Nancy, Kathy e Walter III, deram-lhes quatro netos.

A aposentadoria de Walter do *CBS Evening* News não representou de forma alguma seu afastamento das transmissões televisivas ou radiofônicas. Para citar apenas algumas de suas realizações pós-1981, ele fez a narração e a dublagem de um filme em IMAX sobre o ônibus espacial chamado *O sonho está vivo*; gravou uma matéria especial para o filme *Apollo 13*, fez a voz de Benjamin Franklin na série de desenhos animados educativos *Liberty Kids*, narrou um documentário da CBS sobre Guglielmo Marconi chamado *WCC Chatham Radio* e gravou ainda uma série de televisão em oito partes para a Discovery Channel chamada *Cronkite Remembers*. Presidiu a Interfaith Alliance para a proteção da fé e da liberdade americanas, apoiou a organização Heifer International, que combate a fome no mundo, foi um grande arrecadador de fundos para o Citizens for Global Solutions e foi homenageado com a Medalha Presidencial da Liberdade, o Prêmio Embaixador da Exploração Espacial da Nasa e ganhou ainda quatro prêmios Peabody em Excelência em Radiodifusão. Além de tudo isso, foi incluído no Hall da Fama da Academia de Televisão, Artes e Ciências.

Em 17 de julho de 2009, Walter Cronkite morreu de doença vascular cerebral em sua casa de Nova York com a idade de 92 anos, depois de uma vida longa e satisfatória de inigualável integridade.

De Francine

Walter está tão feliz e satisfeito por se encontrar em casa como qualquer um que já vimos, não porque estivesse ansioso para que sua vida chegasse ao fim, mas porque sente que usou muito bem todos os minutos dela, ou ao menos o melhor que conseguiu: "Cometi muitos erros, mas nunca nenhum com o qual não pudesse aprender alguma coisa". Ele saiu do túnel e encontrou sua esposa Betsy, além de uma mulher muito pequena que acredito ter sido sua avó e um alegre casal de Springer Spaniels que o esperava. Ficou fascinado pelo tempo que passou na máquina de esquadrinhamento, apreciando a vida que viveu na Terra, e completamente encantado com os acontecimentos históricos que cobriu durante toda a carreira. Ao rever sua vida, também gostou de lembrar que a frase com que encerrava o noticiário e que se tornou sua marca registrada, "É assim que as coisas são...", era uma homenagem inconsciente a seu patrão, quando este trabalhou como editor de um jornal britânico em meados de 1800. O patrão encerrava as reuniões com a equipe dizendo: "Pronto, aí está tudo". Walter adorou a ideia de parafrasear algo que trouxera de uma vida anterior.

Não foi necessário ir para a orientação, e Walter saiu praticamente correndo da máquina de esquadrinhamento, para longe do portal da sabedoria, e rapidamente foi se juntar a John e Robert Kennedy, Martin Luther King Jr. e os sete membros da tripulação do ônibus espacial Challenger, *cujas mortes o afetaram mais profundamente do que todas as outras que noticiou ao longo de sua carreira. Então, como ele descreve, voltou silenciosamente para as coisas costumeiras do Outro Lado. Ele mantém uma grande amizade com vários ex-presidentes, nomeadamente, Jefferson, Lincoln e Eisenhower, e com eles estuda ativamente os eventos do mundo atual e procura infundir as soluções que conseguem penetrar os egos das pessoas em posição de poder na Terra. Walter e Carl Sagan retomaram as apaixonadas pesquisas pelos segredos infinitos do universo e as palestras sobre futuras explorações da NASA para aqueles que irão reencarnar e iniciar muitas dessas explorações. Suas duas atividades recreativas favoritas são navegar e jogar tênis com o antigo companheiro Peter Jennings.*

Walter deseja que seus filhos e netos saibam que ele e Helen ainda estão cuidando bem um do outro e olhando por eles, e que os considera sua maior realização.

Abraham Lincoln

Abraham Lincoln, décimo sexto presidente dos Estados Unidos, nasceu em uma cabana perto de Hodgenville, Kentucky, em 12 de fevereiro de 1809. Seu pai, Thomas, era um fazendeiro. Sua mãe, Nancy, deu à luz três filhos: Sarah, a mais velha, Abraham e Thomas, que morreu ainda bebê. A família mudou-se para o Sul de Indiana quando Abraham tinha sete anos, e ele estava com nove anos quando a mãe morreu. Um ano mais tarde, Thomas se casou com Sarah Bush Johnston, que trouxe seus três filhos para a família. A carinhosa e amorosa madrasta de Abraham foi uma influência positiva em sua vida, incentivando-o a ler e a estudar, que rapidamente se tornaram duas de suas paixões, mais do que compensando o fato de ele ter tido pouco mais de um ano de educação formal.

Quando se tornou adulto ele já era uma figura imponente, com quase 1,85 m e pesando mais de 80 quilos, impressionando os moradores de sua cidade, New Salem, no Illinois, com sua honestidade, integridade e força de caráter em uma sucessão de trabalhos que variaram de gerenciar uma loja até servir como agente dos correios local, nomeado pelo presidente Andrew Jackson.

Lincoln se alistou para lutar na Guerra de Black Hawk em 1832, e, depois da breve carreira militar, foi eleito para a legislatura de Illinois entre 1834 e 1842. Enquanto isso, estudou Direito e, em 1836, depois do exame da Ordem dos Advogados, obteve a licença para praticar a advocacia. Em 1846, serviu na Câmara dos Representantes dos Estados Unidos, onde sua oposição à escravidão tornou-se conhecida em Washington. O reconhecimento nacional cresceu com uma série de debates com Stephen Douglas, em 1858, quando os dois concorreram a uma cadeira no Senado. Douglas ganhou o assento, mas, quando concorreram entre si para um cargo público dois anos depois, Lincoln o derrotou. Em 1860, Lincoln foi eleito presidente dos Estados Unidos.

Acompanhando Abraham Lincoln em seu novo lar na Casa Branca estava sua esposa, Mary Todd, e seus três filhos sobreviventes, Robert, William (Willie) e Thomas (Tad). (O segundo filho, Edward, morrera em 1850, aos quatro anos, de tuberculose.) Mary Todd, que havia tido uma educação privilegiada em Lexington, Kentucky, fora apresentada ao então político e advogado em ascensão em 1839. Casaram-se em 4 de novembro de1842. Ela foi uma esposa incansável nas campanhas políticas do marido e mãe dedicada e extremosa, mas, quando recebeu o título de primeira-dama, tomou para si a missão de reformar a Casa Branca de acordo com seu gosto extravagante, prodigamente ignorando o orçamento que o Congresso atribuíra a esse projeto.

Em 20 de fevereiro de 1862, menos de um ano depois de Lincoln ter sido empossado como presidente, Willie, com 11 anos de idade, morreu de febre tifoide, uma tragédia da qual Mary Todd jamais se recuperou plenamente. Lincoln, também aflito, estava no meio de uma crise nacional. Logo após sua eleição, 11 estados do Sul se separaram da União, rejeitando o controle de Lincoln e dos republicanos sobre o governo. Lincoln estava determinado a salvar a unidade do País, e essa determinação levou os Estados Unidos aos quatro anos da Guerra Civil, o conflito mais caro, sob todos os aspectos, da história americana. No final da guerra ele conseguiu reunir o Norte e o Sul e, com a famosa Proclamação da Emancipação, de 1862, iniciou o processo de libertação dos escravos também.

Lincoln foi reeleito em 1864, continuando o recorde de conquistas históricas que inspiraram muitos a avaliá-lo como o maior presidente que os Estados Unidos já tiveram. Reeleito, aprovou a Lei Homestead, que permitiu à população mais pobre do Leste conseguir terras no Oeste, ajudando a povoar as Grandes Planícies. Criou ainda a primeira ferrovia transcontinental do País, protegeu a indústria americana e deu início a uma rede de bancos nacionais. Lincoln fez também alguns dos mais brilhantes discursos já escritos, incluindo o pronunciamento em Gettysburg, dedicado aos soldados que morreram naquele campo de batalha, e o discurso inaugural de sua segunda gestão, que terminou com uma bela passagem: "Sem intenção de prejudicar ninguém, com a caridade dirigida a todos, com firmeza em fazer o correto conforme Deus nos faça ver o que é correto, vamos lutar para terminar o trabalho que começamos, para curar as feridas da nação, para cuidar daquele que terá a cargo essa batalha ou para cuidar das viúvas e órfãos, para fazer tudo que pudermos para conseguir uma paz justa e duradoura entre nós e com todas as nações".

Ele conseguiu tudo isso e muito mais em um cenário de profundas dificuldades pessoais: a perda de dois de seus filhos ainda na infância, o aumento da instabilidade emocional da esposa, além de sua própria batalha, travada ao longo de toda a vida, contra o que era então chamado de "melancolia profunda", mas que hoje seria diagnosticado como depressão clínica, que se manifestou em conversas sobre praticar o suicídio, ao chorar em público e na necessidade constante de solidão.

Em 14 de abril de 1865, Abraham e Mary Todd Lincoln foram ao Teatro Ford para assistir à peça *Our American Cousin*. Durante o espetáculo, um ator chamado John Wilkes Booth, racista e simpatizante da Confederação, abriu caminho até o camarote do presidente e atirou na parte de trás de sua cabeça. Lincoln morreu no dia seguinte, às 7h20, tornando-se o primeiro presidente dos Estados Unidos a ser assassinado. A nação chorou a morte de um líder corajoso e brilhante, enquanto o corpo foi levado de trem para ser enterrado no Oak Ridge Cemetery, em Springfield, Illinois.

De Francine

Como tantas entidades com missões cujas vidas terminam abruptamente, Abraham chegou ao Lar profundamente deprimido e desorientado, uma combinação do choque da morte e uma requintada e definida sensibilidade do espírito, que se sentia pessoalmente responsável por elevar a integridade de um mundo cruel. Seus temas de vida, justiça e salvação, foram os ideais para a profundidade do trabalho que ele traçou para si mesmo. Mas seu espírito solidário, o mesmo que lhe tornou impossível se afastar daqueles que precisavam de seu apoio, nunca conheceu o conforto de ser capaz de separar-se emocionalmente da dor, da opressão e da injustiça infligidas a inocentes em um país que ele tanto amava. Lincoln não poderia terminar o próprio sofrimento enquanto não extinguisse o deles, o que fazia aumentar sua tristeza generalizada. Lincoln também fala de um tempo em sua vida durante o qual foi medicado por causa de um problema no estômago ou no intestino, e só quando ficou assustado o suficiente para parar de tomar esses remédios percebeu que eles agravaram sensivelmente sua fragilidade emocional, por motivos que nunca entendeu. "Minha pobre mulher já tinha dificuldades em quantidade suficiente para que eu ainda somasse as minhas." Diz ele. "Vou sempre lamentar a tensão que causei em casa a ela e aos nossos filhos, e sou eternamente grato pela lealdade que me proporcionaram a despeito de mim mesmo."

Uma multidão que se estendia até onde os olhos podiam ver se reuniu para saudar Abraham quando ele chegou, e vale a pena acrescentar que ele já estava no Outro Lado antes mesmo que seu corpo fosse levado do teatro. Com exceção dos filhos Edward e Willie (sua mãe já havia reencarnado), a multidão era composta exclusivamente dos entes queridos do Lar – essa encarnação de Abraham foi a primeira e última. Seu espírito-guia, Kabir, separou-o dos braços dos filhos e o levou à câmara de acolhimento, onde ele ficou até ser curado, o que levou quase uma década no tempo da Terra.

Abraham é um de nossos mais brilhantes estudiosos e oradores, e imediatamente retomou o trabalho ao voltar, vicejante e em paz, do Portal da Sabedoria. Também é presença constante no Salão dos Registros, ampliando seus conhecimentos sobre a história do mundo e da política. Suas conferências e palestras sobre esses assuntos são eventos muito aguardados do Outro Lado. Abraham ainda retomou o assento em um painel prestigiado composto por especialistas em política, em espiritualidade, em questões ambientais e científicas que se reúnem regularmente com nosso Conselho para discutir as formas de alcançar a cura e uma saúde melhor no futuro da Terra, e em seguida infundir os conhecimentos naqueles que têm a mente aberta o suficiente para colocá-los em prática no planeta. O presidente Obama é destinatário frequente das sugestões do grupo e da sabedoria pessoal de Abraham, e é impossível colocar em palavras humanas a emoção com que ele viu a eleição de um afro-americano como dirigente máximo dos Estados Unidos.

Abraham mora sozinho, como sempre fez, mas é interessante o fato de ter escolhido para sua pequena cabana um local que corresponde precisamente à sua terra natal no planeta. É um cristão devotado, que frequenta regularmente uma igreja magnífica cujos enormes vitrais foram desenhados por Leonardo da Vinci. Embora não seja alguém que se socialize, nos faz sorrir porque ele e seus quatro filhos tornaram-se ávidos fãs de beisebol e nunca perdem uma partida em que Joe DiMaggio esteja jogando.

George Harrison

George Harrison era "o Beatle silencioso", músico de talento, cantor e compositor, o membro mais jovem da banda de Liverpool, que se tornou um dos fenômenos musicais mais influentes do século XX. Nasceu nessa cidade, em 24 de fevereiro de 1943, o quarto e último filho do motorista de ônibus Harold Harrison e de sua esposa Louise, gerente de uma pequena loja. Depois de estudar na Escola Primária Dovedale, foi matriculado no Liverpool Institute, onde se mostrou um aluno desinteressado e introvertido. Sua mãe juntou dinheiro para comprar o violão que o menino queria havia muito tempo, e George imediatamente formou uma banda de *skiffle* (voltada ao improviso, com o uso intenso de instrumentos caseiros, como facas, colheres e "gaitas" feitas de pente e papel) e começou a explorar seu talento no violão. Em algum ponto ao longo dessa linha do tempo George conheceu um colega de escola e companheiro de ônibus chamado Paul McCartney, que também tinha uma banda de *skiffle,* chamada The Quarrymen, com o amigo John Lennon. Apesar de John achar que ele era muito novo para participar da banda, George se tornou o guitarrista do Quarrymen.

The Quarrymen evoluiu para The Beatles. Os garotos foram para Hamburgo, na Alemanha, fazer uma série de apresentações no Kaiserkeller em 1960, viagem que foi encurtada pela deportação de George, que era menor de idade. Então, em novembro de 1961, o dono de uma loja de discos chamado Brian Epstein foi ver os Beatles no Cavern Club, em Liverpool, tornou-se empresário da banda e a magia da *beatlemania* criou raízes, tomando de assalto toda a década de 1960 com uma série de trabalhos que exerceu um impacto sem precedentes na música e nos jovens de todo o mundo. As contribuições de George como compositor foram muitas vezes ofuscadas pelas obras de seus companheiros John e Paul, mas as canções com a sua cara, como "Something" e "Here Comes the Sun", tornaram-se clássicos inegáveis.

Em meados dos anos 1960, George foi apresentado à cítara e a um dos mestres desse instrumento, Ravi Shankar. Ao mesmo tempo que a paixão de George pela música e cultura indianas cresceu, seu interesse pelo hinduísmo e pela meditação transcendental aumentou. Os demais Beatles o acompanharam até a Índia para estudar com o Maharishi Mahesh Yogi, e George e John Lennon retornaram em 1969 para explorar a tradição Hare Krishna, uma seita do hinduísmo que George abraçou e praticou pelo resto da vida.

A partir de 1970, com a dissolução dos Beatles, George lançou uma série de álbuns, cujo sucesso diminuiu na medida em que a década passava. Sem dúvida, uma de suas mais notáveis realizações nesse período ocorreu em agosto de 1971, quando ele ajudou a organizar um show beneficente, o famoso *Concerto para Bangladesh*, em que George e outros superstars como Ravi Shankar, Bob Dylan, Eric Clapton, Billy Preston, Leon Russell e Ringo Starr levantaram mais de 15 milhões de dólares para a UNICEF naquele país e no mundo.

George foi maravilhosamente criativo e eclético durante os anos 1980 e 1990, logo que se recuperou do choque da perda de John Lennon em 1980 e de escrever "All Those Years Ago" em sua memória. Gravou discos com Bob Dylan, Tom Petty, Jeff Lynne, Roy Orbison, com os quais formou quase que espontaneamente um grupo batizado Traveling Wilburys. Sua produtora de cinema, a HandMade Films, produziu 23 filmes, incluindo *A vida de Brian*, do Monty Python. George ainda gravou com um de seus ídolos, o pioneiro do *rockabilly* Carl Perkins. Visitou o Japão com o antigo companheiro Eric Clapton, a quem George também se referia como o "marido-cunhado" – a primeira esposa de George, Patti Boyd, com quem foi casado de 1966 até 1977, foi casada depois com Eric Clapton, entre 1979 e 1988. George também se apresentou em concertos beneficentes no Royal Albert Hall e no Madison Square Garden. Apareceu no clipe "I Won't Back Down", de Tom Petty, e foi músico convidado em álbuns de amigos, além de continuar a produção de discos de sua autoria. Por último, mas não menos importante entre as realizações da era pós-Beatles, ele se casou com Olivia Arias em 1978, um casamento que durou até sua morte. Seu filho, Dhani, que também nasceu em 1978, é hoje um músico bem-sucedido, com aparência e uma voz que lembram muito as do pai.

No final de 1990, George iniciou uma batalha contra o câncer, que começou com um tumor na garganta em 1997 e evoluiu para o pulmão. Ele foi submetido a uma cirurgia na Clínica Mayo em 2001. No verão desse mesmo ano começou a fazer quimioterapia para tratar um tumor cerebral. George reduzira suas aparições em público no final de 1999, depois que um fã enlouquecido – que acreditava que o espírito de George o possuíra – entrou em sua casa na Inglaterra e o atacou, esfaqueando-o sete vezes. Quando o câncer o dominou, o ex-*beatle* raramente era visto fora de sua mansão em Hollywood Hills, onde morreu em 29 de novembro de 2001. De acordo com a tradição hindu, seus familiares mais próximos se reuniram em uma cerimônia privada para espalhar as cinzas de George no sagrado rio Ganges.

De Francine

Foi muito apropriado que a família de George seguisse a tradição hindu em sua honra – ele era um devoto hindu em sua única encar-

nação prévia sobre a Terra, razão pela qual a Índia, a meditação transcendental, os iogues e a cítara traziam acordes tão familiares para sua alma. Sua vida anterior na Índia fora calma e modesta, dedicada à agricultura e a cuidar dos oito filhos que tivera com sua esposa Marathi, com quem se casou novamente nesta vida em sua encarnação atual como Olivia Arias. Ele herdou daquela vida o amor pela jardinagem e pelo paisagismo, dando graças, como fazia todos os dias na Índia, pela terra generosa que provia alimento para sua família. É um de nossos mais estimados e criativos horticultores, e um dos melhores professores sobre o assunto.

George foi recebido por uma multidão de admiradores, incluindo um grupo histórico de gurus, e isso fala muito de nossas prioridades aqui, porque, enquanto a música de George é amplamente conhecida e apreciada, a palavra "Beatles" não tinha nada que ver com a alegria com que ele foi recebido, nem é mencionada frequentemente. Vale notar, entretanto, que John Lennon foi um dos primeiros a abraçá-lo. Eles são vistos juntos muitas vezes, meditando nos jardins do Palácio da Justiça, fazendo longos e calmos passeios por aquilo que corresponde aqui aos campos ingleses. Mas enquanto John continua a compor e a tocar, George toca violão, cítara e bandolim apenas na privacidade de sua casa de um cômodo, isolada e sem janelas nas colinas, uma estrutura de adobe arredondada com um santuário no centro da casa, do lado de dentro. Ele ainda compõe músicas, mas só para compartilhar com outros hindus no templo onde exerce sua adoração pública.

George diz que projetou sua parte no fenômeno dos Beatles em seu script, pois ele e os outros três eram almas relacionadas no Lar, diferentes uns dos outros como eram, e que fizeram esse acordo para obter aquele extraordinário sucesso juntos antes mesmo de encarnarem. George sabia que criariam música juntos, música que traria alegria duradoura para um grande número de pessoas, e que, ao fazê-lo, eles "ajudariam a unificar o mundo um pouco". Ele também sabia que esse sucesso lhe proporcionaria uma plataforma que nunca teria alcançado sozinho, não para pregar em voz alta sua crença, mas para fazê-lo em silêncio, dando o exemplo e incentivando as pessoas em busca de seu crescimento espiritual individual.

George é uma alma muito avançada, a caminho de se tornar um grande guru na tradição de seu próprio guru Maharishi Mahesh Yogi, que agora está entre nós e é um de seus companheiros mais constantes. É introvertido, contemplativo e cheio de luz aqui como foi na Terra. O que ele comenta de sua esposa e filho é, nem mais nem menos, que "está sempre com eles". Para o mundo que deixou para trás, pelo qual continua a orar, George oferece um sereno "Namastê", que pode ser traduzido como: "O Deus em mim saúda o Deus em você".

Katharine Hepburn

A lendária atriz Katharine Hepburn nasceu no dia 12 de maio de 1907 em Hartford, Connecticut. Seu pai, Thomas, era um médico muito respeitado. Sua mãe, Katharine, foi uma sufragista cujo liberalismo franco e rebelde se tornou, sem dúvida, um modelo para a insistência da jovem Katharine de marchar pelo mundo ao som dos próprios tambores. Ela teve cinco irmãos, e seus primeiros anos foram marcados pela tragédia de encontrar o mais velho deles, Tom, a quem era muito chegada, pendurado nas vigas do sótão de sua casa. (Se foi acidente ou suicídio, nunca ficou claro.) Katharine, com apenas 14 anos na época, mergulhou em uma profunda depressão que a levou a ser educada em casa pelo restante de seus anos de colégio.

Ela se formou no Bryn Mawr College determinada a se tornar atriz e logo começou a aparecer em pequenos papéis na Broadway, o que a levou ao primeiro filme, *Vítimas do divórcio,* com John Barrymore, em 1932. Foi imediatamente contratada pela RKO, fez cinco filmes nos dois anos seguintes e ganhou seu primeiro Oscar de melhor atriz em 1933 pela atuação em *Manhã de glória.*

Em 1928, ela se casou com um corretor e socialite de Filadélfia chamado Ludlow Ogden Smith, que pareceu solidificar sua antipatia para com as tradições do casamento e da maternidade. Pelo que diziam, inclusive ela própria, Katharine era pouco convencional e independente demais para ser uma boa esposa, e muito focada em sua carreira para ser uma boa mãe, por isso o casal se divorciou em 1934.

Nem Hollywood nem o público que ia ao cinema conseguiam descobrir se eram atraídos ou repelidos pela aristocrática, atlética e heterodoxa Katharine Hepburn. Ela era uma atriz completamente desinteressada em dar entrevistas, ir a festas da sociedade e a seguir outras regras, como os padrões do estúdio de nunca ser fotografada usando calça comprida ou sem maquiagem. Em 1938 o público parecia estar se afastando de seus filmes, e então ela voltou a Nova York para estrelar um espetáculo da Broadway chamado *The Philadelphia Story*. A peça não apenas foi um tremendo sucesso como a estrela foi perspicaz o suficiente para comprar os direitos para o cinema, forçando Hollywood a recebê-la de volta e a atender suas exigências. Seu charme excêntrico, elegante e maravilhoso na versão cinematográfica da peça, que se chamou *Núpcias de escândalo*, rodeada por coadjuvantes que ela selecionou pessoalmente, como James Stewart e Cary Grant, reformulou seu status anterior de "veneno de bilheteria" para ser classificada como uma atriz "vendável" e a levou a sua terceira indicação para o Oscar.

Sua vida mudou para sempre em 1942, quando estrelou *A mulher do dia*. O parceiro de elenco foi o soberbo Spencer Tracy. A química poderosa entre eles os manteve juntos na tela em um total de nove filmes e fora da tela em um romance que durou até a morte de Spencer, logo após o final das gravações de seu último filme juntos, o clássico *Adivinhe quem vem para jantar*, de 1967. O relacionamento de Katharine com Spencer foi tão pouco tradicional quanto os demais aspectos de sua vida – como ele era católico, teria traído sua religião por se divorciar da esposa, assim Tracy e Hepburn simplesmente seguiram a vida pelas próprias regras, sem a "tecnicalidade" da papelada de um casamento.

Na década de 1970, com 11 indicações e três Oscar, Katharine passou a incluir filmes para a TV em sua longa lista de trabalhos. Ganhou um prêmio Emmy, em 1975, pela atuação em *Amor entre ruínas*, com Laurence Olivier. Seu quarto Oscar foi concedido em 1981 por *Num lago dourado*. Ela continuou trabalhando até meados dos anos 1990, quando a crescente batalha contra o mal de Parkinson exigiu a aposentadoria de sua carreira e da vida pública. Katharine Hepburn passou para o Outro Lado em 29 de junho de 2003, em Old Saybrook, Connecticut, com 96 anos.

De Francine

O olhar de alegria e choque no rosto de Katharine quando ela emergiu do túnel já era suficientemente tocante, mas encontrar o pai, o irmão Tom e Spencer Tracy esperando para recebê-la foi tão emocionante que ela não fez nada a não ser ficar em silêncio, abraçando-os por um longo tempo. Durante uma vida que foi vivida basicamente "no momento", prática e determinada, ela não desperdiçou energia se perguntando o que haveria logo depois que virasse a esquina ou depois do próximo morro, mas se centrava intensamente naquilo que a rodeava, avaliando se havia alguma coisa de que precisava cuidar. Por isso tudo foi coerente sua abordagem, segundo a qual ela acreditava que "Quando você está morto, está morto". Ela se referiu a si mesma como ateia e ocasionalmente como agnóstica, mas também teve integridade, bondade e sempre estendia a mão para os necessitados. Aos olhos de Deus, a forma como vivemos é muito mais importante que a retórica que usamos.

Um dos aspectos mais raros e interessantes da vida recente de Katharine é que ela e seu companheiro de alma planejaram em seus scripts encarnar juntos. Uma vez que as almas gêmeas passam a eternidade juntas do Outro Lado, elas geralmente escolhem encarnar separadamente durante suas breves jornadas na Terra. Mas Katharine Hepburn e Spencer Tracy concordaram mutuamente que poderiam se ajudar se passassem parte de sua vida na Terra juntos. Seu relaciona-

mento pouco convencional, projetado para incluir frequentes separações, foi inspirado pela escolha dos temas de vida de Katharine, guerreiro e solitário. Falando nisso, ela ainda colocou em seu script que seu irmão de uma vida passada seria seu pai nesta vida, e seu filho em uma de suas vidas passadas seria seu irmão Tom nesta vida mais recente, o que explica por que a morte dele foi tão devastadora para ela.

Katharine e Spencer vivem juntos perto do mar, como sempre fizeram e como sempre será. Katharine trabalha lado a lado com o pai como pesquisadora médica, especializando-se em distúrbios neurológicos. (Ela é inflexível, a propósito, sobre o fato de que, ao contrário da crença popular, os problemas neurológicos que sofreu mais tarde na vida não tinham nada que ver com o mal de Parkinson.) Atualmente desenvolvem a cura para a epilepsia, que pretendem incutir numa equipe de pesquisadores da Suécia que anunciará uma grande descoberta em 2019, na contagem de anos da Terra. Ela é também uma ávida jogadora de golfe – Christopher Reeve é seu parceiro favorito – e jardineira de mão-cheia. Embora sejamos capazes de criar jardins através da simples projeção de um pensamento, Katharine ama “a sensação de minhas mãos na terra”, e plantou um manto de flores perfumadas de cor marfim que cobre sua casa.

Seu único remorso da vida mais recente foi a dor que causou ao se casar, fazendo isso apesar do fato de que se conhecia bem demais para assumir um compromisso desse tipo. Profissionalmente, ela não se arrepende de sua insistência em ignorar o studio system, que teria retirado sua individualidade “e, portanto, minha alma”. O trabalho do qual mais se orgulha foi Longa jornada dentro da noite.

Katharine não visita ninguém na Terra. Ela soube que Spencer a visitou muitas vezes depois de falecer, tanto enquanto estava ligado à Terra como depois que transcendeu e se tornou um espírito. “Eu ouvia e via coisas e pensava que era um intruso, e não tenho a menor intenção de importunar meus entes queridos com esse tipo de aborrecimento”, explica. Tampouco, acrescenta ela com um sorriso radiante, *tornou-se mais sentimental na felicidade do Lar do que quando estava na Terra, assumindo a posição de que "todos nós vamos estar juntos novamente em breve". Há, no entanto, um lugar que ela e Spencer vão visitar juntos de vez em quando. Ela o descreve como um pátio muito privado, escondido em uma praça numa rua de casas com terraço e fachada de tijolos em Nova York, onde os dois passaram alguns dos dias mais tranquilos que viveram juntos. Ele estava doente e frágil, confinado a uma cadeira de rodas, e ambos ficavam sentados debaixo de uma árvore. Ela lia para ele e lhe dava sopa, os dois conversavam e riam baixinho, sem ninguém por perto para perturbar a intimidade de seus preciosos momentos de privacidade. Se alguém na Terra sabe onde fica esse pátio, vá lá ver os dois, para ouvir suas vozes sussurradas e apreciar um vislumbre da própria imortalidade.*

Brittany Murphy

Uma atriz que parecia conter algumas vidas em seus breves 32 anos na Terra, Brittany Anne Murphy nasceu em 10 de novembro de 1977, em Atlanta. Sua mãe, Sharon Murphy, divorciou-se do pai de Brittany, Angelo Bertolotti, quando a menina tinha dois anos, e ela foi criada pela mãe. Sharon e seu bebê se mudaram para Edison, Nova Jersey, onde Brittany começou a atuar com dois anos de idade e estrelou uma produção regional do musical *Really Rosie* aos nove. Estava com 13 anos quando sua mãe decidiu se mudar para Los Angeles, de modo que Brittany pudesse seguir sua carreira atuando em uma cidade mais promissora. A transferência se provou acertada de imediato: a menina conseguiu um papel na comédia de TV *Blossom*. Seguiu-se um papel de coadjuvante em um seriado da Fox de curta duração, *Drexell's Class*, e a partir daí ela começou a ter um fluxo constante de papéis em outras séries como *Almost Home, Frasier, O quinteto* e *O mundo é dos jovens*. Ao longo da carreira ela ainda atuou em filmes para a TV, como *The Devil's Arithmetic, David and Lisa, Megafault* e *Tribute*. Seu talento com a voz lhe rendeu a dublagem da personagem Luana Platter na animação para a TV *O rei do pedaço*.

Brittany inevitavelmente encontrou seu caminho para as telonas, onde atuou em diversos filmes de sucesso, incluindo *As patricinhas de Beverly Hills, Garota interrompida* e *Linda de morrer*. Ela se tornou a atriz favorita do diretor-roteirista Edward Burns, que a escalou para *Paixões em Nova York* e *Noivo em fuga*, e estrelou *Recém-casados*, de 2003, com seu então namorado Ashton Kutcher. O sucesso do filme durou mais tempo que o relacionamento dos dois, que terminou logo após o lançamento.

Sua vida privada continuou turbulenta por um tempo, com dois noivados rompidos entre 2005 e 2006, mas em 2007 ela encontrou a felicidade no casamento com o escritor britânico Simon Monjack. A carreira continuava a prosperar – ela fez a voz da pinguim Gloria no encantador campeão de bilheteria *Happy Feet*, de 2006. Além disso, mostrou um desempenho maravilhoso no *comedy drama O sabor de uma paixão* em 2008, e ainda participou do filme de ação *Busca alucinante*, em 2009. Mas no final desse mesmo ano espalharam-se rumores de uso de drogas e comportamento pouco profissional, além de uma crescente preocupação com o que parecia ser uma perda de peso repentina e chocante.

Em 20 de dezembro de 2009, a jovem atriz desmaiou em sua casa em Los Angeles, que dividia com o marido e a mãe. Os esforços dos paramédicos para ressuscitá-la falharam, e Brittany Murphy, com 32 anos, foi declarada morta na chegada ao Centro Médico Cedars-Sinai, por causa de uma parada cardíaca. De acordo com o médico que fez a autópsia, a causa da parada cardíaca foi uma combinação de anemia, pneumonia e medicamentos. Em sua curta vida, ela participou da incrível quantidade de 37 filmes, seis filmes para a televisão e, incluindo o trabalho ao qual emprestou sua voz no seriado animado *O rei do pedaço*, quase três centenas de episódios de séries de televisão. Seus amigos, familiares e os críticos concordam que ela estava apenas começando.

De Francine

Brittany não planejou para si uma encarnação muito demorada desta vez, e foi por essa razão que abordou sua vida profissional e pessoal de forma quase compulsiva, desde a infância. Os temas de vida que escolheu, de experimentador e catalisador, estavam perfeitamente adaptados à sua determinação de encaixar-se tanto quanto possível nesse período tão abreviado de vida. Assim como acontece com outros experimentadores, pareceu natural a ela que se visse de vez em quando sem saber como discernir os excessos. Como acontece com todos nós quando estamos em casa novamente, Brittany se tornou plenamente consciente de sua imortalidade e lembrava claramente suas duas vidas passadas, uma no final de 1600, quando nasceu prematuramente e morreu na infância por causa dos pulmões subdesenvolvidos, e uma segunda encarnação que foi de 1769 até 1852, uma vida longa, dura e cruel como escrava na Virgínia. Não é incomum para aqueles que já foram confinados em uma encarnação buscar, digamos, compensar isso na próxima vida como experimentadores e passar a ter dificuldades para saber quando, como e onde traçar a linha que separa os excessos e a vida normal.

É interessante também notar como a memória celular de sua morte ainda na infância, na vida anterior, afetou sua saúde nessa encarnação mais recente, uma vez que seu corpo se lembrava dos pulmões subdesenvolvidos e dos problemas cardíacos decorrentes da privação de oxigênio (ela diz ter sofrido vários sopros cardíacos graves), recriados de maneira tão eficaz que Brittany foi incapaz de superar os danos causados pela pneumonia e pela combinação letal de medicamentos que ela acreditava estarem ajudando.

Aqueles que a conheciam bem às vezes se referiam a ela como uma "alma jovem". De certa forma é o que ela era, mas esse termo costuma ser mal compreendido. Todas as almas são eternas. Fomos todos criados por Deus há uma eternidade, e todos viveremos eternamente. Aquelas almas que você percebe como "jovens" são simplesmente menos experientes na Terra do que as almas mais "antigas", as que encarnaram muitas vezes. É perfeitamente natural que Brittany, que estava apenas em sua terceira encarnação, muitas vezes deixasse perplexos aqueles ao seu redor ao se mostrar tão pouco interessada por alguém que, "no papel", era tão experiente.

Brittany é um tanto "única" aqui no Lar, tão focada em si mesma e continuando a parecer tão magra e abatida em um momento no qual a maioria dos espíritos já teria iniciado o processo de cura. Parece que ela já tomou a decisão de reencarnar, e tem tido audiências preliminares com o Conselho para receber orientação na elaboração de um script ao qual ele se refere como "a emenda que o soneto precisa", ou seja, Brittany acredita que seu espírito será mais beneficiado com um rápido retorno à Terra e um novo começo. A única coisa que parece certa no momento é que ela vai encarnar como uma mulher, viver em Portugal e encontrar a paz com uma vida que ela descreve como "extraordinariamente normal".

James Dean

O brilhante, complexo e icônico ator James Dean, que conseguiu se tornar uma lenda em uma carreira que durou apenas três anos, nasceu James Byron Dean em 8 de fevereiro de 1931, em Marion, Indiana. Seu pai, Winton, era técnico de prótese dentária. Sua mãe, Mildred, era especialmente próxima de seu único filho e desejava que ele um dia se tornasse artista. Ela tomou providências para que James tivesse aulas de sapateado e de violino antes mesmo de entrar no jardim de infância. Winton Dean se mudou com sua esposa e filho para Santa Monica, na Califórnia, quando James tinha seis anos. Três anos depois, em julho de 1940, Mildred morreu de câncer, e Winton, incapaz de cuidar de James, enviou o menino de volta para Indiana para viver com sua irmã e seu cunhado, Ortense e Marcus Winslow, em Fairmount. Os anos em que James morou na casa dos Winslow foram felizes e normais, preenchidos com a escola, o beisebol, o basquete, aulas de natação e de teatro.

James se formou na Fairmount High School em 16 de maio de 1949, colocou suas coisas numa mochila e voltou para a Califórnia com seu cão beagle, Max, para morar com o pai e a madrasta. Após um breve período no qual se concentrou em um curso de pré-admissão em Direito no Santa Monica College, James seguiu seu coração e se transferiu para a UCLA a fim de se graduar em artes, além de se inscrever em aulas extras nos workshops sobre atuação conduzidos pelo renomado ator James Whitmore. Abandonou a UCLA em julho de 1951 para dedicar toda a sua energia à concretização de sua carreira. Suas primeiras apresentações profissionais foram um comercial da Pepsi, um especial de TV na Páscoa chamado *Hill Number One*, pequenos papéis nos filmes *Baionetas caladas* e *Sinfonia prateada* e algumas poucas falas na comédia *O marujo foi na onda*, com Dean Martin e Jerry Lewis. Para ajudar a pagar as contas, trabalhava no estacionamento da CBS Studios.

Com o incentivo de Whitmore, James se mudou para Nova York em outubro de 1951 e apareceu em várias séries de TV até ser admitido na escola de teatro de maior prestígio daquela época, o Actors Studio, onde estudou métodos de interpretação com o grande Lee Strasberg. Sua carreira então decolou, com mais aparições na TV e no teatro, até que conseguiu um papel na peça *O imoralista*, baseada na obra de André Gide, interpretando um homossexual. Ganhou o Tony Award de melhor ator do ano.

Foi esse desempenho que levou o diretor Elia Kazan a escalar James para o papel de Cal Trask, o sombrio adolescente perturbado de *Vidas amargas*, de 1955. Seu comportamento nos bastidores da filmagem era desafiador: ele mudava a interpretação do personagem a qualquer momento e provocava os colegas de elenco, mas seu desempenho foi tão impressionante que ele recebeu uma indicação ao Oscar por seu primeiro protagonista.

Ele foi imediatamente contratado para interpretar Jim Stark, um jovem desajustado e sensível no filme *Juventude transviada*, ainda em 1955, coestrelando com Sal Mineo, Dennis Hopper e Natalie Wood. A brilhante interpretação do complicado personagem o elevou ao status de herói para uma geração que se reconheceu no raivoso desespero de Jim para ser compreendido e aceito. James Dean ganhou o Oscar de melhor ator por esse filme, o primeiro Oscar póstumo concedido na história da Academia, como se revelou depois. Seu filme seguinte, e último, foi *Assim caminha a humanidade*, com Rock Hudson e Elizabeth Taylor. James terminou a película, mas morreu antes de o filme ser editado. Recebeu outra indicação póstuma ao Oscar de melhor ator em 1956, ano em que o filme foi lançado.

Ao longo do curso tragicamente breve de sua carreira no cinema, James tinha começado a comprar uma sucessão de carros com os quais procurava realizar sua paixão pela corrida de automóveis. Ele correu com seu Porsche 356 Speedster em Palm Springs, Bakersfield e Santa Monica durante as filmagens de *Vidas amargas*; em seguida, trocou o Speedster por um Porsche 550 Spyder durante *Juventude transviada*. Seu contrato para trabalhar em *Assim caminha a humanidade* proibiu-o de participar de corridas, mas, quando o trabalho nesse filme acabou, James se viu livre para competir em Salinas, na Califórnia. Segundo a lenda, em 23 de setembro de 1955 o grande ator britânico Alec Guinness disse a James que o Porsche Spyder parecia "sinistro", e avisou: "Se você entrar nesse carro, será encontrado morto a esta altura, na próxima semana".

Sete dias depois, em 30 de setembro de 1955, James Dean, dirigindo rumo ao Oeste no que é agora a estrada estadual 46 perto de Cholame, Califórnia, colidiu frontalmente com um Ford Custom Tudor 1950 cupê e foi declarado morto na chegada ao Hospital Paso Robles War Memorial às 17h59, aos 24 anos. Ao contrário do que décadas de rumores divulgaram, o policial que atendeu a ocorrência disse que não havia nenhuma indicação de que James estava em alta velocidade no momento da colisão. Ele foi sepultado em Fairmount, Indiana, após um funeral com a participação de três mil pessoas. Até hoje, mais de 50 mil pessoas participam de um festival em Fairmount dedicado a James Dean, realizado no aniversário da sua morte, e a *Forbes Magazine* estima que seu espólio continua a gerar cerca de cinco milhões de dólares por ano.

De Francine

James chegou em casa no momento exato da colisão e, diz ele, nunca sentiu nada. Foi saudado por um rebanho de animais felizes, incluindo seu amado Max, por sua mãe e por uma multidão de amigos do Outro Lado. (Os animais são sempre os primeiros a chegar nessas reuniões, por sinal.) Não havia amigos das encarnações anteriores de James, pela interessante razão que James não teve encarnações anteriores. Sua vida breve como James Dean foi sua primeira viagem à Terra, o que explica por que não pareceu que ele a vivera, e sim a devorara. Já que tudo parecia novo a ele, e James havia escolhido o experimentador como seu tema principal de vida (o tema secundário foi solitário), James conhecia muito poucos limites, e sua curiosidade era infatigável. Em suas próprias palavras, "Você pode falar o que quiser, e eu vou tentar. Atuar? Ótimo! Drogas? Uau! Sexo? Melhor ainda! Corridas? Sensacional! Eu não tinha intenção de ficar lá por muito tempo, de toda a forma, então dizer 'não' realmente não me ocorreu".

Ele saiu da máquina de esquadrinhamento balançando a cabeça, perplexo em relação a seus anos na Terra, ao que viu de bom e de mau. Uma das muitas coisas com as quais ficou maravilhado era ter conseguido uma carreira, apesar de tudo, não por falta de talento, pois estava satisfeito com suas atuações, mas por causa de seu comportamento. James comenta uma entrevista a uma estação de TV no início de sua carreira, quando na verdade ele cochilou durante a reunião com a diretora de elenco. "Ela era uma mulher muito legal, e achava que eu me sentia exausto por trabalhar no bar como atendente até altas horas. Não tive coragem de contar a ela que eu estava dormindo porque me drogara." Quanto a sua sexualidade, ele nunca entendeu o conceito de que sua carreira poderia ser comprometida por causa disso, de uma forma ou de outra. "Se eu quisesse fazer sexo com alguém e esse alguém queria fazer sexo comigo, não sei por que isso poderia interessar a outra pessoa." James também estudou cuidadosamente sua profunda sensibilidade, que ele achou muitas vezes que se manifestava em mau humor e na eventual necessidade de "trancar todo mundo para fora", uma atitude típica do tema do solitário. "Eu dei as caras por lá sem nenhum calo, pelo fato de nunca ter estado naquele lugar antes" – foi essa a sua maneira de explicar as coisas. "Eu era alguém muito fácil de machucar, e nem sempre lidei bem com isso. Vou agir melhor da próxima vez." Em outras palavras, James pretende reencarnar em 2017. Vai ser ator novamente, mas dessa vez deseja "trabalhar duro, fazer as coisas de modo mais seguro, casar, ter filhos e viver até os 90 anos".

Ele não tinha necessidade de passar por orientação ou de acolhimento. Em vez disso, imediatamente voltou a sua vida feliz e ocupada por aqui, e diz que não será surpresa para ninguém saber o que ele faz – James é valioso membro de uma das nossas equipes de projetistas de motores, cuidando do desenvolvimento de veículos alimentados por alguma coisa que tem que ver com as culturas mais comuns, que não produzem poluentes e fazem da agricultura uma vocação confiável e bem-sucedida novamente. Retomou suas aulas de teatro, que o preparam para sua encarnação como James Dean, ensinadas por um ator chamado William Rowley; James é leitor voraz de biografias históricas e adora andar a cavalo nas trilhas perto de sua casa de madeira nas montanhas, onde vive sozinho.

Ele foi um dos primeiros a acolher no Lar seus velhos amigos Natalie Wood, Rock Hudson e Sal Mineo, e quer que seus amigos em Indiana saibam que não perde um único festival de Fairmount.

Sammy Davis Jr.

Muitas vezes chamado de "o maior artista do mundo", o cantor, ator, dançarino e impressionista Samuel George Davis Jr. nasceu no Harlem, Nova York, em 8 de dezembro de 1925, filho dos bailarinos de *vaudeville* Elvera Sanchez e Sammy Davis, que se separaram quando ele tinha três anos. Seu pai, não querendo perder a guarda do filho, fez o pequeno sapateador tomar parte do grupo de *vaudeville* de Will Mastin e o levou para longe em turnê. A criança foi um sucesso tão grande com o público que "Silent Sam, o pequeno dançarino", como ele ficou conhecido aos três anos, tornou-se parte essencial do espetáculo com o título "o Grupo de Will Mastin apresenta o Pequeno Sammy". Em 1941, eles abriram o show da orquestra de Tommy Dorsey no Teatro Michigan, em Detroit, onde o dançarino Sammy Davis Jr., aos 16 anos, conheceu o vocalista de Dorsey, Frank Sinatra, com 26 anos, e uma longa amizade criou raízes.

Em 1943, Sammy, acostumado a uma vida de aplausos e aceitação, alistou-se no Exército dos Estados Unidos e enfrentou o preconceito racial pela primeira vez. Por causa da cor e da sua estatura pequena, ele teve de lidar com o assédio constante e as brigas com os soldados brancos em sua unidade, até que Sammy se tornou um artista dos Serviços Especiais. Descobriu, então, que ser o centro das atenções e ficar sob os holofotes podia oferecer alguma proteção contra a intolerância racial. Outro bônus que ele obteve dos anos em que serviu nas Forças Armadas foi o fato de seu sargento negro o ter ensinado a ler.

Depois que recebeu baixa, Sammy voltou a trabalhar com o pai e o tio e pegou a estrada de novo, agora com o grupo rebatizado

Will Mastin Trio. Foi nessa altura que ele descobriu seu talento para imitações. O número agora incluía canto, dança e comédia, com o que eles desfrutaram de uma nova onda de popularidade, tornando-se a atração principal em lugares importantes como o Clube do Capitólio, em Nova York, e o lendário Ciro, em Hollywood. O velho amigo Frank Sinatra convidou o trio para tocar no Cassino Copacabana, onde a segregação racial acabara. Em 1954, Sammy assinou um contrato com a gravadora Decca Records e lançou o primeiro disco de sucesso, *Starring Sammy Davis Jr.*

Naquele mesmo ano, em 19 de novembro de 1954, Sammy retornava de Las Vegas a Los Angeles quando se envolveu em um acidente de carro quase fatal que lhe custou o olho esquerdo, substituído por um olho de vidro, que ele usou pelo resto da vida. Enquanto ele estava hospitalizado logo após o acidente, um dos visitantes foi o animador Eddie Cantor, que começou a conversar com ele sobre as semelhanças entre as culturas judaica e negra. Sammy começou a estudar o judaísmo e se converteu alguns anos mais tarde. Saiu mais popular do que nunca de seu altamente divulgado encontro com a morte e deu à Decca uma sequência de sucessos, que incluíram clássicos do porte de "Something's Got to Give" e "That Old Black Magic".

Sua conversão ao judaísmo foi apenas uma parte da controvérsia na vida de Sammy. Durante as décadas de 1950 e 1960, Sammy havia adquirido fama de namorador em Hollywood, e muitos de seus relacionamentos eram inter-raciais, um dos grandes tabus da época. Entre suas namoradas estava a loiríssima atriz Kim Novak, contratada da Columbia Pictures. Harry Cohn, diretor da Columbia, não estava disposto a arriscar a reputação de sua estrela em ascensão, ou de seu estúdio. Segundo a lenda, ele recrutou seu amigo mafioso Johnny Roselli para sequestrar Sammy por algumas horas a fim de demonstrar que, quando Harry Cohn dissesse "Termine com Kim Novak, ou então...", estava falando sério.

Sammy chegou à Broadway em 1956, estrelando mais de 400 apresentações do show *Mr. Wonderful*, e voltou à telona para um papel aclamado pela crítica em *Porgy e Bess*. Depois de um casamento que durou um ano com a cantora Loray White, em 1958, Sammy se viu formando uma aliança que, em várias configurações, duraria pelo resto de sua vida. Foi em 1959, quando se tornou membro do que veio a ser conhecido como o "Rat Pack", o pequeno grupo de artistas de elite dos amigos Frank Sinatra, Dean Martin, Peter Lawford e Joey Bishop, que dividiam o palco como atração principal nas boates mais populares do País e ainda fizeram três filmes de sucesso juntos entre 1960 e 1964: *Onze homens e um segredo, Os três sargentos* e *Robin Hood de Chicago*.

Sammy também continuou sua carreira solo, tornando-se astro em Las Vegas no final dos anos 1950, num momento em que os hotéis ainda eram segregados. Os artistas negros eram até bem-vindos no palco, mas não tinham camarim, eram banidos dos cassinos e restaurantes e não tinham autorização para pernoitar nos locais onde eram a atração principal, sendo geralmente enviados para hospedarias e acomodações que ficassem bem longe da Sunset Strip, rua principal de Las Vegas onde se localizam os principais hotéis-cassino da cidade. Assim que Sammy conseguiu atingir o status de superestrela, começou a se recusar a se apresentar em estabelecimentos que ainda mantivessem a segregação racial, o que foi decisivo para forçar a integração racial de cassinos e boates em todo o País.

Ele causou ainda mais polêmica quando, em 1960, casou-se com a atriz sueca May Britt, num momento em que os casamentos inter-raciais eram ilegais em 31 estados; mesmo enquanto estava ocupado ganhando uma indicação ao Tony por seu brilhante desempenho em *Golden Boy* na Broadway em 1964, Sammy recebia mensagens de ódio por ter se casado com uma mulher branca. O casal teve uma filha e adotou dois meninos. Enquanto tudo isso acontecia no plano doméstico, a carreira de Sammy estava em pleno vigor. Entre as sessões de gravações para seus novos álbuns, as performances ao vivo de Miami a Las Vegas, filmando o próprio especial de TV e ainda aparecendo nos shows dos "Rat Packs", Sammy foi o primeiro a admitir ter sido marido e pai ausente. O segundo casamento também terminou em divórcio em 1968. Dois anos depois, ele se casou com a dançarina Altovise Gore, a quem conheceu durante as apresentações de *Golden Boy*. Essa união durou pelo resto da vida.

Sua carreira cinematográfica continuou a prosperar nos anos 1960, com *A Man Called Adam* e *Charity, meu amor*, produções intercaladas com seus filmes com o "Rat Pack", e gozou de enorme sucesso na TV com os programas *Sammy Davis Jr. Show* e *The Swinging World of Sammy Davis Jr.* Infelizmente, sua saúde física e sua situação financeira foram levadas ao limite pelo consumo aparentemente compulsivo de bebidas, gastos excessivos em festas e demais despesas pesadas que definiam o estilo de vida dos "Rat Packs". No início dos anos 1970, apesar de ganhar mais de 1 milhão de dólares por ano, ele estava quase falido e começou a desenvolver problemas renais e hepáticos. Mas Sammy nunca parou nem abrandou a forma de encarar a vida. Parecia não conseguir ficar parado. As aparições em Las Vegas continuaram. Sammy gravou o inesperado sucesso *Candy Man*, surgindo como artista convidado em uma variedade de séries e especiais de TV. Retornou à Broadway em 1978 para estrelar o musical *Stop the World, I Want to Get Off*. Sammy tirou um tempo para fazer uma cirurgia reconstrutiva do quadril em 1985 e conseguiu se recuperar a tempo de coestrelar com o colega bailarino Gregory Hines o filme *A dança de duas vidas*.

Pouco depois que o filme foi concluído, Sammy anunciou que finalmente havia conseguido vencer o vício de longa data em álcool e cocaína, e parecia reenergizado quando, em 1988, lançou-se em turnê com Frank Sinatra e Dean Martin. Dean adoeceu e não pode completar a turnê, então Liza Minnelli ocupou o lugar dele. Sinatra, Davis e Liza fizeram shows para plateias sempre lotadas nos Estados Unidos e na Europa até o início de 1989.

Em agosto desse ano os médicos descobriram um tumor na garganta de Sammy. Imediatamente ele passou por uma série de tratamentos exaustivos, e, por um curto período de tempo, o seu prognóstico era otimista. Até o final daquele ano, porém, o câncer voltou, e no dia 16 de maio de 1990 Sammy Davis Jr. morreu aos 64 anos, deixando para trás uma carreira lendária e um mundo que não era tão separado pelas raças quanto aquele em que ele entrara.

De Francine

O pai de Sammy, seu "Tio" Will e uma mulher negra muito magrinha chamada Ella estavam na multidão que recepcionou Sammy quando voltou ao Outro Lado. Ele imediatamente tomou Ella em seus braços e dançou com ela, muito feliz de ter se livrado daquele corpo debilitado pela dor que descreve como ter "usado até o fim" em sua última encarnação. (A mãe de Sammy já havia reencarnado quando o filho voltou para casa.) Ella e o espírito-guia de Sammy, Aaron, acompanharam-no até o Portal da Sabedoria e em seguida o deixaram sozinho quando ele começou a usar a máquina de esquadrinhamento, de onde saiu desapontado – Sammy sentia-se muito orgulhoso de seu enorme talento, sua ética profissional, a lealdade que demonstrou a seus amigos mais próximos e, sobretudo, os esforços gigantescos que fez para tornar o mundo tão cego às diferenças de cor da pele quanto ele era – mas estava profundamente perturbado pela autoindulgência com a qual escolheu viver fora dos palcos. Conforme as próprias palavras, "Quando você fica tão ocupado quanto eu fiquei e vive participando de festas sem parar, acaba evitando pensar nas consequências".

Mas, à medida que viu sua vida se desdobrar diante dele, não pôde deixar de perceber exatamente quão inevitáveis as consequências foram – independentemente do fato de pensar nelas ou não na ocasião – desde a profunda depressão, passando pelas dificuldades financeiras e chegando ao abuso de seu organismo... e o pedágio que foi cobrado por isso. Por muitas razões, ele já decidiu encarnar outra vez, em torno de 2016 nos anos terrestres. Ele quer experimentar uma vida em que invista sua energia na disciplina, no anonimato e na moderação. Sammy tem a intenção de escolher os mesmos temas de sua encarnação mais recente – cuidador e catalisador –, mas vai direcioná-los para a comunidade médica, com foco na pediatria.

Um incidente interessante ocorreu quando o ator Richard Harris chegou ao Outro Lado. Sammy fez questão de estar entre os primeiros a cumprimentá-lo, e Richard parecia emocionado e aliviado. Pelo que entendi, isso tinha algo que ver com um certo medalhão que Sammy dera a Richard, que este devolvera com um bilhete seco quando a fotografia de Sammy abraçando Richard Nixon foi publicada.

Sammy, sem explicação, nunca mais falou com Richard, que bebia muito na época em que devolveu a medalha, não se lembrava de tê-la devolvido e nunca entendera por que Sammy havia parado de falar com ele. Ambos são grandes amigos aqui, e Sammy observou que a lição que se pode tirar disso é: "Comunique-se! Se eu simplesmente tivesse dito a ele que ficara ofendido, poderíamos ter conversado sobre o assunto e esclarecido tudo, aproveitando todos esses anos juntos, em vez de desperdiçá-los em meu ressentimento silencioso sobre algo que acabou por ser apenas um tolo impulso provocado pela bebedeira".

Aqui a vida de Sammy é alegremente ativa. Ele continua a ser um artista tão popular quanto era na Terra, muitas vezes aparecendo no palco com Michael Jackson, de quem é muito próximo, e com Dean Martin, que foi seu irmão em duas encarnações passadas e a quem cumprimentou efusivamente quando Dean voltou para casa. Na expectativa da sua próxima encarnação, ele é também um pesquisador dedicado aos temas de fibrose cística e autismo infantil.

Sammy visita sua filha e seus filhos adotivos "compensando o tempo perdido", como ele diz, e chama a si mesmo de frequentador regular dos clubes da Bourbon Street, em especial o Jazz Preservation Hall. Também pode ser encontrado em sua sinagoga favorita, em orações silenciosas de agradecimento e comemoração por tudo que lhe foi dado e pelo que ainda tem para receber.

Madalyn Murray O'Hair

Madalyn Murray O'Hair usava com orgulho o título de "a mulher mais odiada da América". Sua morte foi, de muitas maneiras, tão chocante quanto a vida que viveu. Ela professava o ateísmo e nasceu Madalyn Mays em 13 de abril de 1919, em Pittsburgh. Seus pais, os presbiterianos John e Lena Mays, batizaram-na de acordo com sua fé quando ela era ainda criança. Depois de terminar o colegial em Rossford, Ohio, para onde a família, com problemas financeiros, havia se mudado para viver com o irmão de Lena, Madalyn casou-se com o operário John Henry Roth em 1941, mas se separou dele quando ambos se alistaram para servir na Segunda Guerra Mundial. Ele ingressou no Corpo de Fuzileiros Navais, enquanto ela se juntou ao *Women's Army Corps* e foi designada para a Itália, onde, em 1945, começou a manter um caso com William J. Murray Jr., oficial do Exército. Ele era católico e casado, e, apesar da religião o impedir de se divorciar de sua esposa, ele e Madalyn tiveram uma criança. Madalyn se divorciou de John Roth, adotou o sobrenome Murray e deu à luz um filho a quem deu o nome de William J. Murray, mesmo nome de seu pai.

Após o serviço militar, Madalyn voltou para os Estados Unidos com o filho, formou-se com uma licenciatura na Ashland University de Ohio, e recebeu o diploma em Direito da South Texas College of Law, em 1952, mas não conseguiu passar no exame da Ordem dos Advogados e nunca praticou a advocacia. Em vez disso, foi contratada para trabalhar em uma fábrica de aviões, onde iniciou um caso com Michael Fiorillo, colega com quem nunca se casou, mas com quem teve um filho, Jon Garth Murray, nascido em 16 de novembro de 1954.

Madalyn se juntou ao Partido Trabalhista Socialista em 1956, saboreando seu papel como ativista incansável e sincera ao participar de passeatas e protestos. Essa filiação a inspirou a levar os dois filhos para a Europa com a intenção de obter a cidadania soviética. Seu pedido foi negado, e, em 1960, todos voltaram para os Estados Unidos, fixando residência em Baltimore.

Foi em 1960 que Madalyn Murray, agora ateia confessa, começou a fazer ressalvas ao fato de seu filho Bill estar sendo "submetido a" leituras da Bíblia na escola. Ela declarou que esse comportamento era inconstitucional e ajuizou um processo contra o sistema de ensino público de Baltimore. Depois de uma longa e complicada série de decisões judiciais, Madalyn, armada com seu elevado QI e com seu conhecimento das leis, e apreciando ainda mais as atenções geradas na mídia pelo processo, conseguiu que ele fosse julgado nas instâncias superiores até a Suprema Corte, que em 1963 (numa votação cujo resultado deu 8 votos a seu favor e 1 contra) declarou que a partir dali não haveria mais a oração obrigatória e a leitura da Bíblia nas escolas americanas. A decisão ganhou destaque na imprensa nacional e a indignação da população. Os filhos de Madalyn e outros familiares se tornaram foco da ira popular, enquanto ela se deleitava com a recém-adquirida notoriedade.

O sucesso na apelação à Suprema Corte, tão noticiado, inspirou-a a patrocinar inúmeras outras causas, com o tema "separação entre igreja e estado", desde o esforço inútil para acabar com o status de isenção de impostos das igrejas até uma ação malsucedida contra a NASA, alegando ser inconstitucional que os astronautas americanos transmitissem orações e leituras da Bíblia do espaço. Pouco tempo depois ela conseguiu afastar não só a maior parte da população americana de suas causas, mas também um de seus próprios filhos. Bill, recém-convertido cristão novo e pregador em sua igreja, finalmente rompeu todos os laços com a mãe e o meio-irmão Jon, que por sua vez se tornaria um dos mais ardentes seguidores de Madalyn.

Em 1965, Madalyn Murray se casou com um fuzileiro naval chamado Richard O'Hair, que presidia uma organização pró-ateísta chamada Sociedade dos Separatistas. Ela assumiu o comando da organização após a morte do marido, em 1978. Nesse meio-tempo, fundou o Centro dos Ateus Americanos e a Editora dos Ateus Americanos em Austin, Texas, ambos criados com a finalidade de unir os ateus praticantes e lhes fornecer informações confiáveis nas quais apoiar suas crenças. Em pouco tempo sua personalidade profana, combativa e controvertida foi reconhecida pela mídia de entretenimento, se não por qualquer outro motivo, pela comprovada capacidade de chamar a atenção e garantir boa audiência. Logo Madalyn começou a dar entrevistas para revistas como a *Playboy* e a aparecer em talk shows em rede nacional. Chegou a dar palestras em Dartmouth, em Harvard e na UCLA e se tornou a redatora oficial dos discursos do fundador da revista *Hustler,* Larry Flint, durante sua retumbante e malsucedida campanha presidencial de 1984. Ela ainda produziu e apresentou seus programas de TV e de rádio, transmitidos em rede nacional, que promoviam o ateísmo.

Em 1986 Madalyn decidiu aposentar-se e entregou as rédeas da Sociedade de Separatistas e o multimilionário negócio dos Ateus Americanos a seu filho Jon. Ele não era um líder carismático, e muitos ramos locais do movimento começaram a se afastar da sede em Austin. As divisões remanescentes acabaram sendo abandonadas em 1991.

Madalyn havia muito adotara sua neta Robin, filha de William. Madalyn, Jon e Robin se tornaram literalmente inseparáveis. Eles moravam juntos, trabalhavam juntos, passavam férias juntos. Em função do controle feroz que Madalyn exercia sobre a vida de Jon e de Robin, nenhum deles jamais namorou ou deixou de ficar ao lado da matriarca.

Em 27 de agosto de 1995, os três desapareceram repentina e misteriosamente. Uma refeição parcialmente comida foi encontrada sobre a mesa de jantar. Medicamentos imprescindíveis foram deixados na casa. Os cães da família, que eram adorados, estavam abandonados, e nada havia sido preparado para deixá-los sob os cuidados de alguém. Um bilhete fora deixado na porta do escritório trancado da sede dos Ateus Americanos afirmando que a família tinha sido chamada para atender a uma emergência fora da cidade e não tinha ideia de quanto tempo ficaria ausente. Alguns telefonemas feitos por Madalyn, Jon e Robin durante o mês seguinte só aumentaram o mistério. Eles alegaram que estavam em San Antonio em viagem de negócios. Jon encomendou 600 mil dólares em moedas de ouro de um joalheiro de San Antonio, mas recolheu apenas 500 mil dólares antes de desaparecer outra vez. Tanto Jon quanto Robin telefonaram a amigos para afirmar que nada estava errado, embora não tivessem explicado sua ausência. Pareciam perturbados, estressados, exaustos. A última comunicação dos O'Hair foi feita em 28 de setembro de 1995.

A investigação finalmente se concentrou em um criminoso com passagens pela polícia chamado David Waters, a quem Madalyn havia contratado para trabalhar para os Ateus Americanos. Em 1995 ele confessou ter roubado 54 mil dólares da organização, e Madalyn escreveu um artigo em seu boletim de notícias passando sua longa ficha criminal, que incluía uma agressão contra a própria mãe. O artigo teria irritado o criminoso, e a polícia começou a investigar a possibilidade de que Walters e um cúmplice chamado Danny Fry haviam sequestrado, extorquido e depois assassinado Madalyn, Jon e Robin.

A suspeita se comprovou quando, em janeiro de 2001, David Waters, como resultado de um acordo judicial, levou a polícia a um rancho no Texas onde os corpos dos três O'Hair haviam sido enterrados. Waters foi condenado por sequestro, roubo e assassinato, e morreu na prisão em 27 de janeiro de 2003.

De Francine

A surpresa não foi o fato de Madalyn ter ido imediatamente da porta esquerda para o útero novamente. A surpresa foi o motivo. Não tem nada que ver com o fato de ela ter sido ateia. Os ateus que vivem uma vida de integridade, compaixão, bondade e sinceridade são tão bem recebidos do Outro Lado como os mais devotos cristãos. Na verdade, o que fez Madalyn passar direto pela porta esquerda foi o fato de sua vida ter sido mesquinha, cruel, desonesta, intensamente narcisista, e, é importante acrescentar, desprovida de quaisquer problemas psicológicos ou fisiológicos, e todas essas características foram inteiramente de sua escolha, uma escolha calculada e deliberada. O fato de eu não poder ver seu script significa que essa não havia sido sua primeira vida sombria nem sua primeira viagem pela porta esquerda. Agora, se essa viagem será a última, cabe apenas a ela decidir, embora não tenha sido uma partida encorajadora.

Em junho de 1996, Madalyn reencarnou, agora como homem, nascido perto das montanhas no oeste da Ucrânia. Seu nome agora é Leon ou Leonid. Não sei o sobrenome, nem iria revelá-lo, caso soubesse. Seus pais são boas pessoas, trabalhadores que não conseguem entender por que Leonid, o caçula de quatro filhos, cresceu com tanto ódio, rebelde, desonesto, e já tão envolvido em atividades criminosas, enquanto seus irmãos deixariam qualquer pai orgulhoso.

Sem o script, sem guia espiritual, sem aceitar qualquer orientação que venha do Outro Lado, é impossível prever o que está por vir para essa vida. Mas como acontece com todas as entidades das trevas que se reciclam através da porta da esquerda mais de uma vez, estamos aqui vigilantes por uma oportunidade de entrar no meio desse círculo vicioso e trazer essa alma de volta para o Lar, para dentro de uma luz sagrada e tão poderosa de amor que as trevas não poderão sobreviver em sua presença.

Bette Davis

A incomparável Bette Davis nasceu Ruth Elizabeth Davis em 5 de abril de 1908, em Lowell, Massachusetts. Seus pais se divorciaram quando ela estava com dez anos, e, a partir desse ponto, ela e a irmã Barbara foram criadas pela mãe, Ruth. Em 1921, Ruth mudou-se para Nova York com as duas filhas e trabalhou como fotógrafa. Foi aí que as aspirações de Bette Davis começaram a tomar forma. Enquanto frequentava a Cushing Academy, em Massachusetts, ela assistiu a uma produção de Henrik Ibsen, *O pato selvagem,* e foi esse evento que ela acredita ter solidificado suas aspirações, tornando-as um comprometimento total e sincero.

Após a formatura na Cushing Academy, Bette fez um teste e foi rejeitada pela companhia de teatro Eva Le Gallienne's Manhattan Civic Repertory, avaliada como uma menina "pouco sincera e frívola". Bette foi então para a escola de teatro de John Murray Anderson, onde conseguiu um sucesso retumbante, e em 1929 fez sua estreia na Broadway em *Broken Dishes;* logo depois atuou em *Solid South*. Foi em 1930 que Hollywood a chamou, sob a forma de um contrato com a Universal Studios. O fato de seus olhos extraordinários e sua aparência serem incomuns para os padrões de Hollywood foi atestado pelo representante do estúdio que foi enviado para recebê-la no trem de Nova York, mas partiu sem ela, porque não conseguiu encontrar entre os passageiros nenhuma jovem que se parecesse com uma estrela de cinema.

Depois de nove meses, seis filmes que foram um fracasso e reações desencontradas do pessoal do estúdio (incluindo um comentário de um executivo dizendo que Bette tinha tanto "sex appeal quanto Slim Summerville", um ator agradável, mas notoriamente rústico), ela foi liberada do contrato com a Universal. A Warner Bros firmou com ela um contrato de cinco anos graças a seu aclamado desempenho em *O homem Deus,* de 1932, e ela muitas vezes agradeceu ao coastro George Arliss, que a escolhera como protagonista, dando-lhe a primeira chance real em Hollywood.

Bette ganhou dois Oscar na década de 1930, por *Perigosa,* em 1935, e por *Jezebel*, em 1938, mas ainda assim ela processou a Warner pela recusa em liberá-la do contrato, pois acreditava que não estavam lhe oferecendo papéis com a qualidade que merecia. Bette perdeu a ação e passou a década de 1940 atuando em papéis que acabaram esfriando seu sucesso, até que o contrato com a Warner Bros finalmente terminou, em 1949. Sua carreira começou a deslanchar de novo em 1950, com o desempenho indicado ao Oscar por *A malvada*. A nova década lhe trouxe uma sucessão de bons papéis que, entretanto, minguaram na década seguinte. Em resposta a essa situação, Bette mandou publicar um anúncio no jornal especializado *Variety*, "Procura-se emprego". No anúncio ela dizia: "30 anos de experiência no cinema, ainda pode andar e é mais amável do que afirmam os boatos. Quer um emprego estável em Hollywood (passou pela Broadway)".

Brincando ou não, Bette conseguiu mais um retorno nos anos 1960, e nos anos 1970 acrescentou uma minissérie de TV a seu currículo, ganhou um Emmy pelo desempenho no telefilme *Difícil reencontro* e se tornou a primeira mulher a ser agraciada com o prêmio do American Film Institute's Lifetime Achievement.

Mais projetos na televisão seguiram até 1983, quando nela foi diagnosticado um câncer de mama. Duas semanas depois da mastectomia, ela sofreu uma série de derrames que a deixaram parcialmente paralisada, e só com muito custo e muita fisioterapia recuperou parte dos movimentos. Bette voltou a trabalhar parcialmente até 1989, quando mostrou seu desempenho final no papel-título da comédia de Larry Cohen *A madrasta.*

Bette se "aposentou", aparecendo em uma série de talk shows; foi entrevistada por todos, de Johnny Carson a David Letterman e Dick Cavett. Sua carreira teve o reconhecimento de organizações prestigiosas, tais como o Kennedy Center Honor, o Film Society of Lincoln Center Lifetime Achievement Award e a Legião de Honra da França. Foi ao receber o prêmio do American Cinema, em 1989, que ela desmaiou. Depois se soube que o câncer havia voltado. Bette conseguiu viajar para a Espanha a fim de ser homenageada no Festival Internacional de Cinema daquele país, mas sua saúde declinou de forma tão rápida e tão gravemente que ela só foi capaz de viajar até o Hospital Americano de Neuilly-sur-Seine, na França. Morreu ali em 6 de outubro de 1989, aos 81 anos.

Seu epitáfio, "Ela fez da maneira mais difícil", poderia ser aplicado tanto à sua vida pessoal como à sua carreira. Os quatro casamentos e os casos, que incluíam o diretor William Wyler e Howard Hughes, pareciam lhe trazer muito pouca segurança ou felicidade. Bette teve uma filha, Barbara Davis Sherry, com o terceiro marido, William Sherry; ela e o quarto marido, Gary Merrill, adotaram duas crianças, Margot e Michael. Infelizmente, Margot tivera o cérebro gravemente prejudicado por uma lesão que ocorrera durante ou logo após o parto, e acabou sendo hospitalizada. A filha biológica de Bette, Barbara, publicou em 1985 uma biografia muito amarga sobre sua relação com a mãe, chamada *My Mother's Keeper*, onde retrata Bette como mãe autoritária, egocêntrica e alcoólatra. Após o lançamento do livro, Bette, magoada, deserdou a filha e nunca mais voltou a falar com ela.

No final, com mais de 120 filmes, atuações na televisão e no teatro, dois Oscar, dez indicações ao Oscar e dezenas de outras homenagens reconhecendo seu estilo absolutamente único, seu talento e brilho, Bette Davis mais do que mereceu o status de uma das maiores estrelas de cinema de todos os tempos.

De Francine

Todos os que testemunharam a chegada de Bette descreveram sua saída do túnel com uma atitude do tipo "Já estava mais do que na hora!". Bette cansara de lutar contra a doença, cansara de lutar em geral, e estava ansiosa para voltar ao Lar desde os derrames que ela diz agora ter achado muito mais desmoralizantes que o câncer de mama. "Nunca mais fui a mesma. Nunca mais consegui falar do mesmo jeito. Estava mais dolorosamente consciente desses fatos do que ninguém, e odiava isso. Meus temas de vida foram infalibilidade e vencedor. Como eu não poderia ter odiado isso que aconteceu? Eu era muito teimosa para me esconder no quarto, como se fosse uma covarde com pena de mim mesma."

Ela foi saudada por um grupo excepcionalmente grande de amigos queridos, muitos deles de sua incrível quantidade de 56 encarnações, e em especial por William Wyler e Howard Hughes, vindos do que ela chama "minha melhor e última vida". Bette estava emocionada pelo reencontro com William Wyler, alma gêmea de cinco dessas vidas passadas e um de seus mais queridos companheiros aqui em casa. Sua morte, anos antes da dela, a havia deixado arrasada, e os dois se abraçaram por muito tempo antes que o espírito-guia de Bette, Remy, a acompanhasse até a máquina de esquadrinhamento.

Rever sua vida deixou Bette satisfeita na maioria das vezes – ela sentia muito orgulho de ter se recusado a negar seu grande talento, "o melhor presente que eu tinha para oferecer", e assistiu a seu desempenho em Vitória amarga *duas vezes, ficando feliz com o que via.*

Bette é extremamente introvertida e, como ela sempre fez, vive sozinha com seus seis gatos, mudando de casa frequentemente. Tem uma cadeira estofada de veludo vermelho que ama, e assume a posição de que, enquanto tiver sua cadeira, estará em casa, não importa onde for. Bette continua a expressar sua paixão por representar atuando em uma série interminável de peças, especialmente com os velhos amigos Laurence Olivier e Carole Lombard, e também voltou para outra de suas paixões: é uma de nossas mais admiráveis professoras de línguas românicas, especializada em aulas para preparar os espíritos para novas encarnações nas quais eles escolheram ocupar uma cátedra no assunto.

Bette atualmente tem o prazer de monitorar um dramaturgo chamado Keller ou Kellogg. Ele vem planejando encarnar em 2014, medidos em seus anos, no norte de Oregon, e um dia vai escrever e publicar com êxito uma trilogia de peças chamada Houses of Glasses, *em que ele e Bette estão trabalhando atualmente.*

Bette não visita ninguém na Terra, e acrescenta: "Não haverá mais encarnações, obrigada. Acho que o mundo e eu já tivemos o suficiente um do outro".

Anna Nicole Smith

Anna Nicole Smith nasceu Vickie Lynn Hogan em 28 de novembro de 1967, no condado de Harris, Texas. Seus pais se divorciaram quando ela ainda era bebê. Ela e sua mãe, Virgie, oficial de polícia em Houston, moraram algum tempo com sua tia Elaine até Virgie se casar de novo, em 1971. Anna frequentou a escola em Houston até a nona série, quando foi enviada para morar com outra tia, Kay Beall, em Mexia, Texas.

Depois de repetir o primeiro ano na Mexia High School, ela decidiu que estava farta de receber educação formal, desistiu de estudar e rapidamente arrumou um emprego de garçonete em um restaurante de fast food. Lá, aos 17 anos, apaixonou-se pelo cozinheiro do restaurante, de 16. Billy Wayne Smith e Anna Nicole se casaram em 4 de abril de 1985. Seu filho, Daniel Wayne Smith, nasceu em 22 de janeiro de 1986, e, quando o jovem casal separou-se, em 1987, Anna Nicole voltou para Houston com o menino de um ano. O casamento acabou legalmente em 1993.

Ela se apresentava como dançarina erótica, em 1991, quando respondeu a um anúncio de jornal convocando modelos para fazer testes para a *Playboy*. Acabou sendo escolhida para ser a capa da edição de março de 1992. Foi também em 1991, no clube de strip-tease onde ela dançava, que Vickie Smith conheceu o bilionário de 89 anos J. Howard Marshall. Eles se casaram em 1994 em meio a um previsível turbilhão de acusações de que ela teria se casado por interesse, o que Anna Nicole negou. O bilionário morreu 13 meses mais tarde, dando início a uma década de batalhas judiciais em torno de seu espólio. De um lado, Anna. De outro, os filhos de Marshall.

Nesse meio-tempo, a carreira de modelo de Anna Nicole ganhou impulso. Ela foi a playmate do ano em 1993, mudou oficialmente o nome para Anna Nicole Smith e nesse mesmo ano assinou um contrato para ser garota-propaganda da Guess e da H&M.

Seu corpo bem torneado atraiu a atenção de Hollywood. Ela aceitou as ofertas inevitáveis que logo surgiram, sem apresentar nenhum talento especial para ser bem-sucedida nessa empreitada. No final da década de 1990, Anna Nicole chegou à condição peculiar de ser "famosa por ser famosa", e, entre o visível ganho de peso, o litígio sobre a fortuna do falecido marido e um comportamento cada vez mais bizarro que vezes incluía declarações públicas atrapalhadas e incoerentes, ela se tornou alvo preferencial dos tabloides. Em 2002, finalmente conseguiu atrair a atenção do canal a cabo E! e estrelou por dois anos a duvidosa série *The Anna Nicole Show,* que mostrava sua vida pessoal ao lado do filho Daniel.

Seu problema de peso inspirou a oferta de uma empresa chamada TrimSpa, que fabricava medicamentos dietéticos, da qual ela se tornou a porta-voz, em 2003. Afirma-se que teria perdido 32 quilos durante seu contrato. Por volta de 2004, seu comportamento tornou-se tão assustadoramente peculiar que era impossível ignorar os rumores de problemas com drogas.

No verão de 2006, Anna Nicole anunciou em seu site que estava grávida. Ela ficou em êxtase com o nascimento da filha, Dannielynn, em 7 de setembro, nas Bahamas, fruto de um "relacionamento secreto" com seu advogado Howard K. Stern por tempo suficiente para que ele acreditasse ser o pai biológico da menina e a reconhecesse. Seu ex-namorado, o fotógrafo Larry Birkhead, alegava ser o pai e processou o advogado para obter a paternidade.

Tragicamente, apenas três dias depois do nascimento de Dannielynn, o amado filho de Anna Nicole, Daniel, que havia vindo conhecer a irmãzinha, morreu no quarto da maternidade por causa de uma aparente overdose de drogas, aos 20 anos. A morte chocante de Daniel, a ação de reconhecimento de paternidade de Dannielynn e os rumores constantes sobre o vício em drogas deixaram Anna Nicole sob a implacável atenção da mídia, e nesse período ela tentou estabilizar o caos emocional comprometendo-se com Howard K. Stern em uma cerimônia religiosa, sem efeitos legais.

Em 8 de fevereiro de 2007, Anna Nicole Smith foi encontrada inconsciente em seu quarto no Seminole Hard Rock Hotel and Casino, em Hollywood, na Flórida. Os esforços para ressuscitá-la falharam, e ela morreu aos 39 anos, por causa do que depois se descobriu ser uma overdose de medicamentos de nove tipos diferentes, embora nenhuma droga ilegal tivesse sido encontrada em seu organismo.

A morte de Anna Nicole Smith não cessou o frenesi dos tabloides, uma vez que as ações de reconhecimento de paternidade e de custódia legal sobre a pequena Dannielynn continuaram, com lances que eram transmitidos pela TV em rede nacional. Os testes de DNA finalmente determinaram que a menina era filha de Larry Birkhead, e a ele foi imediatamente concedida a sua guarda.

Em 2010, Howard K. Stern e um dos médicos de Anna Nicole foram considerados culpados de acusações envolvendo o uso de medicamentos prescritos. A infinita batalha sobre o espólio do marido de Anna Nicole, J. Howard Marshall, continua, agora em nome de sua filha, Dannielynn Birkhead.

De Francine

Anna Nicole estava apenas em sua segunda encarnação, o que explica por que foi tão estranhamente ingênua ao longo da vida e teve dificuldade em saber em quem confiar. Como acontece muitas vezes quando se escreve um script para a vida futura estando na perfeita felicidade de que se desfruta no Lar, ela projetou uma vida de excessos, tentações e caos por estar convencida de que seria forte o suficiente, e teria fé suficiente para superar esses obstáculos. Anna Nicole agravou ainda mais seus futuros desafios ao escolher dois temas de vida muito difíceis, rejeição e manipulador, e ainda acrescentar o transtorno bipolar à sua encarnação, doença da qual ela nunca foi devidamente tratada. (Sylvia compara a bravata exagerada que ocorre ao escrevermos nossos scripts em um clima de perfeição sagrada com o ato de fazer compras no supermercado quando você está com muita fome.) A coragem sincera, mas com excesso de zelo, de Anna Nicole, em preparação para sua última e breve viagem à Terra, foi reforçada pelo fato de ela ter programado seu pai da primeira encarnação para estar sempre a seu lado na forma do filho Daniel.

Daniel saudou a chegada da mãe antes mesmo que ela emergisse do túnel, e não saiu do seu lado até que ela fosse encaminhada em segurança até a câmara de acolhimento. Só depois que Anna Nicole estava curada e euforicamente lúcida novamente, ficou pronta para seguir até a máquina de esquadrinhamento, que achou iluminadora e catártica, como a maioria dos espíritos. Ela entende exatamente, por exemplo, por que saltou no ponto de saída que escolheu, mesmo que fosse logo após o nascimento da filha: Anna Nicole não somente achava inimaginável a ideia de ficar na Terra sem o filho como sentia que sua vida tinha atingido um grau tão elevado de descontrole que não poderia mais ser a mãe estável, amorosa e atenta que Dannielynn merecia. Ela sabia com absoluta certeza quem era o pai da menina, e também sabia que ele iria lutar por sua custódia e vencer. Seu desejo é que os interessados saibam que ela e Daniel estarão presentes em todas as audiências que envolvam o bem-estar de sua filha. Quanto aos anos que possam vir a transcorrer em função de litígios que não envolvam Dannielynn, ela afirma: "Eu sou feliz. Estou em paz. Minha filha se encontra no lugar onde deveria estar, e sou grata que meu filho e eu estejamos em Casa e saudáveis. O resto é entre os litigantes e Deus". Ela também procurou por seu marido J. Howard Marshall, de quem gostava profundamente "e sempre gostará", contrariando todas as aparências e todos os rumores.

Seu maior arrependimento é ter traçado seu script para se ver cercada de um grande número de pessoas que ela achava que iriam guardar seus melhores interesses no coração, então "fez com que ficasse impossível para qualquer um protegê-la de si mesma". Anna Nicole adoraria acreditar que, "mesmo que fosse apenas uma pessoa", iria evitar cair na mesma armadilha depois de ter assistido a seu declínio na TV e nos tabloides. E acrescenta: "O que eu nunca entendi sobre ser famoso, até que fosse tarde demais, é que não vem com um botão 'desliga'. Nem eu fiz isso".

Sua vida no outro lado é um estudo de simplicidade. Ela mora sozinha em uma pequena casa amarela na margem de um rio. (Daniel mora perto, e, embora sejam extremamente próximos, ele tem uma vida muito ativa e cercada de amigos.) A aparência de Anna é deliberadamente simples: baixa e arredondada, traços comuns, cabelo castanho bem fino na altura dos ombros, puxados para trás e amarrados na nuca. Ela retomou o interesse pelo budismo e está treinando para se tornar professora de meditação.

Anna Nicole visita sua filha frequentemente e lê para ela. Planeja reencarnar um dia, mas não tem pressa, e na próxima vez virá sem Daniel, uma alma avançada que não tem intenção de sair do Lar novamente.

John Belushi

O brilhante comediante, ator e músico John Adam Belushi nasceu em 24 de janeiro de 1949, em Chicago, filho dos imigrantes albaneses Adam e Agnes Belushi. Adam era gerente de um restaurante, enquanto Agnes trabalhava como caixa. Os Belushi criaram os quatro filhos sob os costumes da Igreja Ortodoxa da Albânia. John sabia desde a infância que queria ser artista. Além de ser um palhaço na sala de aula durante todo o período escolar, foi o capitão do time de futebol americano no colégio e tocava bateria numa banda de rock. John e sua futura esposa, Judy Jacklin, conheceram-se quando estavam no segundo ano na Wheaton Central High School e ficaram casados de 1976 até a morte dele, em 1982.

Ele trabalhou como ator no verão entre o final do colégio e o começo do ano letivo na faculdade. John frequentou a Universidade de Wisconsin e, em seguida, o College of DuPage. Após graduar-se, em 1970, conseguiu uma audição para a lendária trupe de improviso Second City, de Chicago, onde suas imitações estranhamente hilárias de Marlon Brando e Joe Cocker foram um sucesso. O bom desempenho na trupe possibilitou-lhe um papel numa produção fora da Broadway, chamada *National Lampoon's Lemmings*. Os elogios que recebeu nessa comédia atraíram a atenção de Lorne Michaels, que contratou John para uma nova série de humor de fim de noite que ele havia criado. Era o *Saturday Night Live*.

John Belushi e o restante do elenco original do programa fizeram a primeira apresentação em 11 de outubro de 1975. O show foi um sucesso desde o primeiro dia, e John rapidamente se tornou uma de suas estrelas mais populares. Quer empunhando uma espada samurai com uma sobrancelha arqueada, quer bamboleante, vestindo um traje de abelha africana, ou fazendo imitações de todo mundo, de Elizabeth Taylor a Truman Capote, sua presença era magnética. John era irresistivelmente talentoso. Ele e seu amigo e colega Dan Aykroyd criaram um duo chamado *The Blues Brothers* durante os anos no programa *Saturday Night Live,* o que resultou em um disco (*Briefcase Full of Blues*) e uma turnê por todo o País.

Durante um hiato entre temporadas do SNL, John fez sua primeira e possivelmente mais conhecida participação no filme *Clube dos cafajestes*. Os rumores sobre o uso de drogas entre parte do elenco do programa eram galopantes em 1978, quando o filme foi lançado. A maioria dos boatos se concentrava em John e seu vício em cocaína.

Os filmes seguintes foram decepcionantes, apesar de seu aparente potencial – *Com a corda no pescoço* era um faroeste estrelado por Jack Nicholson, e *Amor em dobro* ofereceu a John a oportunidade de atuar em um papel dramático, contracenando com Talia Shire. John deixou o programa *Saturday Night Live,* em 1979, para se concentrar exclusivamente na carreira cinematográfica, e fez três dos quatro filmes seguintes com o amigo, ex-companheiro de elenco do SNL e parceiro no *Blues Brothers* Dan Aykroyd – *1941, uma guerra muito louca*, comédia dirigida por Steven Spielberg; *Estranhos vizinhos* e *Os irmãos cara de pau.* Apenas a comédia romântica de 1981 *Brincou com fogo, acabou queimado* mostrou Belushi sem Aykroyd.

No início de 1982, John trabalhava em vários novos projetos, incluindo um roteiro para cinema com o ex-companheiro de elenco do SNL Don Novello. Ao mesmo tempo, mergulhava cada vez mais fundo no consumo de drogas. Em 5 de março de 1982, John estava em seu quarto no Chateau Marmont, em Los Angeles, com um pequeno grupo que incluiu, separada e brevemente, de acordo com a maioria dos relatos, Robin Williams e Robert De Niro. Finalmente a sós com uma mulher chamada Cathy Smith, ele desmaiou e morreu por causa de uma injeção que misturava cocaína e heroína, conhecida nas ruas como *speedball*. Sua morte foi inicialmente atribuída a uma overdose acidental de drogas, mas Cathy informou posteriormente à revista *National Enquirer* que ela ministrara pessoalmente a *speedball* que matou John Belushi. Como resultado de sua entrevista à *Enquirer*, Cathy acabou sendo condenada por homicídio culposo e passou um ano e meio na prisão.

John Belushi morreu aos 33 anos, muito antes de sua dedicada esposa, família, amigos e uma legião de fãs estarem prontos para dizer adeus. Foi enterrado perto de sua casa em Martha's Vineyard, Chilmark, Massachusetts.

De Francine

John foi recebido de volta no Outro Lado por uma multidão de amigos de Casa e de suas 14 vidas passadas, mas os primeiros a alcançá-lo foram dois labradores negros e um terrier Jack Russel, de quem John não mais se separou desde que chegou. Observávamos John atentamente, como fazemos com todos aqueles que parecem estar perdendo o controle, especialmente quando soubemos de seu guia espiritual, Khalil, que o Conselho tinha advertido John contra a ideia de reencarnar tão cedo, logo após sua vida anterior na França, no início do século XX. Era uma vida de privilégios e excessos, e eles achavam que ele precisava de mais tempo para processar o crescimento espiritual obtido naquela vida. Mas John estava ansioso para exercer a força e a disciplina que ele estava convencido ter aprendido a dominar, e tinha a intenção de prová-lo, traçando para sua nova encarnação não só uma exposição constante às drogas, mas também o status de celebridade que as torna ainda mais acessíveis. Infelizmente, como tantas vezes acontece, a euforia do Lar o impeliu a criar um script para o qual não estava preparado. Ele diz, porém, que três de seus amigos, cujos nomes se recusa a mencionar, ficaram tão impressionados pelo choque de perdê-lo de repente que entraram em programas de desintoxicação e agora estão limpos e sóbrios – o que John vê como algo de positivo vindo de sua autodestruição. Diz que não acreditava que viveria o suficiente para ficar velho, mas nunca teve a premonição consciente de que não iria sair vivo daquele quarto de hotel, na noite em que sua vida na Terra terminou.

John está orgulhoso de sua obra e de sua vontade de trabalhar duro durante toda a vida, e também se dá crédito, com um sorriso, por ter sido inteligente o suficiente para traçar seu casamento com Judy. Sem entrar em detalhes, ele diz que gostaria de tê-la ouvido mais. John ainda a visita muitas vezes e quer que ela "preste atenção nas prateleiras de livros".

Ele também adora visitar sua casa em Martha's Vineyard. Diz que existe um corredor elevado ou algum tipo de passagem entre a casa principal e a dos hóspedes, e que ele gosta de ficar de pé naquele corredor, assistindo às tempestades que se quebram sobre o Atlântico.

John é tão popular e brilhantemente engraçado aqui como era na Terra, e está sempre cercado de amigos. (Ao contrário do que Sylvia me diz ser uma crença comum das pessoas, a maioria de nós do Outro Lado tem senso de humor e adora rir.) John faz espetáculos em sua pequena cabana, que fica no que corresponde à sua ilha de Chipre, e continua a fazer comédia, para deleite de seus pais, a quem ele foi o primeiro a acolher novamente em casa. Ele e seu pai são especialmente próximos e bons companheiros, e o amor que compartilham pelo mar se expressa através das pesquisas que fazem juntos sobre oceanografia e biologia marinha, e das longas e pacíficas viagens no veleiro de John. Ele não pretende voltar à Terra para outra encarnação.

Bob Marley

O lendário cantor, compositor e guitarrista Bob Marley, o homem que em sua breve vida trouxe uma atenção mundial sem precedentes ao reggae e à fé Rastafári, nasceu Robert Nesta Marley em 6 de fevereiro de 1945 na vila de Nine Mile, Paróquia St. Ann, Jamaica. Seu pai, Norval Marley, era um capataz britânico branco, militar dos Royal Marines, que estava com 50 anos, quando teve Bob com sua noiva negra de 18 anos, Cedella Booker. Norval mudou-se para Kingston antes de Bob nascer, e, embora tenha apoiado financeiramente a esposa e o filho, foi um pai ausente até sua morte, de ataque cardíaco, quando Bob tinha dez anos. A herança inter-racial fez de Bob alvo de chacotas durante a infância e continuou a ser um problema por toda a sua vida. Menciona uma de suas citações, com carregado sotaque jamaicano: "Não sou do lado negro nem do lado branco. Sou do lado de Deus, que me criou do negro e do branco".

Quando Bob tinha 14 anos, saiu de casa e da escola para ir a Kingston, onde começou sua carreira musical. Depois de gravar vários discos obscuros e não exatamente bem-sucedidos, formou um quinteto chamado The Wailers com os cantores Peter Tosh, Bunny Livingstone, Junior Braithwaite e Beverly Kelso. Seu primeiro single, "Simmer Down", foi um grande sucesso na Jamaica, em 1964. No ano seguinte, quando Braithwaite e Kelso deixaram o grupo e os Wailers se tornaram um trio, nem mesmo os seus singles mais populares receberam royalties suficientes para manter o grupo solvente. Foi então que os integrantes seguiram caminhos separados. Bob foi para Newark, em Delaware, onde sua mãe morava, e passou a ganhar a vida como operário em uma fábrica por quase um ano antes de retornar à Jamaica. Nesse meio-tempo, Bob se casou com sua namorada Rita Anderson, em 1966, e os seus dois primeiros filhos nasceram: Cedella, em 1967, e David, apelidado de Ziggy, em 1968.

O The Wailers reuniu-se de novo, gravou mais alguns discos de pouco sucesso, e, no movimento que foi o mais importante da vida de Bob, este adotou a filosofia dos Rastafári, em grande parte devido à influência de Rita e dos ensinamentos continuados de Mortimer Planner, um dos anciões mais conceituados dessa religião. Através da música, Bob começou a difundir os princípios básicos do Rastafári, como a paz e a fraternidade, o vegetarianismo e o uso espiritual da *Cannabis*.

Os Wailers finalmente atraíram a atenção de Chris Blackwell, que os contratou para sua influente gravadora, a Island Records, em 1972. O álbum *Catch a Fire* foi o primeiro a ser comercializado fora da Jamaica. O segundo disco pela Island Records, *Burnin*, incluiu uma canção de Bob Marley chamada "I Shot the Sheriff", que depois seria gravada pelo superastro britânico Eric Clapton e ajudou a elevar a fama de Bob e seus Wailers. Em 1973, eles começaram a primeira turnê mundial.

No final desse ano, Peter Tosh e Bunny Livingstone haviam deixado a banda para seguir carreira solo. Bob expandiu a seção instrumental do conjunto e recrutou um trio feminino que incluía sua mulher, Rita, formando então a banda Bob Marley and The Wailers, que excursionou com muito sucesso pela Europa e pelos Estados Unidos. Por volta de 1978, eles haviam colocado vários sucessos nas listas dos mais ouvidos, tanto na Inglaterra quanto nos Estados Unidos, e os álbuns *Rastaman Vibration* e *Exodus* estavam entre os 20 mais vendidos nas paradas americanas.

A popularidade e a influência de Bob na Jamaica haviam lhe concedido grande importância não só como músico, mas também como porta-voz de questões públicas. Em 3 de dezembro de 1976, ele, a esposa e seu empresário, Don Taylor, foram baleados dois dias antes de a banda Bob Marley and The Wailers dar um concerto gratuito de apoio ao primeiro-ministro jamaicano progressista, Michael Manley. Os três sobreviveram ao que se acreditava ser uma tentativa de assassinato por motivos políticos. Bob apareceu no show, como previsto, e logo em seguida partiu para a Inglaterra.

Em meados de 1977, logo após o lançamento do disco *Exodus*, Bob descobriu que uma ferida não curada em seu dedo era um melanoma maligno. Os médicos queriam amputar o dedo, mas as crenças religiosas fizeram Bob recusar o pedido. A turnê promocional de *Exodus* foi abreviada, mas em 1978 a banda estava de volta à ação, gravando o álbum *Kaya* e tocando no Jamaica's One Love Peace Concert; mais tarde naquele mesmo ano, Bob foi condecorado com a "Medalha da Paz do Terceiro Mundo" pelas Nações Unidas.

Em 1980, depois de produzir vários álbuns mais e retomar as excursões pelos Estados Unidos e Europa, Bob se sentiu mal durante um concerto em Nova York no início de setembro. No dia seguinte, entrou em colapso enquanto corria pelo Central Park. Foi levado às pressas para o hospital, onde os médicos descobriram que o câncer havia se espalhado para o fígado, estômago e cérebro. O prognóstico era que ele tinha menos de um mês de vida.

Corajosa e brilhantemente, Bob ainda realizou um concerto em Pittsburgh, em 22 de setembro, mas, para sua profunda desilusão, foi incapaz de continuar a turnê agendada nos Estados Unidos. Viajou para Miami e foi oficialmente batizado na Igreja Ortodoxa da Etiópia. De lá, ele e Rita voaram para um centro de tratamento na Alemanha, em um esforço para provar que os médicos de Nova York tinham errado o diagnóstico.

Quando se tornou evidente que a polêmica terapia alemã não estava dando certo, Bob e Rita partiram para a Jamaica, numa tentativa de respeitar o desejo dele de morrer em casa. Mas não conseguiram ir além de Miami, onde Bob foi levado do aeroporto para o Cedars of Lebanon Hospital. Ele morreu ali, em 11 de maio de1981, aos 36 anos.

Bob Marley foi homenageado como chefe de estado na Jamaica. Seu funeral teve a presença do primeiro-ministro e de centenas de milhares de fãs. Seu corpo descansa em um mausoléu na capela de sua cidade natal, Nine Miles. Entre os muitos prêmios póstumos estão a indicação para o Rock and Roll Hall of Fame, um Grammy pelo conjunto da obra, o prêmio "Song of the Millennium" da BBC pelo clássico "One Love", e o título de "Álbum do Século", concedido pela revista *Time* para *Exodus*.

De Francine

Um de nossos espíritos mais avançados, Bob começou a fazer viagens regulares de volta ao Lar enquanto ainda estava na Alemanha. Muita gente aqui pode confirmar que ele estava tendo conversas com diversos de seus amigos no Lar meses antes de finalmente deixar seu corpo de uma vez por todas, o que realmente aconteceu durante a viagem para a Flórida. Havia uma multidão de amigos do Lar e de suas 44 vidas passadas esperando para cumprimentá-lo, incluindo seu pai. Os dois têm uma relação interessante – ambos compartilharam uma encarnação anterior como meio-irmãos que viveram no Quênia em casas separadas e que nunca foram particularmente próximos. Bob foi criado com mais vantagens do que Norval e o apoiou de longe durante toda a sua vida, muito além do respeito pela ligação familiar. Os dois traçaram uma dinâmica muito semelhante para si mesmos nesta vida terrestre mais recente. Norval pagou sua dívida cármica com Bob enquanto mantinha distância – como ocorre com algumas almas gêmeas, Bob e Norval são muito bons em cumprir objetivos específicos e importantes na vida dos outros, mas trazem o pior de si mesmos um para o outro quando passam muito tempo juntos. É notável observar que a influência especial que Bob exerceu em seu mundo resultou em parte da força que ele ganhou em ser criado sem o pai por perto, recusando-se a definir esse fato de sua vida como desvantagem. Bob iniciou sua última encarnação com bastante clareza sobre os temas de vida que escolheu, harmonia e justiça, o que lhe deu um invulgar discernimento e senso de direção sobre os obstáculos que teriam desencorajado espíritos menos focados que ele.

Bob chegou de volta ao Lar com a mesma clareza e uma alegria ansiosa para retomar a vida aqui da forma mais completa. Ele vive em comunidade com um grande e fluido grupo de amigos numa ilha que corresponde à sua Tasmânia, onde continua a compor belas canções sobre paz e união e infundindo suas criações em um jovem músico rastafári chamado Muata, que vive no oeste da Etiópia. Bob é um de nossos artistas mais populares, ao lado de outros músicos como Jim Croce e Jimi Hendrix, Louis Armstrong e Andrés Segovia, que fazem shows estupendos no Outro Lado. Talvez lhe interesse saber que a música "One Love" é tão conhecida e amada aqui do Outro Lado como é na Terra. Ele é um habilidoso jogador de futebol e de lacrosse; sempre um apaixonado mestre artesão, começou a fabricar baixos para dar a seus alunos de música.

Bob rapidamente retomou a posição como membro estimado de nossa rede de conselhos de paz – não deixe de acreditar que há esforços constantes do Outro Lado para encontrar soluções realistas para os problemas de seu mundo. Sua outra grande paixão é o trabalho com e sobre os animais, pesquisando soluções para doenças comuns e virais entre os que vivem na Terra e também explorando o vasto potencial das células-tronco para o tratamento de uma série de problemas ortopédicos.

Bob estava tão ansioso para ver a mãe, Cedella, quando ela deixou seu corpo que viajou através do túnel para segurar-lhe a mão e trazê-la pessoalmente para o Lar. A mãe de Bob vive agora com ele em sua comunidade na ilha. Bob ainda segue de perto o trabalho da esposa com sua fundação e agradece ao filho Ziggy pelos esforços contínuos com o documentário sobre sua vida. Pede que ele não fique desanimado pelas "inevitáveis frustrações". Ficou desapontado por não ter vivido tempo suficiente para escrever sua autobiografia, e vem trabalhando com afinco nesse assunto. Quando Bob estiver satisfeito com a autobiografia, vai infundi-la numa mulher que afirma ter se encontrado com seu filho Ziggy, mas ele ainda não a conhece direito. Essa mulher vai se mostrar melhor a Ziggy no momento oportuno, e os dois vão fazer com que a autobiografia seja concretizada.

John Ritter

O talentoso ator e comediante John Southworth Ritter nasceu em 17 de setembro de 1948 em Burbank, Califórnia. Seu talento foi herdado da mãe, a atriz Dorothy Fay, e do pai, o cantor country e lendário ator Tex Ritter. O irmão mais velho de John, Tom, foi diagnosticado com paralisia cerebral, lutou contra a doença e a venceu, vindo a formar-se advogado.

John era presidente do grêmio estudantil na Hollywood High School e, depois de um breve desvio nos estudos ao aparecer como um dos concorrentes do programa de TV *The Dating Game*, no qual ganhou um pacote de férias a 300 quilômetros de casa, entrou na Universidade do Sul da Califórnia, onde se formou em psicologia e obteve licenciatura em arquitetura. Ao final do segundo ano na faculdade, a curiosidade o levou a assistir às aulas de teatro oferecidas pela atriz Nina Foch. John agora sabia que tinha encontrado seu lugar, e mudou para o curso de artes cênicas. Durante os estudos, entre 1968 e 1969, adquiriu valiosa experiência atuando em diversas peças numa excursão pela Europa, e em 1971 conseguiu o diploma em dramaturgia.

Seus primeiros papéis em seriados de TV podem ser acompanhados como se fossem a história da televisão nos anos 1970 – *Havaí 5-Zero, Os Waltons, M.A.S.H., The Bob Newhart Show, São Francisco Urgente, Kojak e The Mary Tyler Moore Show*, entre outros. Enquanto trabalhava em *Os Waltons*, em dia 2 de janeiro de 1974, John recebeu a notícia devastadora de que seu pai havia morrido repentinamente de ataque cardíaco em Nashville.

Em 1975, a ABC-TV comprou os direitos para a versão americanizada de uma série de comédia britânica chamada *Man About the House*. John foi o primeiro ator a ser escalado. Joyce DeWitt se juntou ao elenco após um primeiro piloto mal recebido. Suzanne Somers foi contratada depois de um segundo piloto mal recebido. Finalmente, a combinação correta de personagens e atores com química se reuniu para o sucesso de um seriado que ficou muito famoso na época, *Three's Company*. Durante respeitáveis oito anos, John interpretou um estudante de culinária, Jack Ripper, que fingia ser gay para evitar que os donos de sua casa não reclamassem por ele morar com duas mulheres atraentes. Nesses oito anos ele começou a construir sua carreira no cinema, com participações em filmes de moderado sucesso como *Procura-se um herói*, *Americathon*, *Wholly Moses* e *Muito riso, muita alegria*. John também apresentou o Telethon de 1977, dedicado à paralisia cerebral, ao lado de seu irmão Tom, o que se tornou uma de suas mais apreciadas atividades anuais, levantando muitos milhões de dólares por uma causa que estava, compreensivelmente, dentro de seu coração.

Quando *Three's Company* foi encerrada, John já havia tentado ao máximo levantar a sucessora e inevitavelmente curta *Three's a Crowd*. Ele não teve nenhum problema em fazer a transição de volta aos filmes, participando de quase 30 produções entre 1986 e 2006. Nesse mesmo período, suas aparições televisivas, incluindo participações como convidado, especiais, filmes e séries de TV, foram quase 60. Ele foi um dos mais versáteis, ocupados e cobiçados atores de Hollywood por quase três décadas. John foi recompensado com um Emmy de melhor ator com seis indicações e um Globo de Ouro de melhor ator, somando cinco indicações.

A vida pessoal de John era calma, agradável e livre de escândalos. A primeira esposa, a atriz Nancy Morgan, com quem se casou em 1977, deu-lhe três filhos: Jason, Tyler e Carly, de quem John se manteve muito próximo depois que ele e Nancy se divorciaram, em 1996. John e a segunda esposa, Amy Yasbeck, conheceram-se em 1990, quando trabalharam juntos em um episódio de *The Cosby*

Show, mas começaram a namorar oficialmente no final da década de 1990, pouco antes de filmarem juntos o hilariante filme para TV *Sociedade dos maridos mortos*, em 1998. Casaram-se em 1999, poucos meses após o nascimento de sua filha, Stella.

Em 2002, John começou a filmar uma nova série de televisão, *8 Simple Rules*, que nesse mesmo ano ganhou o prêmio de melhor comédia do ano da revista *People*. Em 11 de setembro de 2003 ele estava ensaiando com o velho amigo Henry Winkler, ator convidado no episódio daquela semana, quando se sentiu mal. Levado às pressas para o Providence St. Joseph Medical Center ao lado do estúdio, morreu às 22h45. A causa da morte foi uma dissecção da aorta, uma espécie de rasgo na parede dessa veia causada por um defeito cardíaco congênito que nunca fora detectado. John foi enterrado no cemitério Forest Lawn, no Hollywood Hills Cemetery, depois de um velório reservado onde a família e os amigos mais próximos deram um relutante adeus a um dos mais cativantes, respeitados e prolíficos atores da TV e do cinema.

De Francine

John é tão amável, querido e divertido aqui como era na Terra, e, embora a rapidez de seu regresso ao Lar tenha sido uma surpresa, uma multidão, liderada por seu pai, juntou-se para recebê-lo. Ele estava, compreensivelmente, um pouco desorientado, mas um longo abraço do pai e a visão de tantos e tão estimados amigos o acalmaram em uma silenciosa e pacífica aceitação daquilo que acontecera e de onde estava naquele momento. Não houve necessidade de orientação e acolhimento. John se preocupava com a tristeza pela qual sua esposa e filhos estavam passando e rapidamente começou a visitá-los para consolá-los e fazer com que soubessem o quanto ele fora abençoado por ter vivido uma vida maravilhosa, além de ter tido o privilégio de fazer o que amava, e tendo Henry a seu lado quando começou a viagem de volta para casa. Embora a morte nunca tenha sido um assunto com o qual se preocupasse, John disse que, quando pensava nisso, esperava que fosse algo rápido, do mesmo modo como acontecera com seu pai. Algo que o fascinou foi o fato de ele e seu pai voltarem ao Lar em datas tão próximas de seus aniversários. [Tex Ritter morreu dez dias antes do sexagésimo nono aniversário, e John, seis dias antes do quinquagésimo quinto.]

É interessante mencionar que John e Lucille Ball, almas assemelhadas tanto na Terra quanto no Outro Lado, tiveram uma reunião extasiante quando ele saiu da máquina de esquadrinhamento, antes de retomar sua vida tão atarefada por aqui. Eles costumam atuar juntos, e não passou despercebido a John o fato de suas mortes terem sido tão semelhantes: ele teve uma ruptura da parede da aorta, Lucy sofreu um rompimento da aorta. Como resultado, ambos começaram a fazer cursos sobre doenças genéticas cardiovasculares com o objetivo de fazerem parte de nossa vasta rede de pesquisadores coronarianos. John envia a seguinte mensagem: "Por favor, agradeça a todos os envolvidos na publicação das regras", e acrescenta: "Eles vão saber o que eu quero dizer". [De Sylvia: Minha equipe procurou na internet e encontrou "As regras de Ritter", cuja descrição informa que são "lembretes salva-vidas para reconhecer, tratar e prevenir a dissecção da aorta torácica".]

John voltou a seu trabalho como orientador nas câmaras de oxigênio, onde é um elemento precioso por causa da combinação única de fé, conforto e bom humor entre os recém-chegados que necessitam de cuidados de orientação. Ele e o pai moram em uma casa modesta perto de seus velhos amigos, Jesse e Patrick Swayze, e os quatro partilham do idílico rancho que sempre amaram.

John não pretende mais reencarnar, acreditando que a partir de agora pode fazer mais no Outro Lado e ser mais útil do que jamais poderia ser na Terra. E acrescenta: "Com exceção de estar aqui, eu nunca poderia pedir mais do que fui abençoado na última vez".

Farrah Fawcett

Um dos maiores ícones entre as "garotas do pôster" da geração *baby boom*, Farrah Leni Fawcett nasceu em Corpus Christi, Texas, no dia 2 de fevereiro de 1947, filha de James Fawcett, que trabalhava em campos de petróleo, e de Pauline, dona de casa. Foi educada em uma escola católica, a WB Ray High School, e depois estudou na Universidade do Texas, em Austin, onde sua foto como uma das "Dez Mais Belas Alunas" chamou a atenção de um publicitário de Hollywood. Ele a encorajou a se mudar para Los Angeles a fim de tentar a carreira de modelo. Após alguma hesitação inicial, seus pais a acompanharam até a Costa Oeste ao final de seu penúltimo ano na faculdade. Duas semanas depois ela já estava contratada como modelo disputada para estrelar comerciais e anúncios em revistas e jornais.

Farrah também chamou a atenção de um jovem e bonito ator chamado Lee Majors, que estrelava uma série de TV chamada *The Big Valley*. Os dois tiveram o primeiro encontro em 28 de julho de 1968, e comemoraram o aniversário de cinco anos desse encontro casando-se, em 28 de julho de 1973, com uma festa no jardim do elegante Bel Air Hotel. Farrah apareceu várias vezes depois na próxima série estrelada pelo marido, *Ciborg – O homem de seis milhões de dólares*, e o "supercasal" foi uma das bases para as manchetes dos tabloides durante os anos 1970 e início dos anos 1980. A separação dos dois em 1979 e o posterior divórcio em 1982 muitas vezes receberam mais atenção da imprensa que suas respectivas carreiras.

Depois de algumas participações como convidada em séries de TV a partir de 1969, Farrah coestrelou o filme-piloto de *As panteras,* em 1976, que no mesmo ano se transformou em série. Foi também em 1976 que a foto clássica de Farrah, com a cabeleira loura que se tornou sua marca registrada e vestindo um maiô vermelho relativamente conservador, chegou ao mercado e se tornou um dos pôsteres mais vendidos de todos os tempos, alcançando mais de dez milhões de cópias.

Graças ao seriado *As panteras,* Farrah Fawcett foi uma sensação no final de 1976, sendo eleita a atriz do ano em um programa de TV. Por ter deixado a série após a primeira temporada, foi processada por Aaron Spelling por quebra de contrato. A questão foi resolvida fora dos tribunais: Farrah concordou em fazer seis participações especiais em temporadas futuras. A atenção profissional de Farrah dirigiu-se a filmes e minisséries de TV, e em 1979 a atenção pessoal se voltou para o ator Ryan O'Neal. Embora nunca tenham se casado oficialmente, ficaram juntos até 1997 e, novamente, depois de brigas e reconciliações, desde 2001 até o dia de sua morte. O filho do casal, Redmond, nasceu em 1985.

O próximo êxito profissional de Farrah veio em 1983, quando ela substituiu Susan Sarandon no papel de uma vítima de estupro que se vinga do agressor em uma produção *off-Broadway* chamada *Extremities*. Recebeu elogios da crítica, sem contar uma indicação ao Emmy, pela interpretação de uma mulher agredida no filme *Cama Ardente*, de 1984, para tevê, que atingiu altos índices de audiência. Sua atuação na versão da peça *Extremities* para o cinema, denominada *Seduzida ao extremo*, rendeu-lhe a indicação para o Globo de Ouro de melhor atriz. Mais duas indicações ao Globo de Ouro, além de outra ao Emmy em 1989, vieram pelo perturbador desempenho na minissérie baseada em fatos reais *Small Sacrifices*. A carreira de Farrah como respeitada atriz dramática de cinema e TV continuou até 2004, rendendo-lhe a terceira indicação ao prêmio Emmy.

A vida pareceu imitar a arte durante a relação de Farrah, em 1997, com o diretor e produtor James Orr. Depois de interpretar de forma notável diversos papéis de mulheres espancadas ou violentadas, ela mesma foi vítima de violência doméstica por parte de Orr quando ameaçou acabar com o relacionamento. James Orr foi condenado por agressão a três anos de prisão, mas cumpriu a pena em liberdade condicional.

Apesar da turbulenta vida pessoal e dos rumores de estar passando por um problema com drogas depois que seu comportamento peculiar durante uma entrevista ao *David Letterman Show* em 1997 chamou a atenção, a beleza de Farrah não havia diminuído nada em meados da década de 1990. Suas fotos na *Playboy* enfeitaram duas edições, não por acaso as mais vendidas da década.

Em 2006, menos de um ano após a morte devastadora de sua mãe, Farrah foi diagnosticada com câncer anal. Ela começou uma longa e muito divulgada luta contra a agressiva doença, tendo Ryan O'Neal a seu lado. Ela deixou que até mesmo os momentos mais difíceis da batalha fossem filmados, o que se tornaria mais tarde um documentário de duas horas chamado *Farrah's Story*, que ela coproduziu com sua amiga Alana Stewart. O documentário, cuja estreia, em 15 de maio de 2009, foi assistida por cerca de nove milhões de espectadores, recebeu um Emmy como melhor documentário de não ficção.

Em 15 de junho de 2009, menos de três meses antes de sua vitória no Emmy ser anunciada, Farrah Fawcett morreu no St. John's Health Center, em Santa Monica, Califórnia. Ryan O'Neal e Alana Stewart estavam ao seu lado na hora do último suspiro. Redmond, o filho problemático, condenado em 2009 por posse de drogas, estava cumprindo pena em um centro de detenção quando a mãe morreu, e teve permissão para assistir ao funeral.

De Francine

Infelizmente, Farrah chegou bastante deprimida e decepcionada. Apesar de ter ficado exausta em sua batalha contra o câncer, e de seu espírito saber que o ponto de saída que tinha escolhido havia chegado, sua mente consciente e obstinada se agarrou até o fim à esperança de vencer aquela luta, proporcionar um final feliz para seu documentário e inspirar outras pessoas a não desistir, não importando o desafio que talvez estivessem enfrentando. Sua mãe, seus avós e inúmeros amigos das 19 vidas passadas estavam lá para abraçá-la e confortá-la no instante em que Farrah emergiu do túnel. Só depois de ser acolhida na câmara ela foi capaz de experimentar o êxtase sagrado do Outro Lado, compreendendo que sua luta feroz e corajosa por si só já era inspiradora para milhares de pessoas, e que a morte daquele corpo deveria ser celebrada e não lamentada.

Como tantos outros que voltam ao Lar como resultado de doenças com altas taxas de mortalidade, Farrah saiu do período de acolhimento pronta e ansiosa para participar, junto com os pesquisadores médicos, dos trabalhos em busca de cura para essas doenças. Ela e todas as outras vítimas do câncer têm um valor inestimável para o processo que irá um dia erradicar a doença de uma vez, já que essas pessoas são estudadas e testadas antes que a cura prometida por Deus aconteça. Farrah também se dedica a aulas de ciência biomédica, a fim de se tornar membro central de uma equipe de pesquisas biológicas sobre o câncer.

Por outro lado, a vida de Farrah é muito parecida com aquela que teve antes de sua última e breve reencarnação. Ela prefere viver só e rodeada por aqueles aos quais sempre se refere como "seus gatos", um belíssimo grupo de leões que a adoram e que, como todos os felinos de nossas florestas, são tão gentis e brincalhões como quaisquer gatinhos. Talentosa e prolífica pintora impressionista, as mostras de sua galeria estão entre os poucos acontecimentos sociais que ela frequenta. Farrah está pensando em outra encarnação, na qual aspira a ser famosa "por uma coisa que seja importante", e não repetir seus temas mais recentes de seguidor e temperança, com os quais avalia ter lidado mal.

Patrick Swayze

O talentoso e carismático ator e bailarino Patrick Wayne Swayze nasceu em Houston, Texas, em 18 de agosto de 1952. Sua mãe, Patsy, era coreógrafa e professora de dança, diretora da Houston Ballet Jazz Company. A dança fez parte da vida de Patrick praticamente desde os primeiros passos. Seu pai, Jesse, que morreu em 1982, era campeão de rodeios e projetista de empresas de engenharia. Patrick, suas duas irmãs e seus dois irmãos foram criados no subúrbio de Houston, em Oak Forest, e desde o ensino fundamental até o ensino médio ele usou suas habilidades excepcionais de várias maneiras. Distinguiu-se em tudo, de balé e ginástica até futebol americano, natação e patinação no gelo, incluindo a atuação em peças teatrais.

Após dois anos no San Jacinto College, em Houston, Patrick foi contratado como bailarino e patinador no gelo para interpretar o príncipe encantado em uma turnê nacional do "Disney on Parade". No final da turnê, ao retornar a Houston, Patrick conheceu Lisa Niemi, estudante de 16 anos que era aluna de sua mãe. Ele se mudou para Nova York em 1972, para seguir a carreira de dança, e Lisa se juntou a ele quando terminou o ensino médio. Casaram-se em 1975, uma união que duraria pelo resto da vida.

Complicações devidas a uma cirurgia no joelho forçaram o jovem Patrick a mudar o foco, deixando de lado uma promissora carreira no balé para tentar a vida como ator. Em 1976, ele estreou na Broadway na produção *Goodtime Charley*, seguida por uma nova montagem do clássico *Amor, sublime amor*. Mas foi seu papel de protagonista em *Grease*, em 1978, que atraiu a atenção de Hollywood.

O trabalho no cinema e na TV na Costa Oeste foi constante desde o início, em 1979, com *Skatetown EUA*, incluindo o prestígio de ter recebido um aceno positivo de Francis Ford Coppola para atuar em *Vidas sem rumo*. Não há dúvida, porém, de que foi em 1987 que ele se tornou oficialmente uma estrela graças à sua versatilidade e seu desempenho de múltiplas nuances em *Dirty Dancing – Ritmo quente*. Sua perfeição estética fez dele uma escolha óbvia para os filmes de ação que seguiram, mas o grande veículo para o superestrelato veio em 1990, com a história de amor paranormal de *Ghost – Do outro lado da vida*. Esse filme e *Dirty Dancing* lhe trouxeram indicações ao prêmio de melhor ator no Globo de Ouro.

O "Homem Mais Sexy do Mundo", eleito em votação realizada pela revista *People* em 1991, lutava contra um problema de alcoolismo desde a morte do seu pai, em 1982. Em 1994, após o suicídio de sua irmã, Patrick voluntariamente se internou em uma clínica de reabilitação e depois, já recuperado, isolou-se dos holofotes, com Lisa, nas duas fazendas onde criava cavalos árabes. Retornou às telas em 1995, como drag queen, em *Para Wong Foo, Obrigada por tudo, Julie Newmar,* e foi recompensado com a terceira indicação ao Globo de Ouro.

Os anos seguintes lhes trouxeram uma combinação de trabalhos no cinema e lesões físicas, incluindo uma perna quebrada em um acidente de equitação e a exposição ao monóxido de carbono durante um voo em seu avião particular. Mas foi em janeiro de 2008 que uma tragédia real atingiu Patrick Swayze, quando ele foi diagnosticado com um câncer no pâncreas no estágio IV (inoperável). Imediatamente o ator começou um tratamento no Stanford University Medical Center, enquanto os tabloides começaram a publicar uma interminável coleção de fotos e de notícias supostamente atuais, algumas das quais eram precisas e a maioria não, que tornaram pública sua intensa batalha contra a doença, mesmo contra a vontade de Patrick. Sua festejada aparição num especial de TV de setembro de 2008, *Stand Up to Cancer*, ajudou a levantar dinheiro e sensibilizou milhões de pessoas para os pacientes com câncer em todo o mundo.

Patrick terminou sua carreira fazendo o papel principal em uma série da A & E Network chamada *The Beast*. Estreou em janeiro de 2009, mesmo mês em que foi hospitalizado com pneumonia e em que revelou, durante uma entrevista a Barbara Walters, que os médicos haviam encontrado uma "massa minúscula" em seu fígado. Sua saúde se deteriorou rapidamente e se tornou impossível para ele promover o seriado, que foi cancelado em junho de 2009, enquanto os tabloides continuaram a exibir fotos dele cada vez mais raquítico, mas sempre ao lado de Lisa, como tinha estado durante quase 40 anos. Em 14 de setembro de 2009 Patrick Swayze perdeu a batalha contra o câncer no pâncreas aos 57 anos. Suas cinzas foram espalhadas em seu amado rancho no Novo México.

De Francine

Como inúmeros outros que se preparam para a viagem de volta ao Lar, Patrick começou a visitar o mundo dos espíritos e receber visitas dele bem antes de seu corpo morrer. Muitos bem-intencionados profissionais de saúde julgam que as conversas que ouvem são apenas delírios relacionados às doenças, mas eu lhes garanto que essas visitas são muito reais, sagradas e úteis para que a transição para a outra dimensão seja feita de modo pacífico e tranquilo. No momento em que Patrick deu o último suspiro, estava alegremente preparado para o eufórico reencontro que o aguardava no instante em que surgisse no túnel. Rebanhos de cavalos e alegres grupos de cães o cercaram, liderados por um garanhão árabe negro, até que finalmente o pai de

Patrick e sua irmã conseguiram atravessar a multidão e abraçá-lo. (Jesse Swayze foi um dos visitantes mais frequentes no hospital, aliás, contando-lhe sobre todos os detalhes do rancho de cavalos que ambos compartilhavam no Outro Lado.)

Patrick ficou profundamente comovido com sua viagem para a máquina de esquadrinhamento, admirado com o amor que o cercou durante toda a sua vida, especialmente por parte de sua esposa e melhor amiga Lisa, "a pessoa mais forte e corajosa que já conheci". Ele conta também que "senta-se à mesa da cozinha, observando-a".

Patrick viveu uma "recaída" bem rara de profunda tristeza depois de deixar a máquina de esquadrinhamento, e está atualmente em processo de acolhimento a seu próprio pedido, para se ajudar a passar por isso. Ele era uma pessoa muito discreta na Terra, tendo escolhido os difíceis temas salvador e solitário. Embora tenha enfrentado as batalhas contra o alcoolismo e o câncer com muita coragem, diz que nunca foi sua intenção que houvesse exposição pública. Mas, no momento em que elas se tornaram do conhecimento de todos, ele assumiu a responsabilidade do salvador típico de superar suas doenças, não só para si mesmo, mas também para todos aqueles que pudessem olhar para ele como alguém que "venceu as adversidades". Ele cumpriu a responsabilidade com seu triunfo sobre o alcoolismo, e tinha intenção – ao longo do caminho – de ser um sobrevivente do câncer, representando tantos outros que sofrem da mesma doença. Hoje ele está no acolhimento até ficar curado de sua equivocada percepção e do desgosto que ela lhe causa de achar que sua morte foi uma falha, e reconhecer a inspiração que representou para tantos com a dignidade, a generosidade e a determinação de sua longa e brava luta.

Quando Patrick sair da câmara de acolhimento, ele irá se reunir com seu pai no magnífico rancho de cavalos que eles compartilham com John Ritter e seu pai Tex. Apesar de todos os cavalos serem bem-vindos nesses vastos hectares de terra sem cercas, a fazenda parece atrair especialmente os cavalos árabes e frísios. Patrick e Jesse sentem o maior prazer em dar aulas de equitação, e muitos espíritos recém--chegados na orientação receberam enorme paz e cura das belas, delicadas e alegres criaturas do rancho Swayze-Ritter. Patrick também retornará a seu status como um valorizado professor de dança e de dramaturgia, embora tenha dito que não deseja mais atuar aqui. Os espíritos são incapazes de visitar qualquer pessoa na Terra enquanto estiverem no processo de acolhimento, mas Patrick deseja que Lisa e seu irmão Don saibam que ele os visitará em breve.

Clark Gable

Clark Gable foi chamado de "rei de Hollywood", título recebido pela condição de maior astro da indústria do cinema durante a década de 1930, e rei das bilheterias também. Ele era viril, encantador, maroto, o homem que você ia querer a seu lado em uma briga. Nascido em 1º de fevereiro de 1901 em Cadiz, Ohio, filho de William "Bill" Gable, perfurador de campos de petróleo, e de Adeline, perdeu a mãe aos dez meses, vítima de tumor no cérebro. Bill casou-se em 1903 com Jennie Dunlap, que mais tarde ensinaria seu enteado alto e tímido a tocar piano e a se vestir bem. Também incentivou seu amor pela palavra escrita, incluindo sonetos de Shakespeare, enquanto Bill apreciava os talentos "viris" de Clark como mecânico.

Depois de terminar a escola secundária, Clark iniciou a carreira de ator, fazendo turnês durante as temporadas de verão e intercalando-as com seu trabalho nos campos de petróleo com o pai. Finalmente, conseguiu a oportunidade de ir a Portland, Oregon, onde conheceu a professora de teatro Josephine Dillon. Ela reconheceu seu potencial físico, profissional e romântico, transformando tudo: postura, dentes, voz, penteado, dicção, peso corporal. Em 1924, ela levou o novo e melhorado Clark Gable a Hollywood, tornou-se sua empresária e se casou com ele, apesar da diferença de idade de 17 anos.

Clark conseguiu pequenos papéis em filmes, mas, como não encontrou trabalhos mais significativos a curto prazo, voltou ao palco, expandindo seu alcance em uma variedade de peças. Terminou na Broadway, onde seu desempenho como o desesperado Killer Mears em *The Last Mile* finalmente o catapultou de volta a Hollywood e a um contrato com a MGM, em 1930. Naquele mesmo ano, ele e Josephine Dillon se divorciaram, e o jovem astro imediatamente se casou com uma socialite do Texas com o nome imponente de Ria Franklin Prentiss Lucas Langham.

O *studio system* estava firmemente estabelecido quando Clark assinou com a MGM, que mantinha a atenção voltada para a imagem de suas estrelas tanto na tela quanto fora dela. A popularidade de Clark Gable começou a subir aos céus ao mesmo tempo em que sua personalidade viril e masculina começou a tomar forma. O estúdio sabiamente o colocou para contracenar com atrizes já conhecidas, do porte de Joan Crawford, Norma Shearer, Greta Garbo e Jean Harlow. Emprestado para a Columbia Pictures para *Aconteceu naquela noite*, ganhou o Oscar de melhor ator em 1934 pela atuação nesse filme e voltou para a MGM ainda mais bem-sucedido. A próxima indicação ao Oscar veio pela interpretação de Fletcher Christian em *O grande motim*, de 1935.

O segundo casamento definhou e morreu na década de 1930, deixando-o disponível, em 1939, para se casar com o amor incontestável de sua vida, a bela atriz de alto astral Carole Lombard. Diz a lenda que foi Carole Lombard quem primeiro sugeriu a ideia de escalar Clark Gable para o papel de Rhett Butler em *...E o vento levou*, o clássico de tirar o fôlego ao qual ele sempre foi carinhosamente associado. Seu desempenho surpreendente e a química entre ele e Vivien Leigh pareciam suficientes para garantir o Oscar de melhor filme de 1939, o que de fato aconteceu. Clark credita a esse filme o status de ator principal de que gozou pelo resto da carreira.

O casamento de Gable e Lombard foi, pela sua descrição, o momento mais feliz de sua vida pessoal. Carole tinha uma carreira de sucesso pelos próprios méritos, era ótima companheira de pescas e caçadas de Clark e seus amigos, e ainda o compreendia o suficiente para aturar sua infidelidade (incluindo idas e vindas durante dez anos com Joan Crawford). O casal comprou um rancho em Encino, Califórnia, e desejava ter filhos, mas a única gravidez de Carole terminou com um aborto espontâneo.

Em 16 de janeiro de 1942, três anos depois dessa união de almas gêmeas, Carole Lombard tinha acabado de filmar *Ser ou não ser* e embarcou no voo 3 da TWA, que retornava para o aeroporto de Burbank, na Califórnia, vindo de Indianápolis, onde ela havia feito campanha para a venda de títulos de bônus de guerra. Após uma parada em Las Vegas, o avião se desgovernou e bateu numa montanha. Não houve sobreviventes. Clark viajou para o local do acidente e tentou se juntar ao grupo de busca, mas o fogo intenso da aeronave, inflamado pelo combustível em chamas, provou que o salvamento seria impossível – o amor de sua vida havia partido.

Um mês depois da morte de Carole, Clark conseguiu voltar ao trabalho em *Ainda serás minha*, com Lana Turner. Seu desempenho foi perfeito, mas sua desolação era evidente para todos que o conheciam bem. Havia certa preocupação em torno do fato de ele ter começado a beber demais, em um esforço para atenuar o sofrimento. Clark continuava na fazenda de Encino, onde ele e a adorada esposa haviam sido tão felizes.

Em 1942, atendendo a uma sugestão feita por Carole, Clark se alistou na Força Aérea dos Estados Unidos como parte do esforço da Segunda Guerra Mundial. Foi treinado e serviu como artilheiro de cauda, chegando ao posto de major. Quando retornou a Hollywood, Clark se tornara um astro maior do que nunca, diante do heroísmo em nome de seu país.

Clark fez vários outros filmes para a MGM na década de 1940, mas se mostrava cada vez mais insatisfeito com a qualidade dos papéis que recebia. Em 1953 ele deixou o estúdio e começou a trabalhar de forma independente. Pegou Hollywood de surpresa ao se casar com *Lady* Sylvia Ashley, atriz e socialite britânica, em 20 de dezembro de 1949. O casal se divorciou em 21 de abril de 1952. Ele então se casou com Kay Spreckles, ex-modelo e atriz, em 1955, e ela deu à luz John Clark Gable, em 20 de março de 1961, quatro meses após a morte de Clark – foi o seu único filho "legítimo". A primeira filha do astro, nascida em 1935, foi fruto do caso com a atriz Loretta Young. Um esquema foi montado para esconder a gravidez: Loretta fingiu adotar a menina 19 meses depois do seu nascimento. O engodo ficou evidente, porque a garota cresceu parecendo uma combinação exata de Loretta Young e Clark Gable. Nenhum deles, porém, jamais reconheceu publicamente a paternidade ou maternidade.

Alguns filmes de Clark na década de 1950 foram bem-sucedidos, outros, desastrosos fracassos, mas em 1960 ele realizou o que muitos ainda consideram o melhor desempenho de toda a sua carreira em *Os desajustados*, seu último filme e também o último de Marilyn Monroe. Ele estava doente quando o filme começou, fumante e bebedor inveterado, com o coração enfraquecido. Poucos dias após terminar o trabalho em *Os desajustados*, Clark Gable morreu de ataque cardíaco em sua casa em Los Angeles, em 16 de novembro de 1960. Seu corpo está sepultado no Grande Mausoléu do cemitério Forest Lawn, em Glendale, Califórnia, ao lado de Carole Lombard, onde desejou estar durante tantos anos.

De Francine

O primeiro rosto que Clark viu assim que chegou ao Lar foi o de Carole, sua amada e adorada alma irmã. O segundo foi o de sua alma gêmea, e isso pode surpreender você: sua mãe, Adeline. Por conta de acordo estabelecido aqui do Outro Lado antes de ele nascer, Adeline esteve na Terra por tempo suficiente para garantir que o filho fosse um bebê forte e saudável. Então, pouco tempo depois do parto ela "saiu do caminho", a fim de que Clark tivesse um pai e uma madrasta que lhe dessem uma gama de habilidades que ele precisaria adquirir para realizar plenamente aquilo que estava programado em seu script. Clark sentia-se aliviado por ter abandonado seu corpo cansado, debilitado, muito agradecido por ter encontrado forças para terminar as gravações de Os desajustados, *e mais consciente do que ninguém de que lá na frente não haveria mais filmes e nada mais o esperava além do lento declínio. Ele disse mais de uma vez que, sem desrespeito nenhum a todos com quem trabalhou e que se importavam com ele, sua vida essencialmente acabou no dia em que a vida de Carole também acabou, e o resto do tempo não foi nada mais do que "atravessar aos tropeções uma neblina espessa".*

A máquina de esquadrinhamento o deixou atordoado e um pouco incrédulo com a viagem vertiginosa que desenhara para sua última encarnação. Ele adorava seu trabalho, amava seus muitos amigos, o estilo de vida que o sucesso lhe proporcionou e as várias formas com as quais foi abençoado. Mas pela primeira vez enxergou uma ironia em sua vida que o deixou um tanto abalado. Orgulhava-se de ser "homem", machão, "sempre lidando com minha testosterona e flexionando minha virilidade a cada instante. Mas, realmente, comprometer meu casamento com o amor de minha vida apenas para satisfazer meu ego com outras mulheres? E negar minha própria filha? Será que existe algo mais fraco do que agir assim?".

Clark, Carole e Adeline vivem em um modesto condomínio de bangalôs onde mora um grupo em constante mudança de atores, escritores e artistas que incluía de John Barrymore, Truman Capote, Pablo Picasso e Marilyn Monroe a Spencer Tracy e Katharine Hepburn. São um grupo estimulante, muito unido, que atua ativamente e nunca perde as apresentações dos amigos, sem falar nas palestras e exposições. Clark se dedica intensamente ao trabalho de orientação dos recém-chegados que lutaram contra o vício do álcool, e investe muita energia visitando pacientes em clínicas de reabilitação na Terra, "local ao qual eu pertencia, mas, por conta de meu falso orgulho e das desculpas esfarrapadas, fui covarde demais para me internar".

Ele e Adeline se tornaram cristãos devotos e ficam fascinados com os sermões e estudos bíblicos a que assistem regularmente em uma magnífica igreja ao ar livre localizada dentro de um círculo de palmeiras naquilo que corresponde à sua ilha de Kauai.

Clark nunca está longe de sua filha e de seu filho, embora não acredite que ambos sintam sua presença. "Eles nunca me conheceram na Terra. Que direito eu tenho de esperar que sintam minha presença agora?" Mas Clark pula de alegria na certeza de que seus dois netos estavam bem conscientes de suas cantigas de ninar para eles quando eram muito novinhos – de tempos em tempos, diz ele, sua neta começava a cantar junto com ele, e Clark se pergunta se este trecho da música ainda é familiar a ela:

Eu, minha amada,
Estou te vigiando,
Durante toda a noite.

Johnny Carson

O incomparável "rei da televisão na madrugada" nasceu John William Carson em 23 de outubro de 1925, em Corning, Iowa, filho de Ruth e Lee Homer Carson, que trabalhava na empresa de energia elétrica de Iowa. Tinha oito anos quando a família se mudou pra Norfolk, Nebraska: os pais e os três filhos: Johnny, sua irmã mais velha, Catherine, e seu irmão, Richard. Homer foi trabalhar em uma empresa que fornecia energia elétrica para dois estados.

A carreira de Johnny no entretenimento começou ali em Norfolk, quando ele tinha 14 anos e começou a atuar como mágico, "O Grande Carsini", em restaurantes da cidade. Depois de receber treinamento militar no Millsaps College, em Jackson, Mississippi, ele ingressou na Marinha em 8 de junho de 1943. Johnny foi enviado como sinaleiro e serviu no navio USS Pensilvânia, estacionado no Pacífico. Mais tarde se tornou oficial de comunicações, decodificando mensagens criptografadas.

Voltou para Nebraska quando os dias na Marinha terminaram e frequentou a Universidade de Nebraska, em Lincoln, onde se graduou em 1949, com um diploma em Comunicação mais uma especialização em Física. Em 1950 foi trabalhar na estação de rádio e televisão WOW, em Omaha, como redator e apresentador de um programa matinal chamado *The Squirrel's Nest*. De lá seguiu para Los Angeles a fim de trabalhar como locutor de anúncios na KNXT-TV, onde também apresentou um programa de humor chamado *Carson's Cellar*, de 1951 até 1953. Nesse mesmo ano o senso de humor de Johnny chamou a atenção de um telespectador habitual, o comediante Red Skelton, que o recrutou para seu programa semanal de variedades na televisão, *The Red*

Skelton Show, onde o jovem trabalharia como redator. Johnny ficou pouco tempo longe das câmeras. Uma noite, minutos antes de entrar no ar, Red Skelton colidiu com a porta que separava os estúdios e foi nocauteado. Johnny entrou no palco em seu lugar e, em instantes, apresentou o monólogo previsto para Skelton ao vivo e em rede nacional.

Da sala dos roteiristas de *The Red Skelton Show* ele voltou para a frente das câmeras, primeiro como apresentador do concurso de TV *Earn Your Vacation,* em 1954, e em seguida com seu próprio programa de variedades, *The Johnny Carson Show,* na temporada 1955-1956. Em seguida vieram dois concursos de TV – ele apresentou o *Who Do You Trust?,* onde trabalhou pela primeira vez com seu futuro braço direito, Ed McMahon, de 1957 até 1962, e durante os mesmos anos foi um dos membros da mesa que deviam adivinhar a identidade do convidado secreto no clássico programa *To Tell the Truth.*

Em 1962, Jack Paar deixou o cargo de apresentador depois de cinco anos no popular *Tonight Show*, citando o fato de que a pressão de colocar no ar uma hora de programa de televisão, cinco noites por semana, tinha-se tornado mais do que ele podia suportar. Em 1º de outubro de 1962, Johnny Carson fez sua estreia como apresentador de *The Tonight Show*, com Ed McMahon a seu lado. Daquela noite até sua aposentadoria, em 22 de maio de 1992, ele governou a TV no último horário da noite, ganhou seis prêmios Emmy e traçou seu caminho para fazer parte da cultura americana. Em todo o País, em todos os lugares – do campus da faculdade até os asilos –, a pergunta: "Você viu a entrevista ontem?" poderia ser respondida com um "Não", mas nunca com um "Que entrevista?". Na primeira noite Johnny entrevistou o lendário Groucho Marx. Na sua última, foi homenageado com uma serenata pela superestrela Bette Midler, em um evento que se tornou um clássico da televisão americana. Johnny entrevistou todo mundo, de políticos a músicos, comediantes e atores dramáticos, garantindo algumas carreiras e comprometendo outras, sempre mantendo suas opiniões políticas para si mesmo, por acreditar que sua missão era ser artista, não comentarista. Ele dizia mais com um simples olhar para a câmera do que com um discurso prolixo, e ninguém apreciava mais um verdadeiro talento do que ele.

Ninguém foi mais franco e, às vezes, mais envergonhado do que Johnny ao falar sobre seus múltiplos casamentos, alguns dos quais tiveram um fim bastante caro financeiramente falando. A primeira de suas esposas, mãe de seus três filhos, foi Joan Wolcott. Foi aparentemente um casamento infeliz para ambos, que durou de 1949 até 1963. Em seguida veio Joanne Copeland, com quem se casou logo após o rápido processo de divórcio de Joan Wolcott, em 1963. Johnny e Joanne se divorciaram em 1972. Ela recebeu dinheiro e obras de arte no valor de meio milhão de dólares, além de 100 mil dólares anuais pelo resto de sua vida. A esposa número três foi a ex-modelo Joanna Holland. Ela e Johnny se casaram em 30 de setembro de 1972, pouco mais de um mês após o divórcio de Joanne Copeland ser finalizado. Joanna pediu o divórcio em 8 de março de 1983, e, graças às leis da Califórnia quanto à comunhão de bens, saiu do casamento com 20 milhões de dólares em dinheiro e bens. Por último, mas não menos importante, veio Alexis Maas, que tinha 35 anos quando se casou com Johnny Carson, na época com 61. Era 1987 e eles nunca se divorciaram.

Sem dúvida, a maior tragédia de sua vida foi a morte do filho Richard, em 21 de junho de 1991, aos 39 anos, quando seu carro despencou num aterro íngreme na Autoestrada 1, perto de San Luis Obispo, na Califórnia. Johnny dedicou uma parte do programa, dias depois, a um tocante tributo a seu filho.

A saída de Johnny de *The Tonight Show*, em 1992, não era necessariamente destinada a ser sua aposentadoria definitiva do show business. Ele deixou claro no início que poderia voltar à

TV se surgisse um novo projeto suficientemente atraente. Mas, exceto por algumas apresentações em *The Late Show with David Letterman* e uma homenagem a Bob Hope em 1993, a pausa veio a ser permanente, afinal. O notório e quase recluso rei do horário noturno da TV, recolhido à sua vida privada, passou os últimos anos curtindo tranquilamente sua casa em Malibu. Ele estava dormindo, em 19 de março de 1999, quando foi despertado por fortes dores no peito. Johnny foi levado para o Hospital Santa Monica e submetido a uma cirurgia de ponte de safena de emergência, da qual se recuperou.

Em 23 de janeiro de 2005, às 6h50, Johnny Carson morreu de parada respiratória no Centro Médico Cedars-Sinai, em Los Angeles, depois de lutar durante anos com um enfisema. Estava com 79 anos. Em respeito aos desejos da família, seu corpo foi cremado e nenhum velório público foi realizado.

De Francine

Johnny saiu do túnel para os braços de seus pais, uma tia e seu filho, Richard. Em êxtase por estar livre de seu corpo eternamente em luta para sobreviver, Johnny se viu quase em estado de choque por se encontrar em uma atmosfera sagrada, de tanta paz e felicidade. Comentou várias vezes que nunca percebera o quanto estava deprimido ao longo de sua mais recente encarnação até chegar em casa e reencontrar a felicidade. Sua depressão veio de uma série de difíceis conflitos que programou para si mesmo naquela que anunciou rapidamente como sua última encarnação, composta pelos temas mutuamente desafiadores: controlador e solitário. Ele se tornou lendário por ser um anfitrião incomparável para uma grande variedade de pessoas, mas fora das câmeras havia muito poucas pessoas de cuja companhia ele gostava ou com quem se sentia à vontade – na verdade, se pudesse escolher, preferiria o mínimo convívio social possível. Ele gostava do poder que veio a exercer sobre incontáveis carreiras, mas isso ao mesmo tempo o deixou mais vigilante e desconfiado, sabendo que muitas vezes era "querido e apreciado" apenas por causa das muitas portas que poderia abrir. Johnny era extremamente leal, mas sabia ser rápido para pôr fim a uma relação ao menor sinal de deslize. Gostava de ser amado, mas era, em suas próprias palavras, "um desastre" quando se tratava de demonstrar intimidade.

Diante de todos os conflitos que ele se via enfrentando enquanto se desenrolava seu período na máquina de esquadrinhamento, e da depressão contra a qual havia lutado por tanto tempo, Johnny dedicou vários meses – medidos em seu tempo na Terra – a passar pela orientação antes de se sentir pronto para retomar e apreciar plenamente a vida do Outro Lado.

Sua paixão escolhida aqui é a astronomia, que ele ensina e pesquisa. Ele também gosta de jogar tênis, velejar e cantar, atividades para as quais sempre desejou ter mais talento enquanto esteve na Terra. Aqui em casa ele tem uma bela voz de barítono e adora se apresentar com Rock Hudson, que também era um cantor frustrado na Terra, mas é excelente em sua vida aqui. Johnny vive sozinho em uma casa que diz ser uma duplicata perfeita de sua residência em Malibu.

Um dos grandes arrependimentos de sua última encarnação foi o "completamente injusto, absolutamente imperdoável" estranhamento temporário com seu filho Richard, pelo qual assume total responsabilidade. Johnny é grato pela amizade de que agora desfrutam.

Sharon Tate

Uma das mais belas e, segundo dizem todos, mais doces estrelas em ascensão de Hollywood na década de 1960, Sharon Tate nasceu em Dallas, Texas, em 24 de janeiro de 1943. Ela e suas duas irmãs mais novas, Patti e Debra, eram filhas do coronel Paul Tate e de sua esposa, Doris. As frequentes mudanças exigidas pelo Exército (seis cidades diferentes em sete anos) afetaram Sharon de duas maneiras profundas: ela aprendeu a fazer amizade rapidamente e a manter essas amizades muito tempo depois de a família Tate haver se mudado de novo, e desenvolveu para sempre uma forte ligação com sua família.

A beleza era natural – ela ganhou o primeiro título, "Miss Tiny Tot of Dallas" aos 6 meses. Apesar da intenção inicial de se tornar psiquiatra e não atriz, ela encontrou o sucesso em sua adolescência ao participar de um concurso de beleza e trabalhar como modelo, e logo a sedução de Hollywood começou a tentá-la. Sua primeira participação nas telas aconteceu por acaso. Com 18 anos, Sharon estava andando na rua quando um coreógrafo de um especial de Pat Boone se aproximou e perguntou se ela estaria disposta a fazer uma breve aparição no show. Sharon ficou emocionada com o convite. Ganhou a permissão de seus pais para aceitá-lo, desde que um guarda se postasse durante toda a noite na porta do quarto de hotel onde a garota ficaria hospedada. A condição foi cumprida, e Pat Boone fez uma serenata para a jovem e espetacular Sharon Tate, em rede nacional, em 1961.

Outra promoção e outra mudança enviaram o coronel Tate e sua família para a Itália, em 1962. O filme *Adventures of a Young*

Man, baseado na obra de Ernest Hemingway e estrelado por Paul Newman e Richard Beymer, estava sendo rodado perto da nova casa dos Tate em Verona. Sharon e alguns amigos foram visitar as locações, e ela rapidamente chamou a atenção de Richard Beymer. Depois de alguns encontros casuais, o ator lhe deu o cartão de visitas de seu agente, o poderoso Hal Gefsky, e incentivou a jovem a começar sua inevitável carreira no show business.

A família Tate voltou aos Estados Unidos, Sharon foi para Hollywood, e Hal Gefsky finalmente assinou um contrato de representação com ela, unindo forças para desenvolver cuidadosamente suas habilidades e sua preparação para o estrelato com o presidente da Filmways, Marty Ransohoff. Finalmente Gefsky e Ransohoff decidiram que Sharon estava pronta para a estreia oficial e a lançaram em um papel importante no filme *Eye of the Devil*, de 1965, estrelado por David Niven, Deborah Kerr e David Hemmings. Sharon tinha começado um relacionamento com o cabeleireiro das estrelas Jay Sebring em 1964, e com ele viajou para a Inglaterra e a França, onde o filme foi rodado.

Em 1966, Ransohoff estava escalando o elenco e coproduzindo um filme chamado *A dança dos vampiros* com o diretor polonês Roman Polanski. Polanski decidira contratar a futura estrela Jill St. John para um importante papel feminino, mas Ransohoff o convenceu a contratar, em vez dela, a jovem Sharon. Polanski e Sharon não se encantaram um com o outro logo na primeira vez, mas, à medida que as filmagens na Itália prosseguiam, a relação evoluiu para um romance sério.

O passo seguinte para Sharon veio na forma de uma comédia medíocre chamada *Não faça onda*, com Tony Curtis, em que seu guarda-roupa consistia principalmente de um biquíni. Ela estava mortificada pelo filme e começou a se referir a si mesma, sarcasticamente, como "aquela euzinha sexy". Para aumentar sua infelicidade havia o fato de ela estar longe de Polanski, que ainda se encontrava na Itália fazendo a pós-produção de *A dança dos vampiros*. A única coisa de que Sharon gostou e que valorizou em *Não faça onda* foi o fato de ela e Tony Curtis iniciarem uma estreita amizade que duraria pela vida toda.

Depois desse filme veio outro que valorizava mais a sua beleza do que a sua capacidade de atuar, com um roteiro baseado em um dos livros mais vendidos de todos os tempos, que ela considerava "desprezível" – *Vale das bonecas*, de Jacqueline Susann. Sharon aproveitou a ocasião, deu o melhor de si e conseguiu ficar fora da zona de guerra em que se transformou o *set* de filmagens. A moral reinante havia se deteriorado seriamente quando o elenco deixou de acreditar que estava trabalhando em um filme importante, de prestígio, e passou a se sentir preso a um constrangimento irreparável.

A boa e má notícia se revelou: o drama ansiosamente aguardado conhecido como *Vale das bonecas* foi saudado com uma onda de risos involuntários quando estreou, em 14 de novembro de 1967. Tornou-se um clássico cult, e é provavelmente o filme mais lembrado de Sharon Tate. Ela foi destaque na revista *Esquire*, na *Playboy* e em incontáveis revistas de cinema ao redor do mundo. A *Playboy* declarou oficialmente que 1967 foi "o ano em que Sharon Tate aconteceu".

Enquanto Sharon filmava *O vale das bonecas*, Polanski estava ocupado filmando seu maior sucesso comercial, *O bebê de Rosemary*. Eles se reuniram em Londres logo que seus respectivos filmes foram concluídos, e, em 20 de janeiro de 1968, a dupla que a imprensa mundial havia proclamado como o epítome dos hippies ricos se casou, Sharon com um minivestido branco e Polanski usando roupas que foram descritas de uma "elegância eduardiana". O grande "problema" de Sharon, segundo Polanski declarou, era a recusa dele em comprometer-se com a monogamia, embora ela lhe fosse totalmente dedicada e ter sido citada como autora da seguinte frase: "Temos um bom arranjo. Roman me conta mentiras, e eu finjo que acredito".

De volta a Los Angeles, o casal Polanski foi celebrado e recebido por uma multidão de pessoas diferentes, deslumbrantes e que sem dúvida representavam a nata cultural de Hollywood. Sharon em especial adorava o fato de a mansão alugada em Beverly Hills viver invariavelmente cheia de amigos e amigos dos amigos, e todos se sentiam à vontade e bem-vindos.

Ela voltou a trabalhar no verão de 1968 em um filme de Dean Martin chamado *A arma secreta de Matt Helm*; foi indicada para um Globo de Ouro como revelação do ano e estava profundamente agradecida pela ascensão em sua carreira. No final daquele mesmo ano Sharon ficou em êxtase ao saber que estava grávida. Como resultado dessa notícia, ela e Polanski se mudaram em 15 de fevereiro de 1969 para uma casa que Sharon chamou de "casa do amor", um lugar que ela tinha admirado todas as vezes em que visitara seus amigos Terry Melcher e Candice Bergen – uma propriedade privada fechada com portões e que ficava acima de Beverly Hills, em Benedict Canyon, na Cielo Drive 10050.

Em março de 1969, apesar das preocupações de Polanski quanto a Sharon viajar durante a gravidez, ela partiu para a Itália a fim de filmar uma comédia com o lendário Orson Welles chamada *12+1*, enquanto Polanski foi a Londres dirigir *O dia do golfinho*. Em sua ausência, os amigos Wojciech Frykowski e Abigail Folger se hospedaram na casa da Cielo Drive. Sharon visitou Polanski em Londres quando terminou seu trabalho, mas logo voltou para Los Angeles, sozinha, em 20 de julho de 1969. Polanski prometeu voltar para casa em 12 de agosto, a tempo para o nascimento do bebê, e pediu a Frykowski e Folger que ficassem na casa da Cielo Drive com Sharon até então.

Na noite de 8 de agosto de 1969, Sharon Tate, Jay Sebring, Abigail Folger e Wojciech Frykowski foram jantar no popular El

Coyote Restaurant, retornando para casa por volta das 22h30. Seus corpos foram descobertos na manhã seguinte pela empregada; todos eles tinham sido assassinados no que se tornaria um dos mais notórios e horríveis crimes do século XX. Charles Manson e sua "família" foram finalmente julgados e condenados pelo assassinato sem sentido e absurdo e sentenciados a passar o resto da vida na prisão. Para acrescentar mais um dado à longa lista de tragédias resultantes, os crimes e quem os cometeu foram tão expostos à mídia que a maravilhosa Sharon Tate ficou mais famosa pela maneira como morreu do que pelo modo doce, generoso e talentoso como viveu. Ela foi enterrada em 13 de agosto, no Holy Cross Cemetery, perto de Los Angeles, segurando o filho nos braços.

De Francine

Sharon foi recebida no Outro Lado por uma mulher baixinha com cabelos loiros e grisalhos, que acredito ser sua avó, e por uma multidão de amigos daqui do Lar e de suas 12 vidas passadas. Ela é tão amada aqui quanto era na Terra, por ser tão especialmente dotada, por ser uma amiga atenciosa. Houve um alívio generalizado quando todos a viram tão em paz, apesar do final chocante daquela que foi sua última encarnação, segundo Sharon diz. Seu espírito-guia, Amélia, escoltou-a até a máquina de esquadrinhamento, de onde ela saiu cheia de luz e compreensão sobre sua vida e morte.

Ela havia montado seu script de forma que fosse bela e talentosa o suficiente para adquirir fama e respeito de seus colegas e ser uma pessoa suficientemente importante para fazer amigos com facilidade e causar impacto sobre aqueles que a conheceram, o que serviu a seu destino – Sharon Tate é um excelente exemplo de um espírito que nunca teve a intenção de viver uma vida longa e que sabia que sua morte, de alguma forma, iria servir a um bem maior. Se tivesse sido menos famosa e menos adorada, sua morte teria sido muito menos divulgada, a determinação para solucionar aqueles assassinatos não teria sido tão intensa e dezenas de vidas mais teriam sido desnecessariamente tiradas pela família Manson, se Sharon não estivesse entre as vítimas.

Ela é inflexível sobre o fato de que, se tivesse continuado a sua vida, teria deixado Roman Polanski. Os prolongados períodos em que ficou distante dele a fizeram perceber, em função do fato de não poder confiar nele como marido, que jamais poderia contar com ele como o tipo de pai que ela acreditava que todo bebê deveria ter. Sharon também percebeu que, como resultado de sua admiração por ele, tendia a se sentir inferior ao lado de Roman, e se sentia mais feliz, forte e saudável quando não estavam juntos.

Sharon vive com um pequeno grupo de amigos em uma casa verde de dois andares, cercada por um bosque de altos pinheiros. Passa a maior parte de seu tempo na sala de espera nas Torres, cuidando dos bebês que estão prestes a entrar em um feto na Terra. Ela tem um jeito calmo e reconfortante com eles e teria sido uma mãe maravilhosa. Sharon visita uma amiga em sua dimensão chamada Shirley ou Sheila, assim como sua irmã Debbie, e quer que esta saiba quão orgulhosa ela se sente sobre seu trabalho como advogada de defesa de vítimas de abuso e violência doméstica.

Ela foi a primeira a cumprimentar seus pais e sua irmã Patti quando chegaram ao Lar, e os quatro raramente são vistos separados, tão dedicados uns aos outros aqui como eram quando estavam na Terra.

Natalie Wood

A carreira de Natalie Wood no cinema começou quando ela estava com quatro anos de idade e terminou muito cedo, aos 43, com sua morte por afogamento. Natalia Zakharenko nasceu em San Francisco, em 20 de julho de 1938, filha do casal de imigrantes russos Nikolai, arquiteto, e Maria, bailarina. (A irmã de Natalie, Svetlana, nasceu oito anos depois, em 1946, e ficou conhecida como Lana Wood, atriz e produtora.) Nikolai e Maria mudaram o sobrenome para Gurdin quando Natalie ainda era criança. A família logo se mudou para o norte de Santa Rosa, onde Maria, já determinada a fazer de sua filhinha uma estrela, levou-a para fazer um teste para o filme *O filho pródigo*, protagonizado por Don Ameche, que estava sendo filmado na cidade. Natasha Gurdin (Natasha é o diminutivo de Natalia) foi escalada para o papel não creditado de uma menina que deixa cair o sorvete. Era o incentivo que Maria precisava para insistir que a família se mudasse para Hollywood a fim de que a menina pudesse tentar a carreira de atriz.

Maria estava certa. A Warner Bros. rapidamente mudou o nome da garotinha para Natalie Wood e a escalou, aos sete anos, para o papel de uma órfã alemã em *O amanhã é eterno*, com Orson Welles e Claudette Colbert, e logo depois para *O fantasma apaixonado*, estrelado por Rex Harrison e dirigido pelo famoso Joseph Mankiewicz. Em seguida veio o clássico *De ilusão também se vive*, no qual ela interpretava a menininha que não acreditava em Papai Noel, o que garantiu sua fama como a nova sensação infantil de Hollywood. Com 16 anos Natalie já havia aparecido em 16 filmes e trabalhado com alguns dos maiores nomes da indústria cinematográfica.

Natalie Wood foi uma das poucas estrelas infantis que fizeram uma transição suave para a adolescência. Aos 16 anos foi escalada para o papel que traria sua primeira indicação ao Oscar de melhor atriz coadjuvante e que lhe permitiu atuar ao lado de futuros astros como James Dean e Sal Mineo, em *Juventude transviada*, de 1955. Ansiosa para chegar à idade adulta, Natalie namorou o diretor do filme, Nicholas Ray, 25 anos mais velho, e mais tarde o ator Scott Marlowe. Namorou também um astro do rock em ascensão, Elvis Presley, e então veio Robert Wagner.

Natalie contou que, quando tinha dez anos e viu o belo ator oito anos mais velho caminhando por um corredor da Twentieth Century Fox, virou-se para a mãe e anunciou: "Vou me casar com ele". Em seu aniversário de 18 anos ela foi ao seu primeiro encontro com Robert Wagner, então com 26 anos, e os dois se casaram em 28 de dezembro de 1957. Separaram-se em 1961 e se divorciaram oficialmente em 1962, mas esse fato estava longe de ser o fim da história.

Natalie foi escalada para atuar em *Rastros de ódio*, um western de John Ford estrelado por John Wayne. A jovem atriz ainda encontrou tempo para se formar na Van Nuys High School em 1956, o que não chegou nem aos pés do Globo de Ouro que ganhou em 1957, como revelação do ano. Depois de *Até o último alento*, em 1958, ao lado de Grace Kelly, Natalie estrelou um de seus filmes mais memoráveis, dirigido por Elia Kazan, *Clamor do sexo*, com o já popular Warren Beatty, o que lhe valeu a segunda indicação ao Oscar. Ela se estabeleceu então como talento versátil em 1961, protagonizando a versão cinematográfica do musical de Leonard Bernstein *Amor, sublime amor* e, um ano depois, em *Em busca de um sonho*. A terceira indicação ao Oscar veio em 1963 pelo desempenho em *O preço de um prazer*, com o galã Steve McQueen.

Sua vida profissional prosperava claramente no início dos anos 1960, mas Natalie estava perdendo a luta para equilibrar com sucesso o casamento e a carreira. A tensão aumentava à medida que seu casamento enfrentava obstáculos, e então ela pediu o divórcio. Foi quando a bela atriz se viu envolvida em uma sequência de fracassos de bilheteria e, durante o verão de 1966, depois de cair em profunda depressão, tomou uma overdose de pílulas para dormir, atitude que confessou mais tarde ter sido uma tentativa de suicídio.

Quando 1969 começou, Natalie ainda não estava totalmente recuperada, embora viesse se reerguendo lentamente. Foi nessa época que atuou no aclamado *Bob & Carol & Ted & Alice*, com Robert Culp, Elliot Gould e Dyan Cannon, e se casou com Richard Gregson, produtor e agente britânico de sucesso, a quem havia namorado durante dois anos. Sua filha, Natasha, nasceu em 29 de setembro de 1970, e Natalie parecia ter encontrado a vida familiar estável que procurava desde a infância. Infelizmente, no ano de 1971, ela teria ouvido uma conversa telefônica inadequada e inequivocamente íntima entre o marido e sua secretária. Sentindo-se duplamente traída, a atriz demitiu a secretária e pediu o divórcio.

No início de 1972, ela encontrou por acaso o ex-marido, Robert Wagner, em uma festa e eles retomaram o relacionamento. Três meses depois do divórcio de Richard Gregson, em 16 de julho de 1972, Natalie Wood casou-se novamente com Robert Wagner em Malibu. Sua filha Courtney nasceu em 9 de março de 1974, e o casamento durou até o fim prematuro da vida de Natalie. Não querendo repetir a experiência estressante de equilibrar a vida de casada e a de atriz, Natalie colocou o máximo de sua atenção no marido e na filha, e só aceitou participar da versão televisiva de *Gata em teto de zinco quente*, com Laurence Olivier, em 1976, quando seu marido foi contratado para estrelar o filme junto com ela.

Em 1979, Natalie ganhou o Globo de Ouro de melhor atriz pela minissérie *A um passo da eternidade*, mas seus próximos dois trabalhos foram um fracasso de crítica e de público. Ansiosa para que sua carreira entrasse de volta nos trilhos, Natalie colocou as esperanças num filme de ficção científica chamado *Projeto Brainstorm*.

Com locações externas em Raleigh, Carolina do Norte, as gravações terminaram em outubro de 1981. O elenco e a equipe técnica voltaram para Los Angeles em novembro para filmar as sequências interiores. Em 28 de novembro, Natalie, Robert Wagner e Christopher Walken, que atuava com Natalie, partiram para a ilha Catalina a bordo do iate de Wagner, "Splendor". Tarde da noite, em 29 de novembro, Natalie desapareceu do iate. Assustado, Wagner alertou a Guarda Costeira, que, depois de uma busca que durou toda a noite, encontrou o corpo de Natalie Wood a quase 200 metros, na praia, ainda envolto no casaco de lã que ela usava quando foi vista a bordo pela última vez.

Os tabloides de Hollywood queriam compartilhar todos os boatos, quanto mais sensacionalistas melhor, sobre uma morte repentina, um iate na escuridão do mar e três estrelas da mais alta grandeza. Mas, depois da autópsia e de uma investigação policial, a triste conclusão foi simples: depois de vários copos de vinho, Natalie havia ido para o escaler do iate, ou para embarcar nele ou para prendê-lo mais firmemente; embriagada, caiu no mar. Ela não era boa nadadora, tinha medo permanente das águas escuras, então provavelmente entrou em pânico, tentando sem sucesso subir ao escaler com o pesado casaco de lã encharcado pela água do mar puxando-a para baixo. Natalie deve ter ido à deriva, longe demais do iate para que seus gritos fossem ouvidos, e se afogou no Pacífico próximo à costa de Catalina.

No rescaldo da morte prematura e chocante de Natalie Wood com apenas 43 anos, o filme *Projeto Brainstorm* foi concluído com um final reeditado, com alguns truques de câmera e uma dublê. Lançado em 1983, não chegou a ser um sucesso de crítica nem de público, mas ainda é reverenciado como a última obra de uma das estrelas mais memoráveis de Hollywood. Natalie foi sepultada no Westwood Village Memorial Park Cemetery.

De Francine

Natalie fez a transição da Terra para o Outro Lado instantaneamente, mas estava compreensivelmente surpresa ao sair do túnel logo após sua morte súbita. Ela foi recebida pelo velho amigo Steve McQueen (que havia acabado de chegar) e por uma mulher bem pequena que, como todos os espíritos aqui o fazem, cumprimentou-a assim que Natalie apareceu, usando a mesma aparência que apresentava na Terra, de forma que pudesse ser reconhecida: cabelo grisalho bem puxado para cima em um coque, grandes olhos penetrantes, nariz proeminente e lábios finos. (Natalie diz que sua família vai saber imediatamente quem é a mulher com base nessa descrição.) Como Natalie foi uma pessoa emocionalmente sensível durante a vida passada, foi cuidadosamente vigiada durante o tempo que passou na máquina de esquadrinhamento, mas fez uma adaptação rápida e pacífica para estar em casa e se achava tão ansiosa para retomar a vida do Outro Lado que não foi necessário passar pelo período de acolhimento.

Apesar de ninguém na Terra ter permissão para ver seu script enquanto estiver por lá, existem aqueles com certa aptidão para lembrar-se de algumas passagens e fragmentos dele, embora não tenham consciência disso. Natalie era uma dessas pessoas. Ela sabia, já aos dez anos de idade, ao ver Robert Wagner pela primeira vez, que ele era o homem com quem se casaria – e não uma, mas duas vezes. O medo que sentira de águas escuras e profundas ao longo de toda a vida era a lembrança de ter determinado um ponto de saída em seu script que tinha que ver com águas escuras. Na verdade, se você conversar com aqueles que estavam mais próximos dela, vai descobrir que ela era extremamente intuitiva, o que era ao mesmo tempo parte de sua força e de sua fragilidade.

Natalie deseja que suas filhas saibam que não passa um dia sem que ela as visite, especialmente quando estão dirigindo sozinhas. Ela costuma dizer que as filhas a ensinaram sobre o amor e as prioridades na vida, e que nada para ela era mais importante do que ser mãe. Também quer assegurar-lhes que está em paz sobre a noite em que morreu e que "todos que precisavam sabem o que aconteceu". Não há nada a dizer além disso, e ela está contente por saber que as filhas foram em frente e se tornaram mulheres bonitas e interessantes.

Sua vida aqui no Lar é natural e alegremente ocupada. Ela gosta de estar com os amigos queridos de sua vida mais recente – Steve McQueen, James Dean, Elvis Presley, Sal Mineo, Bette Davis e uma inglesa chamada Judy Fox de quem ela parece muito próxima, bem como os entes queridos de suas 23 encarnações passadas. Atua e ensina balé, além de estar treinando para trabalhar nas câmaras de acolhimento. Natalie não tem nenhuma intenção de encarnar novamente, mas quer se tornar um espírito-guia para um conhecido no Outro Lado que se prepara para outra vida e escolheu temas de vida idênticos aos dela, rejeição e buscas estéticas.

Elvis Presley

Em 8 de janeiro de 1935, em uma casa de dois cômodos em Tupelo, Mississippi, construída por Vernon Elvis Presley, sua esposa Gladys Smith Presley deu à luz gêmeos idênticos. O primeiro, Jessie Garon, morreu no parto; 35 minutos após a chegada malsucedida de Jessie, o segundo gêmeo, Elvis Aron, nasceu saudável e, como diz o ditado, "pronto para botar pra quebrar". Os Presley eram uma família muito unida e viviam cercados por tios, tias, avós e primos em Tupelo. Vernon fazia biscates para manter a esposa e o filho acima da linha da pobreza. Quando ele ficou preso durante oito meses por ter passado cheques sem fundo, Gladys perdeu a casa e, junto com Elvis, foi morar com parentes. O primeiro contato do menino com a música gospel foi na Assembleia de Deus, que ele frequentava com a família, e isso repercutiu em toda a sua vida, assim como sua rádio favorita, que tocava música country, e o blues que era cantado nas varandas e esquinas do bairro predominantemente negro onde os Presley moraram durante algum tempo.

Elvis tinha dez anos quando fez a primeira apresentação pública. Em cima de uma cadeira, a fim de alcançar o microfone, ele cantou uma canção chamada "Old Shep" em um concurso de talentos na Mississippi-Alabama Fair and Dairy Show. Ganhou cinco dólares pelo quinto lugar. Em seu aniversário de 11 anos, o garoto ficou decepcionado ao saber que, em vez da bicicleta que estava esperando, seus pais lhe presentearam com uma guitarra, mais acessível, que custara 12,95 dólares. O pastor da igreja e dois de seus tios lhe deram as primeiras aulas de violão, e o garoto solitário e meio tímido encontrou na guitarra uma amiga de confiança, que passou a levar à escola para praticar na hora do almoço e nos intervalos.

Em novembro de 1948, Vernon, Gladys e o filho se mudaram para Memphis, no Tennessee, esperando encontrar melhores oportunidades de trabalho. Estabeleceram-se em uma casa financiada pelo governo, todos trabalhavam como podiam, enquanto Elvis estudava na LC Humes High School. Ele raramente era visto sem seu violão, e começou a passar muito tempo na Beale Street, o coração do blues em Memphis. Ele adorava música e roupas, da mesma forma que continuou a amar o gospel e a procurar conhecer seus melhores intérpretes. Não apenas seu estilo musical vinha tomando forma como seu estilo pessoal evoluía: as roupas espalhafatosas, as costeletas e os cabelos negros bem penteados para trás destacavam-no dos colegas da escola e ofereciam uma prévia da lenda que ele se tornaria mais tarde.

Em agosto de 1953, dois meses depois de receber o diploma do ensino médio, Elvis entrou na Sun Records, em Memphis, querendo comprar bastante tempo no estúdio para gravar duas músicas: "My Happiness" e "That's When Your Heartaches Begin". Sam Phillips, dono da gravadora na época, anotou depois da sessão: "Elvis Presley. Bom cantor de baladas. Segurar".

A partir daí, depois de algumas rejeições em outras gravadoras, apresentações que não deram certo, um emprego como motorista de caminhão, opiniões de que ele nunca teria sucesso como cantor e acusações de que seria "um perigo para a segurança dos Estados Unidos" pela maneira como rebolava os quadris ao ritmo das músicas que cantava, Elvis Presley conseguiu, no final de 1956, um empresário (o "coronel" Tom Parker), um contrato com a RCA Records, seu primeiro disco a chegar ao número um das paradas ("Heartbreak Hotel") e uma sequência de aparições na televisão em rede nacional, que culminaram em três apresentações triunfantes no *Ed Sullivan Show*. No final de sua terceira apresentação, Ed informou à plateia e ao País que Elvis era "realmente uma rapaz decente e educado", dando sua bênção para o cobiçado estrelato que viria.

Em 1957, Elvis comprou Graceland, a mansão em meio a 13,8 hectares de terra em Memphis, e orgulhosamente se mudou para lá com os pais. Graceland continuou a ser sua casa para o resto da vida, e foi lá, em 1958, que sua amada mãe, Gladys, morreu enquanto Elvis estava servindo no Exército.

Foi também enquanto servia no Exército na Alemanha, de 1958 até março de 1960, que Elvis foi apresentado ao Caratê, às anfetaminas e a uma bela garota de 14 anos chamada Priscilla Beaulieu, que ele trouxe para Graceland quando o seu serviço militar terminou, em 1960. Casaram-se em Las Vegas em 1º de maio de 1967, e exatamente nove meses depois Priscilla deu à luz sua única filha, Lisa Marie. O casamento acabou em divórcio em agosto de 1972, e Elvis e Priscilla concordaram em partilhar a guarda da menina.

Contrariando os receios de Elvis, sua popularidade não diminuiu durante a ausência provocada pelo serviço militar, e ele gravou alguns de seus maiores sucessos no início da década de 1960. Infelizmente, uma enxurrada de filmes malfeitos e lançados simultaneamente, o que o próprio Elvis achava embaraçoso – 27 deles foram lançados entre 1961 e 1970 –, acabou comprometendo sua credibilidade e sua popularidade. Em 1968, ele estrelou o que veio a ser chamado de seu "Retorno Triunfal", um especial de TV de uma hora brilhantemente concebido e gravado, sua primeira apresentação "ao vivo" desde 1961. Foi o show de maior audiência da NBC na temporada. Foi mágico. Elvis nunca havia cantado tão bem, e isso desencadeou um ressurgimento sem precedentes de sua carreira. Os pedidos de shows vinham de todos os lugares do mundo.

Até o início dos anos 1970, apesar das turnês espetacularmente bem-sucedidas e da gravação de novos álbuns, a saúde de Elvis começou a declinar perigosamente enquanto ele lutava contra o sobrepeso e, ao mesmo tempo, uma crescente dependência de medicamentos receitados por seus médicos. Seu desempenho nos shows se tornou cada vez menos confiável, pois ele algumas vezes beirava a incoerência. Em certas ocasiões Elvis se mostrava nervoso e consciente de que estava engordando cada vez mais, deixando sua dor emocional cada vez mais visível. Quando não estava no palco, Elvis se isolava em seu quarto com um grupo de amigos mais íntimos e se mostrava cada vez mais paranoico, obsessivo e com medo de germes e micróbios.

Em 26 de junho de 1977, Elvis Presley fez o que acabou se tornando seu último show, no Market Square Arena, em Indianápolis. Ele planejava sair de Memphis novamente para iniciar uma turnê na noite de 16 de agosto. Mas naquela tarde sua noiva Ginger Alden o encontrou desfalecido sobre o piso do banheiro de Graceland. Elvis foi declarado morto às 15h30 no Baptist Memorial Hospital. A autópsia indicou que a causa da morte foi arritmia cardíaca, mas uma investigação policial contra o médico principal de Elvis, Dr. Nichopoulos, conhecido como Dr. Nick, mais tarde estabeleceu que – apesar de ele não poder ter sido responsabilizado diretamente pela morte do astro – apenas nos primeiros oito meses de 1977 "ele havia receitado mais de 10.000 doses de sedativos, anfetaminas e outros medicamentos, tudo em nome de Elvis". A licença do Dr. Nichopoulos para exercer a medicina foi definitivamente revogada na década de 1990.

Elvis Presley e sua querida mãe Gladys estão sepultados lado a lado no Jardim da Meditação, em Graceland, e hoje em dia a única residência nos Estados Unidos que recebe mais turistas do que Graceland é a Casa Branca.

De Sylvia

Fiquei surpresa quando, menos de 24 horas depois da morte de Elvis Presley, o *San Francisco Chronicle* telefonou para me perguntar se Francine poderia manter contato com o espírito do astro e depois passar os resultados dessa conversa para eles. Dificilmente eu seria a única paranormal a ser entrevistada pela imprensa sobre o tema da morte de Elvis naquele dia, mas eu não era nem particularmente famosa em 1977, nem uma fã conhecida de Elvis Presley. Na verdade, tudo o que eu sabia sobre ele é que era um cantor de rock que tinha uma voz linda quando cantava baladas, e foi muito bonito quando estava no auge. Mas, se o *San Francisco Chronicle* queria comentários de Francine sobre ele, eu ficaria contente em cooperar se ela também se dispusesse a isso. Como se viu depois, ela cooperou tanto que saímos na primeira página do jornal, que anunciou que uma vidente chamada Sylvia Brown (eu ainda não acrescentara o *E.* ao meu sobrenome), "através de sua guia espiritual, um espírito inca-asteca chamado Francine", fez contato com Elvis menos de 24 horas após sua morte.

Eu estava "ausente", é claro, durante o transe com Francine, mas estou feliz por passar adiante a informação que ouvi nas fitas daquela entrevista. Vale a pena acrescentar, a propósito, que Elvis fora capaz de chegar a um nível de detalhes tão preciso porque Francine conversou com ele logo depois de sua chegada ao Outro Lado, quando as lembranças de sua recém-terminada vida na Terra ainda estavam muito nítidas. Não é surpresa afirmar que, quanto mais confortáveis e entrosados nos tornamos em nossa vida de volta ao Lar, menos pensamos em tudo, exceto sobre as partes mais importantes da vida que deixamos para trás.

Elvis morreu em um aposento muito pequeno, disse Francine, e ficou imediatamente ciente de que falecera. Naquele dia ele teve dor de cabeça e nas costas, por isso entrou naquela saleta com um livro. Ele sofria de problemas intestinais havia dois anos e meio, fato que mencionara apenas a alguns poucos amigos, especialmente a uns certos "John" e "Charlie", e usava esteroides e outros medicamentos. Sua morte, porém, foi acidental. Elvis fez uma rápida e fácil viagem de volta ao Lar, o que não foi surpresa para ele, graças a sua fé devotada em Deus.

Ele foi recebido no Outro Lado pela mãe, Gladys, a quem carinhosamente apelidara de "Gladiola" aqui na Terra, pelo irmão gêmeo, Jesse, e por um amigo chamado Chuck. Sua vida do Outro Lado era cheia de música. Sua voz era ainda melhor do que na Terra, e ele e inúmeros outros excelentes músicos adoravam dar grandes shows. Elvis contou que, embora fosse mais conhecido como cantor de rock, sua verdadeira paixão e inspiração musical eram a música gospel, e que sua canção favorita – entre tantas que deixara gravadas – era "Heartbreak Hotel".

Ele lamentou não ter sido tão hábil em amar as pessoas individualmente quanto era ao amar o grande público, embora o maior orgulho, alegria e realização de sua vida tenha sido a filha, Lisa Marie. Por mais que ele verdadeiramente amasse Priscilla, Elvis sabia que o casamento nunca daria certo, uma vez que seu estilo de vida não lhes permitia passar muito tempo juntos, com uma vida "normal".

Como estava ciente de 16 atentados contra sua vida, passou muitos anos sofrendo com paranoia e medo. Por isso não conseguia dormir nem relaxar sem medicação. Elvis também contou que teve uma premonição sobre sua morte seis meses antes de ela acontecer, e pensou em suas últimas performances de "My Way" como uma forma de dizer adeus a seus fãs.

Elvis aproveitou para passar algumas mensagens pessoais a seu pai, Vernon. Uma delas era o nome "Ruta May". Outra era um jogo que faziam quando Elvis era ainda criança, em que um deles iniciava uma rima e o outro a terminava.

Não me importo de dizer: fiquei muito lisonjeada quando, algumas semanas após o artigo do *Chronicle* ser publicado, Vernon Presley e o amigo de Elvis, Charlie Hodge, telefonaram para validar as informações passadas por intermédio de Francine.

Quando estava preparando este livro, perguntei a Francine sobre uma parte das informações que ela havia citado naquele artigo, em que dizia que Elvis já havia planejado a próxima encarnação. Ele seria um cantor de novo, mas desta vez com cabelos e olhos claros, e nasceria em 2004. O que você vai ler agora é a atualização que fiz em 2010.

De Francine

Elvis começou sua nova encarnação no final de novembro de 2004. Seu cabelo é loiro, mas vai escurecer à medida que ficar mais velho, e seus olhos são azuis, exatamente como escolheu. Ele nasceu na França e vive em uma vinícola com os pais e os dois irmãos. A família viaja para a Itália algumas vezes por ano para visitar parentes.

Ele terá uma voz muito bonita, mas não será um cantor famoso nem gravará muitos discos. Elvis dedicará sua voz e seu talento à fé católica, compondo hinos e executando-os nas missas e em eventos especiais. Elvis sente que, na vida anterior, sacrificou a introspecção e a meditação em troca da fama e da riqueza, e desta vez pretende contribuir para este mundo no anonimato calmo e silencioso. Vai se tornar monge e trabalhar em favor dos pobres e desvalidos no interior da França.

Dean Martin

O cantor e ator apelidado "rei do *cool*" nasceu Dino Paul Crocetti em 7 de junho de 1917 em Steubenville, Ohio. Seus pais, Gaetano e Angela, eram imigrantes italianos. Dean e seu irmão mais velho, Bill, não falavam uma palavra em inglês antes de começarem a ir à escola, que, por sua vez, não despertava muito interesse em Dean. O garoto saiu da Steubenville High School na décima série e imediatamente começou a trabalhar em uma série de diferentes empregos, de distribuidor ilegal de bebidas a engraxate, de apostador de *blackjack* a operário em siderúrgica. Teve uma breve carreira no boxe aos 15 anos, quando foi apelidado de "Kid Crochet". Também se tornou *croupier* especializado em cassinos clandestinos, onde conheceu muitos artistas e começou a pensar que talvez pudesse ser um deles.

Certa noite de agosto de 1942, alguns amigos o convenceram a subir ao palco para cantar. A partir daí uma porção de bandas de Steubenville se viu acompanhando o jovem cantor, o talentoso "Dino Martini". Em 1938, enquanto cantava no State Restaurant, em Columbus, Ohio, ele foi "descoberto" e contratado como vocalista principal pelo maestro Sammy Watkins, de Cleveland, que o convenceu a mudar o nome para Dean Martin.

Dean se casou com Betty McDonald em 1941, um casamento infeliz que durou até 1949 e gerou quatro filhos (Stephen, Claudia, Barbara e Deana), cuja custódia Dean ganhou depois do divórcio. Naquele mesmo ano ele começou um casamento de 23 anos com Jeanne Biegger, que resultou em mais três filhos: Dean Paul, Ricci e Gina.

A carreira de Dean começou a tomar impulso na década de 1940. Em 1943, ele assinou um contrato para cantar exclusivamente no Riobamba Room, clube noturno de Nova York, na sequência do artista que o antecedia, outro jovem cantor chamado Frank Sinatra; em 1944, ele começou a transmissão de um programa de rádio de 15 minutos chamado *Songs by Dean Martin*, e, em 1946, assinou um contrato com a gravadora Diamond Records. O período de um ano no Exército, em 1944, durante o qual ficou baseado perto de casa, em Akron, Ohio, provocou uma pausa muito pequena em sua crescente popularidade.

Uma noite, em 1946, no Glass Hat Club, em Nova York, Dean Martin conheceu um promissor comediante chamado Jerry Lewis, que também estava se apresentando ali. Eles começaram a participar um no número do outro, e foi aí que nasceu a dupla na qual Dean interpretava o cantor discreto e suave, e Jerry era o palhaço maníaco e imprevisível. Foi um sucesso. Dean e Jerry ganharam o próprio programa de rádio, em 1949, e assinaram um contrato pela Paramount Pictures com o produtor Hal Wallis para rodar o seu filme *Minha amiga maluca.* Meio sem querer e do dia para a noite, ambos agora tinham um empresário de primeira linha, Abby Greshler; um contrato muito lucrativo, que incluía o controle completo sobre o material que apresentavam nos clubes noturnos e suas gravações no rádio e apresentações na televisão; tinham agora novas casas em Los Angeles, que Dean amava, e compartilhavam um faturamento de milhões de dólares. A dupla Martin e Lewis apareceu em um total de 16 filmes, incluindo *O marujo foi na onda, O meninão* e *Ou vai ou racha.* Dean finalmente se cansou de sempre fazer o papel do cantor romântico e sério, o que levava os críticos a elogiarem Jerry Lewis como o verdadeiro talento da dupla. Em 1956, ele acabou com a parceria e voltou à carreira solo.

Sua principal providência foi se tornar um ator de respeito. Mas o primeiro trabalho, *Dez mil alcovas,* se mostrou um fiasco, e em 1957 ele aceitou um corte drástico no salário pela oportunidade de ser coadjuvante em *Os deuses vencidos*, ao lado de Marlon Brando e Montgomery Clift. Isso se comprovou uma jogada inteligente e o início da volta de Dean Martin aos holofotes. Em 1958, veio *Deus sabe quanto amei*, com seu antigo colega do clube Riobamba, Frank Sinatra. Também foi um sucesso, e a carreira de ator de Dean encontrou seu caminho novamente, sem necessidade de um parceiro maluco.

Sua carreira musical também prosperou na década de 1950. Dean gravou mais de uma centena de álbuns, e conseguiu bater o sucesso dos Beatles "A Hard Day's", alijando-os das paradas com a canção que se tornou sua marca registrada, "Everybody Loves Somebody Sometime". Ele se tornou uma das principais atrações de Las Vegas e logo se juntou nos palcos a um pequeno grupo de amigos famosos que o público passaria a chamar "Rat Pack" (Dean, Frank Sinatra, Sammy Davis Jr., Joey Bishop e Peter Lawford). O "Rat Pack" fez quatro filmes juntos entre 1960 e 1964 – *11 homens e um segredo, Os três sargentos, Quatro heróis do Texas* e *Robin Hood de Chicago*.

Em 1965, Dean lançou seu programa de variedades na NBC, *The Dean Martin Show*, repleto de música, humor e trazendo a nata das celebridades como convidados. O programa era um sucesso. Dean usava invariavelmente smoking e fazia o papel do apresentador cortês, descontraído e meio tonto, sempre com um copo de uísque na mão. Apesar da enorme quantidade de rumores dizendo o contrário, Dean gostava de beber, mas era disciplinado em relação a isso, e nunca foi alcoólatra. Na verdade, ele era notoriamente caseiro. Preferia jogar golfe ou passar a noite assistindo a filmes de caubói na TV a curtir a vida noturna, que era o comportamento típico de seus companheiros do "Rat Pack". A década de 1960 marcou o início de uma série de quatro filmes de Matt Helm, com Dean no papel-título como o superespião de comédias.

No início dos anos 1970, quando sua série de TV ainda tinha muita audiência e a carreira de cantor ia bem, Dean sofreu o que muitos consideraram uma crise da meia-idade. De repente, ele se divorciou de Jeanne, sua esposa por 23 anos, e dissolveu a parceria com o Hotel Riviera, em Las Vegas, assinando com a MGM Grand e garantindo um contrato de três filmes com a MGM Studios. Dean rapidamente se casou com a recepcionista de um salão de cabeleireiros chamada Catherine Hawn, em 1973, casamento que durou menos de três anos. Ele e Jeanne se reconciliaram mais tarde, embora nunca tenham se casado novamente. *The Dean Martin Show* foi cancelado no final da temporada 1974, mas evoluiu para uma série de especiais chamados *Dean de Martin Celebrity Roast*, que durou até 1984.

Em 1976, o velho parceiro de Dean, Jerry Lewis, de quem ele se manteve distante por todos esses anos, estava apresentando uma maratona anual no Dia do Trabalho em benefício da Associação de Distrofia Muscular. Em um dos mais comentados eventos de televisão da década e para choque de Jerry e de sua vasta plateia, Frank Sinatra entrou no palco com Dean. Martin e Lewis se abraçaram, reconciliaram-se e eles continuaram amigos até a morte de Dean.

Em 21 de março de 1987, o filho de Dean, Dean Paul, morreu em um acidente de avião de caça ao voar com a California Air National Guard. A perda foi devastadora, e Dean jamais se recuperou dela. Ele ainda fez algumas apresentações com o "Rat Pack", a última delas em 1989, no Bally's de Las Vegas, e celebrou o aniversário de 75 anos de Frank Sinatra no palco em dezembro de 1990, mas depois disso nunca mais se apresentou.

Em setembro de 1993, Dean havia sido diagnosticado com enfisema e câncer no pulmão. Na manhã de Natal de 1995, com a ex-esposa Jeanne a seu lado, Dean Martin morreu de insuficiência respiratória, aos 78 anos. Las Vegas homenageou-o diminuindo as luzes da famosa Sunset Street, endereço dos cassinos onde ele divertiu o público durante tanto tempo.

De Francine

Como muitas vezes acontece quando a escuridão da tristeza oprime o espírito, o sofrimento de Dean pela morte do filho separou-o de sua fé e de todo o amor ao redor. Quando seu corpo morreu, a dor o manteve perdido e preso à Terra, vagando de sua casa para os restaurantes favoritos em busca de consolo e pensando por que ninguém parecia reconhecê-lo quando passava. Nós todos o protegíamos e nos alegramos quando, num ato de pura graça eterna, Dean Paul veio do Outro Lado para abraçar seu pai e trazê-lo para casa. Ele ficou junto do pai na máquina de esquadrinhamento e durante todo o processo de orientação, e Dean surgiu reabastecido, a fé mais profunda e mais forte do que nunca, com sua extraordinária capacidade de amar e ser amado completamente intacta. Foi então que Dean se reuniu com seu pai e sua mãe, seu tio Leonard, com Sammy Davis Jr. e uma multidão de amigos de longo tempo, particularmente um Joe ou Joey "do bairro".

A experiência na máquina de esquadrinhamento deixou Dean particularmente ansioso para se desculpar com Sammy pelos momentos em que foi indelicado e fez piadas à custa dele, traindo o verdadeiro amor que sentia por ele em troca de uma tentativa barata de conseguir "uma risada". Não tenho ideia sobre o assunto a que Dean se referia, mas o pedido de desculpas foi sincero, Sammy o aceitou com enorme compaixão e a amizade continua forte. Uma das incontáveis alegrias do Lar é que aqui não há raiva, ressentimento ou má vontade para com ninguém – seja aqui ou na Terra –, e embora as desculpas não sejam sempre necessárias, elas dão oportunidade para o crescimento e a purificação da alma.

Dean ainda gosta de se apresentar aqui, e é muito popular pela voz, pelo charme e pelo senso de humor, que ultrapassa de longe o que foi visto na Terra. Ele também gosta de se apresentar em sua casa com vista para um campo de golfe à beira do penhasco, que corresponde à sua costa norte da Califórnia. Dean na verdade prefere poucas pessoas aos grandes públicos, e sempre dedica um tempo a si mesmo, que normalmente passa andando a cavalo. Ele vai à missa regularmente, frequentando não uma de nossas catedrais magníficas, mas um altar ao ar livre, bem escondido no Jardim das Torres. Dean Martin continua a estudar interpretação e, muitas vezes, aparece em musicais clássicos. Tem prazer em dar aulas de canto para os inúmeros aspirantes a cantores do Outro Lado.

De vez em quando ele visita Jeanne e os filhos. Ele e seu amigo Peter Lawford voltam para "assombrar" seu local favorito na Terra, uma lanchonete chamada Hamlet Hamburger em Hollywood, onde provavelmente foram vistos como manchas fugazes por alguns garçons e talvez diversos fregueses. Mas essas aparições foram tidas como produto de uma imaginação hiperativa.

Raramente alguém volta para o Outro Lado e passa um tempo na máquina de esquadrinhamento sem arrependimentos. Dean diz que seu maior arrependimento foi a tendência para sair subitamente de situações quando começava a ter uma sensação autoimposta de que ela era dispensável e substituível – especialmente o rompimento com Jerry Lewis e o divórcio de Jeanne, que ele ainda amava –, e o fato de nunca ter procurado ajuda para se recuperar da tristeza pela morte do filho, o que o fez, como ele mesmo diz, "afastar muitas pessoas que me amavam". Seus temas de vida escolhidos foram desempenho e passividade, as áreas em que ele conseguiu suas maiores satisfações e as mais esmagadoras decepções pessoais, uma declaração que ele tem certeza de que as pessoas que o conhecem melhor irão compreender.

Richard Pryor

Em 1º de dezembro de 1940, o comediante, ator e escritor Richard Franklin Lennox Thomas Pryor III nasceu em Peoria, Illinois. Sua mãe, Gertrude, uma prostituta, trabalhava no bordel de sua avó. Seu pai aparentemente era um boxeador e atendente de bar com quem Gertrude ficara casada até os três anos de Richard. O menino, criado no bordel, foi vítima de violência durante toda a infância. Apanhava da avó pela menor desobediência, foi violentado por um vizinho adolescente aos seis anos e molestado por um padre. Richard encontrou fuga emocional e inspiração no cinema escuro que ficava perto de sua casa caótica e cruel.

Ele foi "descoberto" aos 12 anos por Juliette Whittaker, que supervisionava um serviço público de lazer. Reconhecendo a habilidade cômica natural do garoto, Juliette o colocou em uma montagem de *Rumpelstiltskin* e passou a inscrevê-lo em shows de talento especificamente para jogar os holofotes sobre esse rapaz hilariante e esperto. Juliette exerceu muita influência sobre ele até o fim de sua carreira.

A educação formal terminou com sua expulsão da escola aos 14 anos, lançando-o em uma sucessão de profissões: zelador de um clube de strip-tease, engraxate, baterista, carregador em frigorífico, motorista de caminhão, atendente de salão de bilhar e delinquente juvenil em algumas ocasiões. Sua carreira militar foi limitada: apenas dois anos no Exército, entre 1958 e 1960, a maioria dos quais na prisão por causa de uma acusação de agressão na Alemanha.

Depois de quitar o serviço militar, Richard passou bastante tempo em um cabaré em Peoria até descobrir que seu talento não estava em cantar e tocar piano, e rapidamente passou a se apresentar em clubes noturnos de comédias stand-up em todo o Centro-Oeste. Em 1960, ele se casou com Patricia Price, mãe de seu primeiro filho, Richard Jr., nascido em 1961. O casamento acabou em divórcio um ano depois.

Richard se mudou para Nova York em 1963, atraído por Bill Cosby, uma de suas grandes inspirações, e se destacou rapidamente entre as fileiras dos comediantes dos clubes noturnos. Finalmente se viu no meio de artistas geniais como Bob Dylan, Richie Havens e Woody Allen. A televisão o chamou em 1966, com a exposição nacional em programas como *Ed Sullivan Show* e *Tonight Show,* com Johnny Carson. De Nova York partiu para Las Vegas, onde abriu o show de Bobby Darin no Flamingo Hotel. Mas em pouco tempo Richard sentiu que se apresentar em hotéis e cassinos relativamente modestos de Las Vegas tinha se tornado algo limitado demais para suas habilidades extraordinárias e, em setembro de 1969, ele desistiu da apresentação marcada no Aladdin Hotel com a frase retórica: "Que m*** estou fazendo aqui?". Antes de sair de Las Vegas, ele gravou seu primeiro disco, *Richard Pryor*, em 1968; partiu para o cinema com pequenos papéis em *Busy Body* (1967) e *Violência nas ruas* (1968) e se tornou pai mais duas vezes – Richard teve a segunda filha, Elizabeth, com a namorada Maxine Anderson, em 1967, e o casamento de dois anos com Shelly Bonus lhe deu o terceiro filho, a menina Rain, em 1969.

Richard mudou-se de Las Vegas para Berkeley, Califórnia, onde viveu um hiato na comédia e aguçou seu talento, sua mordacidade e sua perspectiva sobre a vida na atmosfera livre da contracultura reinante naquela cidade nos anos 1960. Gravou o segundo disco, *Craps (After Hours),* em 1971, e começou a escrever para a TV, incluindo *Sanford and Son*, *The Flip Wilson Show* e um especial para Lily Tomlin pelo qual compartilhou um prêmio Emmy de melhor roteiro. Recebeu elogios pela atuação em *O ocaso de uma estrela,* de 1972, com Diana Ross.

Sua carreira estava em alta em 1974, quando ele foi corroteirista de *Banzé no oeste,* de Mel Brooks, e lançou o hilariante álbum *That Crazy Nigger*, premiado com um Grammy. Ansioso para se apresentar na TV a audiências maiores, foi o anfitrião convidado para a primeira temporada da inovadora série *Saturday Night Live,* em 1975, e estrelou *The Richard Pryor Show,* programa de variedades da NBC que foi cancelado em 1977 depois de quatro episódios. Mas, em geral, a popularidade no cinema e na TV nunca sofreu oscilações da década de 1970 até a década de 1990. Foram cerca de 50 filmes no cinema e diversas apresentações na televisão como artista convidado ou em especiais, sem contar os 19 discos de comédia.

Enquanto isso, sua vida pessoal se revelava tão turbulenta quanto na infância, assombrada pelo uso de drogas, pelos problemas com a justiça e os dramas em seus relacionamentos. Em 1974, passou dez dias preso por sonegação de impostos. O casamento de um ano com a atriz Deborah McGuire, em 1977, terminou quando Richard atirou no carro dela e foi obrigado a fazer um tratamento psiquiátrico, além de pagar multa e indenização. Mas o evento mais dramático e assustador – e mais divulgado – ocorreu em 9 de junho de 1980. Após passar vários dias em casa usando cocaína, Richard derramou rum em si mesmo, com mais de 75% de álcool, e ateou fogo no próprio corpo. Ele saiu correndo pela rua, em chamas, até a polícia conseguir dominá-lo, e passou quase dois meses no hospital se recuperando de queimaduras em 50% do corpo. Na época isso foi considerado um terrível acidente, mas em sua autobiografia, *Pryor Convictions: And Other Life Sentences,* que ele escreveu com o escritor Todd Gold em 1995, Richard admitiu que foi um ato deliberado de um homem envolvido em uma névoa insana causada pelas drogas.

Em 1981, Richard se casou pela primeira vez com a atriz Jennifer Lee, de quem se divorciou um ano depois. Seu quarto filho, Steven, nasceu em 1984, fruto de seu relacionamento com a namorada, Flynn Belaine, com quem se casou em outubro de 1986 e de quem se divorciou em 1987, logo após Kelsey ter sido concebida – a sexta filha de Richard nasceu em outubro de 1987, seis meses depois de Franklin, cuja mãe, Geraldine Mason, era namorada do ator.

Em 1986, em meio ao caos pessoal e uma carreira que ainda não dava sinais de arrefecer, Richard Pryor foi diagnosticado com esclerose múltipla. Ele continuou a trabalhar mesmo depois de ficar confinado a uma cadeira de rodas no início dos anos 1990, mas finalmente, em 2001, após se casar novamente com Jennifer Lee, retirou-se com ela para a privacidade de sua casa perto de Los Angeles, onde um de seus últimos atos de caridade foi a criação do Planeta Pryor, em benefício dos direitos dos animais.

Em 10 de dezembro de 2005, Richard Pryor foi levado às pressas para um hospital de Encino, Califórnia, com Jennifer a seu lado. Ele morreu às 7h58 de parada cardíaca, deixando para trás um trabalho extraordinário e um impacto sobre o mundo da comédia que continuará a ressoar nas próximas décadas.

De Francine

Richard permaneceu preso à Terra por quase quatro anos em seu tempo, em Los Angeles, que ele viria a considerar seu lar. Ele vagava por sua casa de Encino, indo de lá para os bastidores do Improv e do Comedy Store, dois dos clubes noturnos mais populares da região, para assistir aos espetáculos de seus amigos humoristas. Ele suspeita que vários funcionários o viram, o ouviram ou o sentiram próximo, e que sua voz e sua presença deveriam ser muito vagas para serem compreendidas. A recusa em reconhecer o túnel foi uma escolha deliberada de sua parte, repousando em uma razão comovente: nem por um momento ele acreditava que Deus iria aceitá-lo após a vida imperfeita, por vezes violenta, muitas vezes autodestrutiva que tinha vivido, especialmente depois de ter recebido tantas riquezas e dádivas: "Que desperdício", ele dizia, "que desperdício estúpido".

Finalmente, no dia de Natal de 2008, de acordo com seu calendário, o espírito-guia de Richard, Rhima, e seu companheiro de alma gêmea, uma mulher chamada Ashur, resgataram-no do triste limbo e o trouxeram para o Lar. Seu corpo e sua mente foram severamente debilitados para que ele pudesse entender onde se encontrava, ou mesmo quem era. E, como acontece nos casos em que um tratamento mais intensivo do que o acolhimento se mostra necessário, Rhima e Ashur gentilmente guiaram Richard pelo meio da multidão de amigos preocupados, de espíritos amorosos e dos animais que esperavam para festejar sua chegada e o levaram diretamente para as Torres.

Quando os espíritos chegam ao Outro Lado em circunstâncias tão extremas, caso de Richard, que tinha doenças fisiológicas agravadas por décadas de uso de drogas, e que estão além da terapia de cura que o acolhimento pode oferecer, eles são abraçados por uma equipe de especialistas físicos e psíquicos altamente avançados. Esses espíritos passam por um processo que, na Terra, seria chamado de "desprogramação". O espírito enfermo é conduzido através de uma lenta restauração envolvida em compaixão, ao final da qual seu corpo estará vicejando novamente e sua mente terá processado a mudança com sucesso, liberada da escuridão e mergulhada na luz branca do Espírito Santo, com total clareza do legado poderoso, inspirador e positivo que deixou para trás. Richard ainda passa por esse processo de "desprogramação", rodeado por infinito amor e apoio, e fui informada de que está fazendo um progresso extraordinário.

Também fui informada de que ele já anunciou sua intenção de reencarnar. "Diga a todos que estarei de volta", teria dito. "E, quando eu tiver feito o que quero, cada criança terá um lugar seguro para ir e alguém que acredite nelas no minuto em que nascerem." Ele está trabalhando duro em um livro chamado A vaidade do homem, *em que define planos bem específicos para, finalmente, tornar o mundo um lugar seguro e acalentador para o reino animal, planos que serão ativados assim que voltar à Terra.*

Bela Lugosi

A vida estranha e trágica de Bela Lugosi, conhecido como o homem que trouxe o Conde Drácula à vida no cinema, começou em 20 de outubro de 1882 em Lugos, na Hungria, cidade próxima à fronteira com a Transilvânia. Seu pai, o banqueiro Istvan Blasko, e sua mãe, Paula, deram o nome de Bela Ferenc Dezso ao seu quarto filho, que foi educado, assim como os irmãos, em um lar católico apostólico romano. Aos 12 anos Bela abandonou a escola e foi estudar na Academia de Artes Cênicas de Budapeste, atuando em peças encenadas nos teatros das províncias por volta de 1903, quando ingressou no Teatro Nacional da Hungria, lá ficando entre 1913 e 1919. Ele também serviu no Exército do Império Austro-Húngaro durante a Primeira Guerra Mundial e, em 1917, começou um casamento de três anos com a primeira de suas cinco mulheres, Ilona Szmick.

Depois de atuar em uma série de filmes mudos na Hungria e na Alemanha, Bela imigrou para os Estados Unidos, instalou-se em Nova York e começou a fazer uma turnê pela Costa Oeste com uma pequena companhia de atores húngaros. Sua primeira apresentação na Broadway se deu em 1922, na montagem chamada *The Red Poppy*. Seguiram-se outras, além de seu primeiro papel no cinema no melodrama de 1923, *The Silent Command*.

Só em 1927 Bela Lugosi foi escalado para estrelar a bem-sucedida montagem de *Drácula* na Broadway. Seu desempenho logo o levou a ser convocado por Hollywood, onde trabalhou com entusiasmo na novidade dos filmes "falados" e se casou com sua esposa número 2, uma viúva rica chamada Beatrice Weeks. Ela pediu divórcio apenas quatro meses depois, acusando a atriz Clara Bow de ser o motivo.

A Universal Pictures lançou o filme *Drácula*, estrelado por Bela Lugosi, em 1931, e naquela data nasceu um novo ícone do cinema, um campeão de bilheterias. O ator imediatamente foi convidado a assinar um contrato com o estúdio, ao mesmo tempo que acontecia o casamento número 3, em 1933, com uma jovem húngara chamada Lillian Arch. O filho do casal, Bela G. Lugosi, nasceu em 1938, e o casamento durou até 1953.

Sua notável atuação como o vampiro mais famoso do mundo, entretanto, acentuando a caracterização com o forte sotaque do Leste Europeu, que funcionava bem nos filmes de horror, acabou por limitar as oportunidades no cinema para Bela. Os títulos de seus seis filmes seguintes, onde ele atuava ao lado de Boris Karloff, exemplificam e exacerbam o estereótipo que se colocou como obstáculo à carreira do ator: *O gato preto, O corvo, O raio da invisibilidade, O filho de Frankenstein, Sexta-feira negra* e *O ladrão de corpos*.

Em 1936, a nova direção dos estúdios Universal decidiu abandonar os filmes de terror por conta do esgotamento do interesse no gênero, o que reduziu as oportunidades de Bela a uma série de papéis em filmes de outros gêneros, de baixo orçamento, além de pequenas produções de estúdios independentes. Ele também comparecia a cinemas de bairro ou cineclubes para apresentar pessoalmente reprises de seus filmes de monstros. Sua carreira e sua renda decaíram previsivelmente, abalando sua estabilidade financeira. Apesar da decadência, conseguiu atuar com destaque como o corcunda Ygor em *O filho de Frankenstein*, de 1939, além de um papel dramático como oficial soviético em *Ninotchka*, o último filme de Greta Garbo. Mas o estrelato que conseguira alcançar com *Drácula* se fora para sempre.

Além dos problemas com a carreira, Bela precisou suportar outro sofrimento que começou no final da década de 1930: uma compressão no nervo ciático que lhe causava dores extremas, que irradiavam pelas costas e desciam até a perna. Tornou-se viciado em metadona e morfina e, ao final da década de 1940, quando fez seu último filme de classe "A" na carreira, *Abott e Costello encontram Frankenstein*, os comentários sobre o vício em drogas já haviam se espalhado por toda a indústria cinematográfica. As oportunidades de trabalho se tornaram esparsas no início da década de 1950, e seu casamento de 20 anos com Lillian Arch terminou em divórcio em 1953. Por volta de 1955, sua vida havia mergulhado na obscuridade, no vício e na pobreza. Nesse ano Bela internou-se voluntariamente num centro de tratamento para viciados em Norwalk, na Califórnia, de onde saiu no final do ano.

A esperança de resgate do ostracismo chegou em 1952, trazida pelo cineasta Ed Wood Jr., considerado o mais inábil e incompetente diretor de toda a história do cinema. Ed, que era fã de Bela Lugosi, procurou o velho e doente ator e o colocou para atuar em algumas de suas produções medíocres. Bela não estava em condições de recusar, e a parceria Wood-Lugosi resultou em uma curta série de produções involuntariamente ridículas que com o tempo se tornaram cults: *Glen ou Glenda?,* de 1953, *A noiva do monstro,* de 1956, e o incrivelmente ruim *Plano 9 do espaço sideral,* de 1959, considerado o pior filme de todos os tempos, lançado depois da morte de Bela.

Bela ainda se casou, pela quinta vez, com Hope Linninger, em 1955, e nesse mesmo ano, depois de ter saído da clínica de recuperação, participou de um filme não produzido por Ed Wood, *The Black Sheep,* lançado em 1956. Bela fez várias apresentações para promover o filme, embora sua última atuação em um filme de certa forma melhor que os feitos com Ed Wood tenha sido de um homem mudo, ou seja, Bela não teve um único diálogo.

Em 16 de agosto de 1956, Bela Lugosi morreu de ataque cardíaco em sua casa de Los Angeles. Por amor e por respeito, seu filho Bela Jr. e a mãe, Lillian, insistiram que ele fosse enterrado com a capa de Drácula, acreditando que era o que ele preferiria. Seu corpo foi sepultado no Holy Cross Cemetery, em Culver City, na Califórnia, e seu túmulo continua a ser um ponto turístico dos mais populares.

De Sylvia

No começo dos anos 1980 fui convidada pelo famoso e já falecido paranormal Nick Nocerino, e um fotógrafo especializado, para acompanhá-los em uma visita de exploração à casa de Bela Lugosi. Admito ter aceitado esse convite por uma razão: eu agarrava qualquer oportunidade que aparecesse para trabalhar com Nick. Quanto a Bela Lugosi, a verdade é que eu não o conhecia nem me importava muito com ele. O que ocorre é que, além de ele ter ficado famoso numa época anterior à minha (seu grande sucesso, *Drácula*, foi lançado cinco anos antes de eu nascer), nunca consegui assistir a um filme de vampiro sem cair no sono ou rir silenciosamente no cinema, provavelmente porque acho difícil ficar com medo de algo em que não acredito. Claro que isso é uma questão exclusivamente minha, e não culpa do Sr. Lugosi. De todo modo, quando Nick, Chuck e eu chegamos à casa, não consigo expressar em palavras quão pouco impressionada eu estava com a expectativa de dar uma volta na casa de um ator que havia morrido havia muitos anos e que era conhecido por ter estrelado um filme do qual eu não gostava, ainda mais num momento em que tinha minha agenda lotada e preferiria estar fazendo milhões de outras coisas.

Já era tarde da noite quando nossa perua estacionou na frente daquela propriedade tristemente decadente. Nick havia feito a lição de casa sobre Bela Lugosi e se prontificou a me contar tudo sobre ele enquanto descarregava uma montanha de equipamentos que eram um mistério para mim. Eu o detive antes que Nick dissesse uma única palavra – prefiro embarcar em uma investigação paranormal "limpa", com o mínimo de informação e predisposição possíveis.

Assim que eu já estava totalmente equipada com microfones e outras parafernálias, e Nick e Chuck também tinham o equipamento preparado, todos nós fomos para a casa principal daquele estranho complexo. As construções formavam um quadrado ao redor de um pátio com uma fonte no centro, que imaginei que um dia devia ter sido bastante bonita. À esquerda do pátio, uma escadaria levava a uma fileira de quartos que podiam ser acessados por uma estreita sacada, o que criava o efeito de um triste motel de beira de estrada que fechara as portas. A casa principal ficava à direita, completamente separada daqueles quartos abandonados e tão pouco atraentes.

No momento em que atravessamos aquelas portas maciças, fiquei chocada pela angústia profunda e opressiva que ainda pairava naquele ar parado, uma sensação pesada de depressão e histeria que havia sido deixada para trás como se fosse um campo de força de alguém sombrio que tivesse morado ali. Nick, Chuck e eu exploramos cada centímetro daquela casa. Ao mesmo tempo que nós três resistíamos ao impulso de correr de volta para nosso carro e nos abrigar no lugar mais próximo onde pudéssemos encontrar um pouco de alegria, ou um lugar onde alguém tivesse dado uma risada pelo menos no último século, nenhum de nós percebeu qualquer traço de atividade paranormal dentro daquelas paredes. Naquela casa não havia fantasmas, nem espíritos, nada que pudesse alertar os sensores e medidores que arrastávamos conosco. Depois de mais ou menos meia hora, voltamos ao pátio, e, assim que fechamos as enormes portas de madeira da sala, lembro-me de ter respirado profundamente o ar fresco da noite, a fim de limpar meu organismo daquela escuridão.

Em seguida, subimos a escadaria daqueles quartos estranhamente separados que ficavam do lado oposto do pátio. Ninguém disse uma palavra, mas minha aposta era que, depois de descobrirmos que a casa principal estava livre de fantasmas ou espíritos, Nick e Chuck estavam com a mesma expectativa que eu, ou seja, que iríamos explorar outros melancólicos ambientes bolorentos semelhantes àqueles de onde acabávamos de sair.

Fiquei em choque quando, no alto da escadaria, fui subitamente atingida por uma onda de pânico tão forte e assustadora que, juro, eu teria corrido para o mais longe possível dali se estivesse sozinha. Nick gravou a descrição do pavor que eu senti naquela hora, sobre o que poderia estar nos esperando no fim daquela escada. Depois de minha insistência, fizemos uma parada para que eu pudesse fazer uma oração e colocar em volta de nós um círculo de luz branca do Espírito Santo para nos proteger, antes de pisar na sacada e abrir a primeira porta.

Fui instantaneamente transpassada pelo pesadelo de imagens terríveis dentro daquele quarto minúsculo. Parecia haver pessoas por todos os lados, todas elas vestindo roupas pretas, no estilo gótico – e estávamos numa época anterior a essa moda. Todos tinham o rosto branco como cera, as cavidades dos olhos vazias e os lábios escuros. Conversavam entre si numa linguagem incompreensível, em tom contínuo e monótono. Três agitavam os braços e giravam pelo quarto, caindo de forma insana sobre os que estavam no caminho. Outros quatro se amontoavam flacidamente no chão. Um estava cortando o próprio braço de forma deliberada, lentamente, deixando que o sangue escorresse para dentro de um copo que ele segurava logo embaixo, depois passava esse copo para os demais no quarto, e cada um tomava um gole daquele líquido grosso. Quando todos beberam, entraram em êxtase numa melancólica euforia, como se tivessem acabado de partilhar uma grotesca comunhão.

Eu não conseguia me mexer. Não conseguia respirar. Não conseguia ouvir nada, até que finalmente a voz de Nick penetrou naquela espécie de transe congelante, gritando: "Sylvia! Ouça! Saia daí de dentro! Agora!".

Aparentemente, de acordo com os monitores que haviam sido presos em todo o meu corpo, minha temperatura estava subindo dentro daquele quarto gelado, tinha sido sobrecarregada por um ataque violento de energia eletromagnética e minha pulsação começava a ficar descontrolada. Eu sabia que aquilo que havia me prendido de forma tão física era a certeza de que eu acabava de vislumbrar uma multidão de espíritos perdidos na Terra, sombrios e fúteis, presos perpetuamente em um ritual de drogas, desespero e morte.

Nick me arrastou para fora do quarto e bateu a porta atrás de mim. Ele e Chuck se viraram em direção às escadas. Meu primeiro impulso foi correr logo atrás deles, mas eu não podia ignorar a energia que me puxava para uma segunda porta, a alguns metros de distância de onde eu estava. Minha mão já começara a girar a maçaneta da porta quando Nick gritou do pé da escada: "Ei, aonde você pensa que vai?".

"Precisamos olhar aqui dentro antes de irmos embora!", respondi.

Ele e Chuck vieram para perto de mim em segundos, preocupados e tentando me proteger do que quer que pudesse acontecer, e ficaram atrás de mim assim que abri a segunda porta e entrei num quarto escurou como breu. Logo que meus olhos se acostumaram com a escuridão, pude notar uma enorme forma horizontal que se parecia com um sofá gigantesco encostado na parede mais distante. Prendi a respiração quando percebi que aquilo não era um sofá. Eu estava olhando para a sombra vaga de um caixão de madeira, aberto e revelando o espírito perdido do próprio Bela Lugosi preso à Terra, enrolado em sua capa, deitado em um berço de seda e de olhos abertos e vazios.

Ele se sentou lentamente, olhou em meus olhos e disse, com a voz profunda e do modo mais frio e ímpio do que qualquer fantasma que eu já tinha visto em minha vida: "Você não foi convidada".

"Não, não fui", sussurrei. "Desculpe pela intrusão."

Voltamos para a sacada e fechamos a porta do quarto. Nick e Chuck estavam visivelmente abalados – eles não tinham visto e ouvido o que acontecera comigo, mas ambos escutaram minha resposta àquela entidade sem vida no quarto e sentiram a desesperança sombria da energia que acabáramos de confrontar. Ninguém disse uma só palavra enquanto descíamos as escadas em direção ao pátio. Estávamos esgotados e nos sentamos na beira da fonte por algum tempo, até que me virei finalmente e disse a Nick: "Tudo bem, agora você pode me falar sobre Bela Lugosi". Ele me contou a história que acabaram de ler, demo-nos as mãos e oramos por aquelas pobres almas antes de ir embora.

De Francine

Bela não é mais uma alma perdida na Terra. Pouco tempo depois, talvez uns 20 anos em seu tempo, ele se libertou e foi direto para o local de espera. Bela Lugosi ainda não reencarnou.

Chris Farley

O ator e comediante Christopher Crosby Farley nasceu em 15 de fevereiro de 1964 em Madison, Wisconsin, um dos cinco filhos de Thomas Farley, dono de uma empresa de pavimentação, e de Mary Anne Crosby Farley, dona de casa. A família era católica irlandesa, e Chris foi educado em uma escola religiosa. Ele se formou na Jesuit Marquette University, em Milwaukee, em 1986, tendo concentrado seus estudos em artes cênicas e comunicação. Sua carreira como humorista começou no Ark Improv Theater de Madison e no Improv Olympic Theater, de Chicago. Mas foi somente no famoso Second City Theater de Chicago que Lorne Michaels, criador do inovador *Saturday Night Live,* descobriu Chris e o contratou para fazer parte do elenco em 1990.

Chris se tornou um dos mais versáteis e produtivos comediantes do programa, criando uma série de personagens e fazendo imitações hilariantes de celebridades como Dom DeLuise, general Norman Schwarzkopf, Carnie Wilson e Rush Limbaugh. Ele acabou fazendo parte do grupo conhecido como "os meninos maus do SNL", que incluía os colegas de elenco David Spade, Chris Rock, Adam Sandler e Rob Schneider, cujas brincadeiras na vida privada se tornaram tão conhecidas como aquelas que aconteciam no palco.

Entre 1992 e 1995, Chris apareceu em filmes como *Quanto mais idiota melhor, Cônicos e cômicos* e *Um herdeiro bobalhão*. O contrato com o *Saturday Night Live* acabou depois da temporada 1994-1995, e Chris passou a dedicar-se à carreira cinematográfica, contracenando com seu amigo David Spade em comédias de muito sucesso como *Mong e Loide* e *A ovelha negra*. Seu bom desempenho nas bilheterias foi recompensado com o papel principal em mais um sucesso, *Um ninja da pesada,* em 1997.

Infelizmente, a essa altura Chris seguia os passos de um de seus ídolos, John Belushi, lutando contra a obesidade, com problemas de bebidas e viciado em drogas pesadas. O jovem comediante procurou ajuda mais de uma dúzia de vezes antes de entrar em uma clínica de reabilitação em 1997, também sem êxito. A produção de seu último filme, *Os quase heróis*, foi retardada algumas vezes por causa de seus problemas de saúde e com as drogas. Chris estava muito debilitado quando fez sua última apresentação como ator convidado do *Saturday Night Live,* em 1997.

Chris Farley faleceu aos 33 anos em seu apartamento em Chicago em 18 de dezembro de 1997, de um ataque cardíaco causado por uma combinação letal de cocaína e morfina. Seu funeral, em Madison, foi acompanhado por mais de 500 amigos e familiares, que se reuniram para se despedir do jovem.

De Francine

Chris se encontrava perturbado e desorientado quando voltou ao Lar. Nem mesmo a multidão de amigos, incluindo John Belushi e um homem alto e rouco que eu acredito ser seu avô materno, foi capaz de confortá-lo. Um espírito não pode experimentar completamente a sagrada paz e alegria da vida no Outro Lado quando a depressão generalizada o separa de sua fé, de suas habilidades cognitivas e da capacidade de ter alegria, e foi por esse motivo que o espírito-guia de Chris o levou imediatamente para o Portal da Sabedoria, onde ele foi acolhido nas câmaras.

Então aconteceu algo muito raro. Chris emergiu de seu tempo de acolhimento, rapidamente percebeu que estava sendo ansioso demais para retomar a vida antes do tempo e voltou ao acolhimento, com uma terapia mais intensiva dessa vez, especialmente por parte de um de seus amigos mais íntimos e que o aconselha aqui no Lar, um guru sikh *chamado Amar Das. No momento em que o segundo período de acolhimento terminou, Chris estava totalmente curado e havia evoluído para sua aparência de 30 anos de idade: um homem magro, de 1,80 metro, com longos cabelos bem pretos e características físicas delicadas, quase bonitas.*

Não será surpresa para aqueles que conheceram Chris na Terra saber que ele é uma alma extremamente avançada, uma luz generosa que é muito amada do Outro Lado. Ainda é católico devoto, e voltou a dar aulas de religiões mundiais. Ele também é professor de dança clássica e um popular instrutor de natação. Chris e John Belushi compartilham a paixão pelo rock e tocam juntos com diversos outros músicos, incluindo Buddy Holly, Janis Joplin e Otis Redding. Chris fica na bateria. Sua casa, nas planícies do que corresponde ao seu Meio-Oeste norte-americano, está aberta para qualquer um de seus alunos de religião que estejam em adiantada preparação para novas encarnações.

Várias horas antes de o corpo de seu pai morrer, Chris já havia recuperado seu espírito, que o escoltou pelo túnel e o trouxe para cá, onde ele foi acolhido também. Chris e Tom eram irmãos na Suíça no final do século XVII, sendo por isso profundamente devotados um ao outro. Chris falou muitas vezes sobre como se sentia porque, continuando obeso, apesar da ameaça que isso representava para sua saúde, poderia de alguma maneira fazer com que o pai se sentisse menos incomodado – já que também sofria de obesidade mórbida. Tom voltará para a casa de Chris com ele quando sair da câmara de acolhimento e retomará o trabalho como historiador de cinema.

Chris não tem planos de reencarnar, mas visita sua mãe e seu amigo David Spade com frequência.

Eva Gabor

A linda e deliciosamente encantadora atriz Eva Gabor, a quem muitos se referiam como "Gabor talentosa", nasceu em 11 de fevereiro de 1921, em Budapeste, Hungria. Seu pai, o major Vilraos Gabor, joalheiro, e sua esposa Jolie foram abençoados com três filhas: Zsa Zsa, Magda e Eva. Esta era uma artista nata, e trabalhou como patinadora no gelo e cantora de cabaré após formar-se no Forstner Girls Institute, em Budapeste. Ela, a mãe e as irmãs emigraram para os Estados Unidos com a eclosão da Segunda Guerra Mundial, e Eva finalmente se mudou para Hollywood a fim de tentar a carreira de atriz. Não demorou muito para que a jovem assinasse um contrato com a Paramount Pictures para dois filmes em 1941, *Forced Landing* e *Pacific Blackout.*

Depois de atuar em papéis secundários na década de 1940, Eva finalmente atraiu a atenção que merecia da crítica e do público na produção da Broadway *Happy Time,* de 1950. Foi inexplicavelmente descartada para fazer a versão cinematográfica dessa montagem, mas mesmo assim voltou para Hollywood e recomeçou sua carreira no cinema, principalmente em *The Mad Magician,* com Vincent Price, em 1954, e em *Gigi*, de Vincente Minelli, que ganhou o Oscar de melhor filme em 1958. Seu charme e o senso de humor irresistível a tornaram uma convidada popular na TV, especialmente em programas de variedades clássicos como *The Game Match, Password* e *Tattletales.*

Foi em 1965 que ela realmente ganhou o coração do público americano quando estreou como a esposa de Eddie Albert na série da CBS *Fazendeiro do asfalto,* transmitida no Brasil pela TV Excelsior. A perspicácia empresarial a inspirou a capitalizar a popularidade durante as cinco temporadas do seriado, aproveitando seu nome para criar a própria empresa de perucas, Eva Gabor International, que continuou a prosperar por muito tempo depois que a série terminou.

Enquanto a irmã mais velha de Eva, Zsa Zsa, estava ocupada em fazer manchetes com seu comportamento impetuoso e briguento e sua longa sequência de casamentos (atualmente são nove), Eva viveu uma vida relativamente pacífica, com cinco maridos e apenas uma manchete relatando uma ocorrência com a polícia. No caso, ela foi a vítima. Em 1964, foi espancada por dois homens armados que invadiram seu apartamento em Miami e roubaram um anel de diamantes avaliado em 25 mil dólares. (Os ladrões foram presos, mas o anel nunca foi recuperado.)

Depois que seu quinto casamento terminou, Eva comprou uma casa requintada perto da Sunset Boulevard, em Beverly Hills, para onde se mudou com seus cinco amados cachorros, e por muitos anos foi a companheira dedicada de seu grande amigo Merv Griffin. Ela se manteve próxima à mãe, Jolie, e à sua irmã Magda, que moravam a duas horas dali, em Palm Springs. Eva tinha um relacionamento difícil, cheio de altos e baixos, com Zsa Zsa. Era uma fonte de irritação para Eva o fato de ser frequentemente confundida com a irmã mais velha, especialmente porque as duas eram muito diferentes em temperamento e comportamento, e a constante irritação lançou as bases para uma história que Eva adorava contar sobre si mesma.

Havia uma piscina em um local reservado no quintal de sua casa em Beverly Hills, e ela disciplinadamente nadava todas as manhãs, nua, usando apenas um enorme chapéu para proteger do sol a sua pele branca. Certa manhã, enquanto ainda estava nadando, teve a sensação de estar sendo observada. De fato, avistou com o canto do olho dois trabalhadores da propriedade vizinha que haviam subido no muro para espioná-la. Finalmente, um dos operários não se conteve e gritou: "Oi, Eva!". Sem perder uma única braçada, Eva alegremente respondeu: "Sou Zsa Zsa!".

Eva gostava de trabalhar, deliciando-se com a carreira de dubladora que começou em 1970 com *Os aristogatas* e continuou até *Bernardo e Bianca na Cangurulândia*, em 1990. Foi nesse ano que ela voltou, feliz, para a telinha para as duas horas de um especial rememorando *Fazendeiro no asfalto*.

Em 1995, Eva viajou de férias para o México e, em um acidente bizarro, caiu na banheira e quebrou o quadril. Levada de volta para Los Angeles, foi internada no Cedars Sinai Hospital, onde sofreu insuficiência respiratória, entrou em coma e, duas semanas depois do tombo, morreu de pneumonia, em 4 de julho daquele ano. A mais jovem das Gabor deixou a mãe e duas irmãs, mas Jolie nunca chegou a ser informada da morte de Eva, porque os mais próximos da família concordaram que ela não sobreviveria ao choque e à tristeza de perder o amor da atenciosa filha caçula, que lhe trouxe tanta alegria, tanto quanto ela trouxe para todos que a conheciam.

De Francine

Enquanto Eva era velada por seus inúmeros amigos na Terra, do Outro Lado todos estavam eufóricos para que sua luz, seu sorriso e sua simpatia voltassem para o Lar. A multidão de entes queridos de suas 31 encarnações foi obrigada a esperar até que o que parecia milhares de animais dessas encarnações acabasse de saudá-la, e ninguém parecia mais feliz que a própria Eva, que nunca duvidou por um instante de que voltaria aos braços de Deus e para uma eternidade feliz no instante em que seu corpo desse o último suspiro. Em seu estilo característico, Eva passou o tempo na máquina de esquadrinhamento enfocando toda a diversão e o sucesso de que desfrutou ao longo do caminho em vez de se deter nos diversos períodos em que foi obrigada a suportar as traições familiares e as decepções da carreira. Ela dá todos os créditos à mãe por tê-la ensinado a ser uma mulher de negócios inteligente, a ser responsável com o dinheiro e a nunca comprometer sua capacidade de cuidar de si mesma.

Houve um tempo, por exemplo, em que seu querido amigo bilionário Merv Griffin queria que ela vendesse a casa de Beverly Hills e fosse morar com ele no último andar de um luxuoso hotel de sua propriedade. Ela se recusou, para decepção do amigo: "Abrir mão de minha casa, de meu investimento mais sólido, da segurança que consegui depois de trabalhar duro por toda a minha vida, tudo isso só para agradar um homem? Mamãe teria me matado", diz ela. Eva riu enquanto revisitava outros desses incidentes do estilo "mamãe teria me matado". Ela dormia numa manhã quando um tremor de terra se espalhou por Los Angeles: "Saltei da cama, corri para o closet, arranquei a camiseta com a qual dormia, vesti uma camisola de seda e voltei correndo para a cama. Mamãe não tinha educado suas filhas para serem encontradas de camiseta em uma pilha de escombros".

Da máquina de esquadrinhamento ela retornou à sua vida de êxtase no Lar: Eva tem uma fascinante variedade de amigos que vão desde ex-presidentes e adorados atores e atrizes até o caseiro mais modesto e suas costureiras; vive em uma casa estilo Tudor cheia de animais e rodeada por uma piscina que circunda a casa como um fosso, onde ela continua a praticar natação; mantém seu culto em uma de nossas catedrais mais antigas e preciosas, que fica no que corresponde a um campo no interior da Itália, e se dedica ao trabalho como terapeuta nas câmaras de acolhimento no Salão da Sabedoria. De fato, ela estava lá para receber sua mãe e sua irmã Magda, e para ajudá-las através do processo de acolhimento quando voltaram ao Lar pouco tempo depois que ela chegou.

Eva e Merv, que são almas afins (sua alma gêmea é um homem egípcio chamado Nitocris), são quase inseparáveis agora que ele também está aqui. Ele está ensinando Eva a jogar tênis, e ambos dão palestras sobre o ética nos negócios para aqueles que se preparam para reencarnar e tornar-se gerentes de empresas na Terra. Merv é especialista nos aspectos financeiros do sucesso nos negócios, algo estranho para muitos de nós do Outro Lado, onde o dinheiro não existe, enquanto Eva se concentra em refinar a decência e a compaixão para que entrem nas listas de prioridades das empresas. Ela raramente revelou esse fato durante sua vida, mas Eva diz que fez disso um hábito tão essencial como escovar os dentes, realizar um ato anônimo de bondade todos os dias. Ela diz: "Eu era uma mulher de negócios inteligente, que buscava maneiras de conduzir minha empresa nesse mesmo espírito de calma e generosa doação. Por que tantas corporações pensam que precisam optar entre ser rentáveis e ser generosas? Isso é uma coisa que eu nunca vou entender. Será que nunca ouviram falar de carma?".

Eva não vai encarnar novamente, o que explica com um sorriso: "Ninguém nunca me acusou de não saber a hora certa de sair de uma festa".

Gregory Peck

Eldred Gregory Peck, ator premiado e filantropo conhecido, nasceu em San Diego em 15 de abril de 1916. Seu pai, o farmacêutico Gregory Peck Pearl, e sua mãe, Bernice Ayres Peck, divorciaram-se quando ele tinha apenas seis anos de idade.

Ele viveu com a avó materna até que, aos dez anos, foi enviado para a Academia Militar St. John, em Los Angeles. Voltou para a casa do pai quando a avó morreu, e se formou na San Diego High School antes de ir para a faculdade, primeiro na universidade de San Diego e depois na Universidade da Califórnia, em Berkeley, onde o rapaz bonito de mais de 1,80 m chamou a atenção como atleta e ator.

Depois de se formar na faculdade, ele se mudou para Nova York a fim de estudar em Neighborhood Playhouse. Atuou pela primeira vez na Broadway, em 1942, na montagem de *The Morning Star*. Os trabalhos como ator eram abundantes na época por causa da Segunda Guerra Mundial. Gregory Peck (o primeiro nome foi deixado para trás quando se dirigiu ao Leste) foi dispensado do serviço militar devido a uma lesão nas costas, enquanto muitos de seus colegas atores haviam se alistado e estavam servindo no exterior. Gregory foi rapidamente contratado por Hollywood, e seu primeiro filme, *Quando a neve tornar a cair*, foi lançado em 1944, marcando o início de uma carreira notável que terminaria em 1998, com a refilmagem de seu primeiro grande clássico, *Moby Dick*.

Tanto na tela quanto fora dela ele exalava dignidade, força e decência. Gregory foi sempre muito sincero ao bradar contra a injustiça racial, a guerra no Vietnã, a corrida pelas armas nucleares, e até mesmo a polêmica Comissão de Atividades Antiamericanas e sua busca infame por supostos comunistas na indústria cinematográfica. Ele ficou orgulhoso por ter sido indicado para a famosa "Lista de Inimigos" do presidente Richard Nixon e ainda mais orgulhoso ao receber a Medalha da Liberdade das mãos do presidente Lyndon Johnson. Apesar do fato de ter sido católico praticante ao longo de toda a vida, foi um defensor da liberdade de escolha das mulheres.

Seu primeiro casamento ocorreu em 1942 com Greta Kukkomen Rice, que lhe deu três filhos antes do divórcio, em 1955. Seu primeiro filho, Jonathan, que se tornou jornalista de TV, cometeu suicídio em 1975. Pouco tempo depois de o primeiro casamento de Gregory terminar, ele se casou com uma repórter francesa chamada Veronique Passani, com quem teve um filho e uma filha. Essa união durou pelo resto da vida de Gregory.

A extraordinária carreira de meio século de Gregory Peck lhe valeu, entre outras honrarias, cinco indicações ao Oscar; o Oscar de melhor ator pela obra-prima *O sol é para todos*, de 1962; três prêmios Globo de Ouro como melhor ator; o prestigiado Cecil B. DeMille; um Screen Actors Guild Lifetime Achievement Award; o American Film Institute Lifetime Achievement Award; e o Jean Hersholt Humanitarian Award.

Durante os últimos anos de sua vida ele viajou por todo o mundo fazendo palestras, e a Universidade Nacional da Irlanda conferiu-lhe o título de "Doutor em Letras". Gregory tornou-se patrono fundador da Faculdade de Cinema da Universidade Dublin, e ainda atuou como presidente da Sociedade Americana do Câncer. Em 12 de junho de 2003, aos 87 anos, Gregory Peck morreu de causas naturais em sua casa, em Los Angeles, com a esposa Veronique segurando-lhe as mãos.

De Francine

Gregory estava pronto para voltar ao Lar, como sua esposa irá confirmar, e ficou em êxtase ao notar que o primeiro a abraçá-lo foi seu filho Jonathan. Embora o catolicismo sempre lhe tivesse ensinado que as vítimas de suicídio eram banidas do paraíso, seu coração e sua alma sempre acreditaram que isso não poderia ser verdade, portanto ver seu amado filho esperando por ele foi menos um alívio do que uma confirmação.

Gregory esteve entre os poucos que, na maioria da vezes, apreciava seu tempo na máquina de esquadrinhamento. Embora em inúmeras situações ele desejasse ser tratado de maneira diferente, ficou muito satisfeito em ver que nunca rejeitou seus erros mais significativos agindo de forma defensivamente egocêntrica, o que é comum entre seus colegas, mas fazia o máximo esforço para aprender com esses erros. Ainda se divertia com o lugar que recebera na "lista de inimigos" de Richard Nixon, embora ambos sejam muito cordiais quando se encontram aqui. Gregory se deliciou com sua atuação e com a experiência que viveu filmando MacArthur. *Ele e Jonathan estavam juntos para saudar a chegada da primeira esposa de Gregory, e, apesar de ele e Greta não passarem muito tempo juntos, riram bastante com sua crença equivocada de que duas pessoas tão decididamente diferentes uma da outra pudessem construir um casamento tão bem-sucedido. São profundamente gratos um ao outro pelos filhos que tiveram.*

Na maior parte do tempo, Gregory é tão solitário aqui como era na Terra. Não um solitário hostil: uma pessoa discreta, que aprecia a própria companhia. Ele retomou a tarefa de sentinela de um quadrante, vive numa cabana situada no que corresponde à sua ilha de Fiji e nunca perde uma apresentação de ópera ou um dos populares debates entre ex-presidentes dos Estados Unidos e outros líderes mundiais sobre o caminho para a paz duradoura na Terra. Entre os poucos amigos íntimos e os parceiros de tênis estão seu filho, seu pai e uma mulher esbelta e loira que diz que a família dele irá reconhecer.

Acima de tudo, Gregory está contente pela vida longa e repleta de conquistas que viveu e por ter conseguido fazer o melhor possível com os temas de vida que escolheu, solitário e construtor. Ele não tem planos de encarnar novamente.

Spencer Tracy

Spencer Bonaventure Tracy, um dos atores mais talentosos e versáteis do século XX, nasceu em Milwaukee, Wisconsin, no dia 15 de abril de 1900, filho de católicos irlandeses. Seu pai era o vendedor de caminhões John Tracy, e sua mãe se chamava Carolyn Brown Tracy.

Como não era um estudante muito entusiasta, Spencer tentou sem sucesso convencer os pais a deixá-lo abandonar a escola aos 16 anos para trabalhar. Em 1917, ele agarrou a oportunidade de abandonar os estudos alistando-se na Marinha para servir na Primeira Guerra Mundial. Recebeu baixa sem nunca deixar a base de Norfolk, onde serviu, e aproveitou a educação militar para se inscrever na Faculdade Ripon. Queria ser paramédico. Ao se juntar à equipe de debates da faculdade, teve o interesse despertado pelas artes cênicas quando conseguiu um teste para a Academia de Artes Dramáticas em Nova York. Spencer finalmente encontrou uma paixão emocionante e gratificante o suficiente para fazer dele um bom aluno.

Spencer conheceu uma jovem atriz chamada Louise Treadwell ao se juntar a uma companhia de teatro itinerante. Apaixonaram-se e se casaram em setembro de 1923. Nove meses depois seu filho John nasceu. O casal ficou abalado ao descobrir que a criança era surda, mas assumiu a missão de lhe dar uma vida normal e feliz. (Na verdade, eles assumiram a missão de ajudar muitos outros com o mesmo problema de John: em 1943 fundaram a John Tracy Clinic, um centro de educação para crianças com deficiência auditiva e na idade pré-escolar, que continua funcionando.) O casal também teve uma filha, Susy, que nasceu em 1932.

Spencer estava atuando numa montagem chamada *The Last Mile*, em 1930, quando o lendário diretor John Ford o descobriu e imediatamente o contratou para trabalhar em *Up the River* com o recém-chegado e futuro astro Humphrey Bogart. A família Tracy se mudou para Hollywood em novembro de 1931, e Spencer apareceu em um turbilhão de 16 filmes durante o contrato de três anos com a Fox Films antes de ser contratado pela MGM, o estúdio mais poderoso e prestigiado da época. Nos filmes que fez para a MGM ele foi capaz de provar sua reconhecida versatilidade, deslocando-se brilhantemente e sem esforço de comédias para obras dramáticas. Não é surpresa que ele tenha feito história ao ser o primeiro a ganhar o Oscar de melhor ator por dois anos seguidos, em 1937 e 1938.

Foi em 1942, enquanto filmava *A mulher do dia*, que Spencer conheceu Katharine Hepburn, que se tornaria sua parceira na tela e fora dela pelo resto da vida. A religião católica o impediu de se divorciar de Louise, mas ela concordou com uma separação discreta, respeitosa e permanente graças à qual o caso Tracy-Hepburn pôde prosseguir sem amargura e sem sensacionalismo. Ele teria tido casos com muitas atrizes ao longo dos anos, mas Katharine conseguiu superá-los, consciente da fragilidade de Spencer e muito segura ao saber que, se ela simplesmente ficasse fora do caminho, a atração compulsiva seria satisfeita e ele voltaria depois.

Spencer Tracy e Katharine Hepburn fizeram juntos um total de nove filmes, incluindo o último sucesso, *Adivinhe quem vem para jantar*, de 1967. A essa altura a saúde de Spencer estava seriamente comprometida pelos anos de alcoolismo, pelo diabetes e pelos problemas recorrentes no coração e no pulmão. Suas cenas durante as filmagens de *Adivinhe quem vem para jantar* eram limitadas às poucas horas do dia nas quais ele ainda tinha energia. Em 10 de junho de 1967, duas semanas depois de as filmagens terem sido concluídas, Spencer Tracy morreu de falência cardíaca em sua casa, em Hollywood, deixando para trás um legado de quase 80 filmes, sete indicações para o Oscar e dois Oscar consecutivos de melhor ator.

De Francine

Spencer ficou preso à Terra por vários anos após sua morte. Ele era teimoso demais para deixar Katharine e também estava relutante em descobrir se Deus o receberia depois de uma vida em que achava que havia cometido mais que sua parcela de pecados. Ele visitava Katharine incansavelmente, tentando chamar sua atenção para que ela soubesse que ele ainda estava lá, e também porque não sabia que já estava morto, por isso não conseguia entender por que o ignorava. Ela sentiu a presença dele inúmeras vezes, mas seu lado prático ianque nunca lhe permitiu acreditar em algo intangível como a vida após a morte; ela se repreendia ao permitir que a intensidade do luto a fizesse aceitar fantasias tão tolas.

A mãe de Spencer o resgatou e o levou ao Outro Lado. Ele ficou aliviado por encontrar-se aqui depois de uma vida inteira sendo subjugado pela ameaça desnecessária da crença na existência do inferno. Ele também ficou empolgado por conseguir livrar-se de um corpo que lhe causou mais dor nos últimos anos na Terra do que ele jamais admitira. Spencer passou momentos difíceis na máquina de esquadrinhamento, assistindo à dor que seus conflitos emocionais causaram às pessoas a seu redor.

Spencer ficou orgulhoso de seu trabalho como ator, exceto, diz ele, quando exagerava na canastrice, mas lamenta não ter se destacado no papel mais importante que lhe foi oferecido – o de pai. Para compensar essa falha, suas frequentes visitas a esta dimensão são dedicadas a crianças com necessidades especiais, que conseguem vê-lo e gostam de conversar com ele. Spencer adora fazê-las rir.

Ele passa a maior parte do tempo aqui com sua alma gêmea, Katharine. Spencer foi um dos primeiros a recebê-la quando ela voltou ao Lar, e ambos rapidamente se dirigiram para sua casa isolada na costa, onde desfrutam do prazer de escrever peças de teatro para si mesmos e para que amigos atores as representem. Spencer também escreve romances históricos com Ernest Hemingway, seu amigo de inúmeras vidas passadas.

Ele saudou alegremente seu filho John quando ele voltou, não muito tempo atrás, e ambos ficam em paz construindo barcos e navegando juntos. Nem Spencer, nem John, nem Katharine têm planos de reencarnar.

Albert Einstein

Uma das grandes mentes do século XX, ganhador do prêmio Nobel de Física em 1921, Albert Einstein nasceu em Ulm, Württemberg, Alemanha, em 14 de março de 1879. Seu pai, Hermann, após uma breve carreira como vendedor de colchões de penas, passou a gerenciar uma fábrica de produtos eletroquímicos enquanto sua mãe, Pauline, cuidava da família judaica de classe média. Logo após o nascimento de Albert a família se mudou para Munique, onde a segunda filha, Maja, nasceu dois anos mais tarde.

A mente singularmente curiosa de Einstein se mostrava evidente naquilo que ele lembrou mais tarde serem as duas "maravilhas" que o fascinaram quando criança. A primeira foi a bússola, que ele descobriu aos cinco anos, na qual "forças invisíveis" movimentavam a agulha. A segunda, aos 12 anos, foi o que ele veio a chamar de seu "livrinho sagrado de geometria".

Hermann Einstein mudou-se com a mulher e filha para Milão em 1894, deixando Albert num internato em Munique para terminar seus estudos. Seis meses depois, em parte porque estava infeliz e em parte porque enfrentava a perspectiva de ser convocado para o Exército, ele fugiu do internato aos 16 anos e conseguiu chegar à nova casa de seus pais.

Albert conseguiu ser admitido na Escola Politécnica Federal de Zurique, onde passou alguns dos anos mais felizes de sua vida e onde conheceu Mileva Maric, sua futura esposa.

Ele se formou em 1900, e os dois se casaram em 6 de janeiro de 1903. Sua filha Lieserl nasceu em 1902, antes do casamento, e aparentemente desapareceu um ano mais tarde. Parece que Albert nunca a viu, e nada foi dito ou escrito sobre ela a partir de 1903.

Mas o casal teve mais dois filhos, Hans, em 1904, e Eduard, em 1910. Àquela altura Albert trabalhava como recepcionista no escritório de patentes suíço, um trabalho tão fácil que lhe sobrava bastante tempo livre para investir em sua paixão pela física.

Em 1905, que os estudiosos chamam de "ano milagroso" de Einstein, ele publicou quatro artigos no *Annalen der Physik,* uma das mais importantes revistas do mundo no campo da física. Entre as diversas realizações descritas nesses documentos, ele reuniu vários elementos da teoria da relatividade desenvolvidos por outros cientistas em uma única teoria geral e reconheceu que se trata de uma lei universal da natureza. Esses estudos, que hoje são considerados responsáveis por alterar o curso da ciência moderna, chamaram a atenção do físico mais influente da época, Max Planck, que desenvolveu a teoria quântica. Graças a essa atenção, Albert se tornou palestrante popular em conferências internacionais e passou a receber uma série de convites para empregos de prestígio no mundo acadêmico. Ele finalmente aceitou o cargo de diretor do Instituto de Física Kaiser Wilhelm. Infelizmente, o prestígio crescente de Albert em todo o mundo e sua imersão total no trabalho exerceram um impacto fatal sobre seu casamento. Ele e Mileva se divorciaram em 1919. Mais tarde ele se casou com uma prima distante, Elsa Lowenthal.

Uma reação vigorosa contra Albert, inspirada pelo crescente movimento nazista, levou-o a deixar a Alemanha. Em 1932, ele se mudou para os Estados Unidos, levando sua obra para o Instituto de Estudos Avançados em Princeton, Nova Jersey. Físicos de todo o mundo viajaram para lá a fim de estudar com ele. Seus êxitos brilhantes foram contrabalançados por uma série de tragédias pessoais nos anos 1930 – seu filho, Eduard, foi diagnosticado com esquizofrenia e internado pelo resto da vida; seu grande amigo Paul Ehrenfest cometeu suicídio, e em 1936 Elsa faleceu por causa de uma combinação de problemas no coração e no fígado.

Não é surpresa que um gênio tão fascinado pelas "forças invisíveis" tenha dedicado tanta reflexão às próprias convicções religiosas, e que seus escritos expressem a fé em um Deus de harmonia e beleza, não um "velho" que era legislador supremo, mas um Deus que intervém em cada um de nossos assuntos pessoais e humanos. Albert teria dito: "Não sou ateu e acho que não posso dizer que sou panteísta. Estamos na mesma posição de uma criança que entra em uma enorme biblioteca repleta de livros escritos em diversos idiomas... a criança suspeita vagamente de que existe uma ordem misteriosa na organização desses livros, mas não sabe o que é. Essa me parece ser a atitude do ser humano, até mesmo do mais inteligente, em relação a Deus".

O impacto do trabalho de Albert Einstein é incalculável. Sua celebrada teoria da relatividade mal arranha a superfície das suas realizações. Ele passou os últimos anos na solidão, confiando na música para conseguir relaxar, e morreu de aneurisma em 18 de abril de 1955, em Princeton. Mais de meio século depois, o resultado de sua genialidade ainda é tão inspirador e motivador como foi durante sua vida extraordinária.

De Francine

O olhar de espantosa felicidade no rosto de Albert quando saiu do túnel lembrou a todos a "criança" a quem ele se referia quando descrevia sua crença em Deus. Ele chorou de alegria e correu primeiro para os braços abertos de sua mãe, depois para os de seu querido amigo Paul Ehrenfest. (Tanto o pai de Albert quanto sua segunda esposa já haviam reencarnado no momento em que Albert voltou ao Lar.) Seu mentor, Isaac Newton, estava lá também para apertar-lhe a mão. Com um sorriso orgulhoso, Newton perguntou a Albert se ele poderia ser seu mentor "até que voltemos ao nível de igualdade novamente" – Albert havia em muito superado as expectativas de Isaac durante sua vida terrena. Albert respondeu: "Eu estava nos ombros de um gigante", fazendo referência a uma citação de Isaac. Ele então se curvou profundamente diante do professor e amigo que exerceu tanta influência em prepará-lo para essa encarnação, que foi sua terceira e última. Albert comentou: "Eu trabalho muito melhor aqui sem o peso da tristeza".

Como sempre acontece com os físicos e outros cientistas, Albert se mostrou tão assombrado pela máquina de esquadrinhamento em si como com a vida que se desenrolava em seu interior. Ele continua a visitá-la regularmente, tirando o máximo de vantagem de outro de seus recursos: assim como todos nós aqui temos acesso ilimitado aos scripts das vidas que estão armazenados no Salão dos Registros, podemos analisar a vida de qualquer pessoa nessa máquina, quer sejam os primeiros faraós do Egito quer se trate dos discípulos de Jesus, a vida de Thomas Jefferson ou a dos habitantes condenados da Atlântida. Para uma mente como a de Albert, a "mecânica" daquilo que você poderia pensar como uma máquina do tempo é algo irresistível, especialmente se consideramos que uma de suas maiores paixões aqui foi desvendar os segredos da viagem no tempo para vocês aí na Terra. Ele acredita que, até o ano de 2040 em seus anos, a viagem no tempo será algo muito comum, atravessando aquilo que ele chama de "chaminés", como no Triângulo das Bermudas, por meio do trabalho de inspiração realizado por uma equipe que inclui Albert, Nikola Tesla, Galileu e George Hale. Um dos destinatários dessas inspirações, a partir do ano 2018, aproximadamente, será um jovem da Universidade Duke cujo nome é Bernard ou Bernhard.

Albert ficou especialmente comovido com a chegada de seu filho, Eduard, cuja mente excepcional esteve obscurecida pela esquizofrenia durante sua vida. Depois de ser acolhido, Eduard foi encontrar-se com seu pai como professor assistente de física e astrofísica nos seminários concebidos especificamente para os espíritos que irão encarnar e que definiram essas ciências como suas especialidades – "nossas mãos na Terra", como Albert os chama. Albert e Eduard vivem em uma casa em Cape Cod, situada no que corresponde a sua Provincetown, em Massachusetts. Ambos são marinheiros que adoram passear em seu barco chamado "Yanqin", palavra aramaica que significa "crianças". Albert também se reúne com o amigo Johann Brahms, cuja música ele adora, e os dois gostam de interpretar as composições de Brahms e outras grandes obras clássicas nos pequenos salões espalhados pelo Outro Lado, com Johann no cravo e Albert em seu adorado violino.

Ray Charles

Ray Charles, o genial cantor, compositor e líder de banda que deixou uma marca indelével na música, nasceu Ray Charles Robinson em 23 de setembro de 1930 em Albany, na Geórgia. Seu pai, Bailey Robinson, juntava todo o dinheiro que conseguia trabalhando na ferrovia, como mecânico e faz-tudo, enquanto seu mãe, Aretha Williams, trabalhava em uma serraria. Ray era ainda bebê quando a família se mudou para a Flórida.

Os Robinson eram pobres, mesmo em comparação com outras famílias negras que viviam no Sul do País durante a Grande Depressão, e sofreram muitas tragédias ainda na infância de Ray. Ele tinha apenas cinco anos quando viu seu irmão um ano mais novo, George, morrer afogado numa cuba de lavar roupa. E tinha sete anos quando, talvez devido a um glaucoma ou infecção não tratada, sua visão se deteriorou até a cegueira total.

Com o apoio da mãe, ele logo aprendeu a viver de forma independente e foi prontamente matriculado na escola de surdos e cegos em Saint Augustini, que frequentou dos sete anos até os 15 anos. Foi nessa escola que seus dons musicais afloraram. Ele aprendeu a compor e a ler em braile, a tocar piano, saxofone e todos os outros instrumentos que a escola oferecia. Sua vida na adolescência girava em torno de estudar, ensaiar e explorar todos os gêneros musicais que o emocionavam, desde o jazz e o blues até o country e o gospel.

A mãe de Ray morreu em 1945, quando ele estava com 15 anos. O jovem deixou a escola e se mudou para Jacksonville, onde começou a tocar piano no Teatro Ritz por mais de um ano antes de ir para Orlando, Tampa e finalmente Seattle, em 1947. Lá, além de conhecer seu amigo da vida inteira e constante colaborador Quincy Jones, ele começou a gravar para o selo Down Beat, formando um trio com o guitarrista G. D. McKee e o baixista Milton Garrett. Em 1949, a canção "Confession Blues" alcançou o primeiro lugar nas paradas de rhythm and blues. Chamando a si mesmo de Ray Charles pela primeira vez, ele então se juntou à Swing Time Records e gravou mais dois sucessos, que o levaram a assinar um contrato com a Atlantic Records. Seus maiores sucessos foram gravados pela Atlantic, incluindo "I Got a Woman", de 1954, que ele escreveu com Renald Richards.

De 1955 a 1959, Ray gravou uma sequência incrível de sucessos com um grupo de garotas que ele recrutou e batizou de Raelettes. Elas faziam os vocais em clássicos como "A Fool for You", "Drown in My Own Tears" e "The Night Time (Is the Right Time)". Em 1959, com "What'd I Say", Ray conseguiu alcançar o primeiro lugar em todas as paradas, inclusive de música branca. Ele continuou a criar sucessos que alcançaram o topo de todas as paradas ao ser contratado pela ABC Records, em 1960, lançando um hit após o outro, como os lendários "Georgia on my Mind", "Hit the Road, Jack" e "Unchain my Heart".

Em 1962, Ray cruzou as barreiras mais uma vez e ajudou a popularizar a música country entre seu grande número de ouvintes com uma série de dois álbuns chamada *Modern Sounds in Country and Western Music.* A primeira música extraída dessa coleção, um espetacular arranjo para "I Can't Stop Loving You", de Don Gibson, não apenas atingiu o número 1 das paradas americanas como se tornou campeã de vendas na Inglaterra.

A "Invasão Britânica" de 1964, como ficou conhecida a chegada dos Beatles e de diversas outras bandas inglesas, perturbou seriamente, e por anos, a dinâmica de músicos importantes, e Ray Charles estava entre eles. Ray conseguiu sucesso moderado com diversos lançamentos nas décadas de 1960 e 1970. Em 1972, ele gravou uma versão de tirar o fôlego de "America, the Beautiful", popularizando-a mais tarde quando foi divulgada internacionalmente nas olimpíadas de 1980. Em 1979, "Georgia on my Mind" foi oficialmente proclamada a canção-símbolo do estado da Geórgia. Em 1985, ele fez parte do coral de astros que cantou "We Are the World", de Michael Jackson e Lionel Ritchie, em uma campanha beneficente em prol da África. Ray ainda se apresentou nas festas de posse de Ronald Reagan, em 1985, e de Bill Clinton, em 1993, dando início a mais de uma década de apresentações na TV e shows pelo mundo, da Venezuela à França, passando pela Itália. Entre 1981 e 2004, ele ganhou uma estrela na calçada da fama de Hollywood; foi incluído no hall da fama do rock and roll; no hall da fama do rhythm and blues e do jazz; recebeu o prêmio Kennedy Center e um Grammy pelo conjunto da obra, além dos 17 Grammy que conquistou, cinco deles postumamente.

Todos que trabalharam ao menos uma vez com Ray Charles concordam que o perfeccionismo motivava todas as notas musicais em cada sessão de gravação com ele, a ponto de Ray literalmente não permitir mais nada em seu caminho. O cantor, compositor e produtor Billy Vera conta que, quando entregou a fita de uma gravação feita em 24 canais, que custara dez mil dólares e tinha a base instrumental para que Ray acrescentasse sua voz, Ray ouviu a fita e gostou da maior parte do som, mas tinha certeza de que o solo de saxofone deveria estar oito compassos depois do que havia sido gravado. Enquanto Billy observava com espanto, Ray desenrolou a fita e separou a parte do solo. Nas palavras de Billy: "Eu vi aquele homem cego cortar com uma lâmina a fita de uma gravação que havia custado dez mil dólares, colar o solo de saxofone na parte em que, segundo ele, ficaria melhor. O mais incrível é que ele estava certo: ficou perfeito. Acredite, todos nós conhecíamos Ray muito bem, por isso não tentamos detê-lo".

Nos bastidores, a vida de Ray era tão turbulenta como seu gênio. Houve dois casamentos, o primeiro com Eileen Williams, entre 1951 e 1952, e o segundo com Della Howard, de 1955 a 1957. No período entre 1950 e 1977, ele teve 12 filhos com nove mulheres diferentes, incluindo os três filhos de sua esposa Della. Conta-se que em uma reunião familiar, em 2002, Ray presenteou cada um dos filhos com um cheque livre de impostos no valor de 1 milhão de dólares.

Em 1965, o músico foi preso pela terceira vez por posse de heroína, em que havia se viciado em 1950. Em vez de cumprir pena, ele se internou em uma clínica de reabilitação em Los Angeles e, segundo todos os relatos, saiu de lá livre do vício. Foi durante seu ano de liberdade condicional, em 1966, que foi lançado o sucesso "Crying Time".

Em 30 de abril de 2004, Ray fez sua última aparição pública, ocasião em que foi homenageado pelas autoridades e em que seu estúdio em Los Angeles foi transformado em patrimônio histórico. Menos de dois meses mais tarde, às 11h35 do dia 10 de junho, Ray Charles morria de câncer no fígado em sua casa em Beverly Hills, rodeado pela família e amigos, incluindo a parceira de longa data Norma Pinella. Seu corpo foi enterrado no cemitério de Inglewood, na Califórnia. Ray deixou 12 filhos, 21 netos e 5 bisnetos.

De Francine

Ray recuperou a visão no instante em que entrou no túnel, e uma multidão se reuniu para cumprimentá-lo quando chegou ao Lar, liderada por seu irmão George e por sua mãe. Foi um reencontro especial, extasiante – imagine que as primeiras coisas que ele viu depois de décadas de cegueira foram os rostos que ansiava ver, cercados pela extraordinária beleza do Outro Lado. Todos que presenciaram a cena comentaram que as lágrimas de Ray foram de pura alegria, sem surpresa e alívio. Embora ele nunca tenha alardeado sua fé, sempre soube, com certeza inabalável, para onde iria quando seu corpo morresse e quantas coisas o aguardariam quando retomasse a vida do Outro Lado. Segundo Ray, essa certeza lhe permitiu tirar o máximo de seu tempo aqui na Terra, sem nunca temer o que viesse a seguir. Ele foi capaz de se concentrar em cada um dos momentos que viveu, algumas vezes com obstinação e com potencial de autodestruição, admite, mas foi um dos poucos a retornarem para o Lar sem a sensação de ter deixado negócios inacabados para trás.

Durante o tempo na máquina de esquadrinhamento ele recordou todas as suas vidas passadas tanto aqui quanto na Terra, com clareza completa e reconhecendo que a música sempre foi essencial para seu espírito: ele passou três encarnações como compositor de música clássica e uma como um famoso cantor de ópera em Praga. Sua vida como Ray Charles foi a maneira de influenciar outros músicos, no presente e no futuro, como tantos o influenciaram ao longo da jornada de sua alma, preenchendo com criatividade, liberdade, inovação, paixão e disciplina algo que nem mesmo a cegueira foi capaz de desencorajar.

Ele toca no Lar em shows emocionantes junto com outros cantores e músicos, velhos amigos daqui e de encarnações passadas. Continua "indo em frente", como se diz, por ser um dos nossos compositores mais prolíficos. Ray começou a incutir suas composições na mente de um garoto, um novo prodígio musical, que está hoje com 11 anos de idade. Seu nome ou sobrenome é Martin, e ele vive em Macon, na região da Geórgia. O menino já é reconhecido pelo talento como cantor e guitarrista. Quando estiver na adolescência, começará a compor canções no estilo de Ray Charles sem saber de onde veio a inspiração. Quatro dessas canções serão gravadas e alcançarão o sucesso quando o rapaz estiver com 25 anos.

Ray está envolvido no desenvolvimento de algo ligado aos avanços em softwares que auxiliam a compor e transcrever músicas em braile, e faz parte de uma equipe de pesquisadores que explora o uso de células-tronco para reverter a cegueira e outras doenças oculares. Sua residência principal fica sobre as falésias acima do que corresponde ao local na Terra que vocês chamam de Big Sur, na Califórnia. Ray está sempre rodeado por um grande grupo de amigos com quem ele toca música e joga xadrez e futebol.

O que Ray mais lamenta é não ter dito "não" com mais frequência, especialmente quando se tratava da heroína. Ele se lembra de que, quando se envolveu com as drogas, achou que era simplesmente entregar-se à liberdade de ser capaz de fazer o quisesse, mas agora olha para o vício como "mais uma forma de escravidão".

Ele diz que nunca ouviu uma interpretação mais bonita de "Georgia on My Mind" que a de Willie Nelson em seu funeral. Sua encarnação como Ray Charles foi a última.

Michael Jackson

De acordo com o *Guinness World Records*, Michael Jackson é o "mais bem-sucedido entertainer de todos os tempos". Ele foi incluído duas vezes no hall da fama do rock. Ganhou 15 Grammy e 26 American Music Awards, incluindo o de "Artista do Século", foi um dos cantores que mais venderam discos na história da música e, com os próprios esforços e doações, levantou mais de 300 milhões de dólares para a caridade. Durante seu brilhante, controvertido e ocasionalmente bizarro período neste mundo, Michael Jackson se tornou uma lenda.

Michael Joseph Jackson nasceu em Gary, Indiana, em 29 de agosto de 1958. Foi o oitavo dos dez filhos de Joe e Katherine Jackson. Quando Michael tinha oito anos, ele e seu irmão Marlon começaram a fazer os vocais principais da banda da família, formada por Jermaine, Jackie e Tito, cujo nome mudou de Jackson Brothers para Jackson Five.

Os jovens foram contratados pela Motown Records de 1968 até 1975, quando passaram para a CBS / Epic Records, mudando novamente o nome da banda para simplesmente Jacksons. Michael era o vocalista e o compositor principal até então. Interpretando o espantalho em *O mágico inesquecível*, de 1978, trabalhou pela primeira vez com o renomado produtor Quincy Jones, que fez os arranjos da trilha sonora. Jones e Michael então fizeram juntos a produção do álbum solo de Michael, *Off the Wall*, um sucesso estrondoso de 1979. Nesse mesmo ano Michael quebrou o nariz e fez a primeira de uma série muito divulgada de rinoplastias, muitas delas desconcertantes.

Em 1982, foi lançado o segundo disco de Michael pela Epic Records, *Thriller*. Quase 30 anos depois, esse continua a ser o disco mais vendido na história da indústria fonográfica. A hipnotizante performance de 1983, no show de 25 anos da Motown com o restante dos Jackson Five, foi testemunhada por 47 milhões de telespectadores em todo o mundo, confirmando seu status de estrela internacional, um ícone conhecido por sua individualíssima luva de lantejoulas, sua assombrosa e cristalina voz e o passo de dança chamado *moonwalk*, que se tornou sua assinatura.

Durante as filmagens de um comercial da Pepsi, em 1984, um erro no manuseio de fogos de artifício provocou um acidente que ateou fogo ao cabelo de Michael, causando-lhe queimaduras de segundo grau. Alguns acreditam que esse teria sido o início real de seu vício em cirurgias plásticas e analgésicos, uma praga que o assolaria para o resto da vida. O que não teve a publicidade merecida foi o fato de ele ter doado sua indenização, no valor de 1,5 milhão de dólares, para a organização hoje conhecida como Michael Jackson Burn Center, em Culver City, na Califórnia.

Enquanto a carreira de Michael nos discos continuava avançando brilhantemente, sua saúde e seu comportamento tornaram-se uma preocupação crescente enquanto a década de 1980 terminava. Ele foi diagnosticado com vitiligo, a razão das manchas brancas em seu corpo, e o tratamento acabou por clarear a pele toda, provocando rumores de que Michael passava por um processo deliberado de branqueamento. Ele ainda foi diagnosticado com lúpus, sua magreza desencadeou rumores de anorexia, a mudança radical na estrutura facial sugeriu uma série contínua de cirurgias plásticas, o que ele negou em público, e ele se tornou cada vez mais introvertido e andrógino na época em que comprou o rancho Neverland, de 2.700 acres, perto de Santa Barbara, na Califórnia, em 1988. Esse lugar se tornaria ao mesmo tempo sua casa, um jardim zoológico e um parque temático. Os tabloides noticiavam cada detalhe bizarro de sua vida, mas não mencionavam suas doações para a caridade, quase sem precedentes no mundo. Entre elas estavam milhões de dólares para a Fundação Heal the World, que ele criou para fornecer abrigo, alimentação e atendimento médico a crianças carentes.

Em 1993, Michael Jackson foi acusado de abusar sexualmente de um menino de 13 anos. Ele negou as acusações, e resolveu a questão fora dos tribunais com o pai do menino. Diz-se que o acordo teria envolvido a soma de 22 milhões de dólares, e as investigações sobre possíveis acusações criminais foram encerradas devido à falta de provas. Michael nunca se recuperou psicológica e emocionalmente do constrangimento e da sensação que as alegações causaram na imprensa do mundo inteiro.

Em 1994, ele se casou com a filha de Elvis Presley, Lisa Marie, um casamento que durou menos de dois anos e foi considerado nada mais que um esforço para reabilitar sua imagem. O segundo casamento, em 1996, foi com uma enfermeira chamada Debbie Rowe, com quem teve dois filhos: Michael Joseph Jr., apelidado de Prince, e Paris-Michael Katherine. Divorciaram-se em 1999, e Debbie Rowe renunciou à custódia total das crianças em favor de Michael. Em 2002, nasceu o terceiro filho do cantor. A identidade da mãe do menino nunca foi revelada. Michael disse que Prince Michael Jackson II, apelidado de Blanket, é fruto de inseminação artificial.

Novas acusações de abuso sexual infantil em 2004 levaram a um julgamento explosivo de cinco meses, freneticamente explorado pela mídia, que resultou na absolvição de todas as acusações. Física e emocionalmente exausto após o longo calvário, Michael deixou o País com seus filhos, passando mais de um ano em Bahrein, a convite do xeque Abdullah. Ele voltou aos Estados Unidos no final de 2006, para assistir ao funeral do "chefão do soul" James Brown.

Uma avalanche de problemas financeiros começou em 2005, e apenas uma parte deles foi resolvida com a venda do rancho Neverland. Michael começou a planejar um retorno, e em março de 2009 anunciou que iniciaria sua primeira grande excursão em mais de uma década, chamada "This Is It", e começaria em Londres, em 13 de julho de 2009. Os ingressos para todos os 50 shows programados se esgotaram em questão de dias, e Michael imediatamente começou os ensaios em Los Angeles para o que, sem dúvida, teria sido um retorno histórico.

Em 25 de junho de 2009, menos de três semanas antes da estreia em Londres, Michael Jackson morreu de um ataque cardíaco induzido por medicamentos, depois de desmaiar na casa alugada onde morava, em Los Angeles. Ele tinha 50 anos. A causa da morte foi registrada como "homicídio". O médico que ministrou os medicamentos na manhã de sua morte foi acusado de homicídio culposo e aguarda julgamento. Em um último tributo ao cantor, dançarino, compositor, filantropo, e homem como nenhum outro antes ou depois dele, mais de 30 milhões de americanos assistiram ao funeral de Michael pela televisão.

De Francine

Nunca vimos um espírito tão extasiado por estar de volta ao Lar do que Michael quando chegou. Embora não tivesse tirado a própria vida deliberadamente, ele vinha se preparando para estar aqui havia algum tempo, a fim de ficar livre de um corpo que lhe parecia cada vez mais doloroso, viciado e propenso à exaustão. Seu extraordinário talento, e uma fragilidade emocional muito particular criaram uma vida em que ele foi muito admirado, mas à qual nunca se sentiu verdadeiramente adequado, e não entendia por que era visto como um ser estranho.

Ele foi recepcionado por uma mulher alta e robusta, com rosto redondo e doce, mas ela teve de esperar para cumprimentá-lo por causa da multidão de animais queridos de todos os tipos que estavam lá para recebê-lo. Imediatamente após essa frenética reunião, Michael fez uma coisa muito rara: ignorou a máquina de esquadrinhamento e a orientação, que os recém-chegados acham muito mais úteis na transição, e, em vez disso, fez uma série de 16 emocionantes concertos junto com dezenas de músicos transcendentais, cantores e bailarinos. Ele então retornou à vida que lhe traz grande alegria: entreter, dar aulas de dança e viver entre incontáveis animais. Michael costuma visitar os filhos e a mãe na Terra. Nenhum pai ou mãe amou os filhos mais do que ele, que deseja que as crianças saibam que seu pai está olhando por elas e sente muito orgulho. Ele quer que a sua herança seja ferozmente protegida em nome dos filhos.

Michael não tem nada a dizer para ou sobre o pai, mas ama o resto de sua família e sugere com firmeza que os irmãos façam uma turnê novamente como tributo a ele. "Pacificamente", acrescenta, com um sorriso.

Sua fragilidade emocional o deixou mais à vontade com as crianças que com os adultos, mas ele é enfático, aqui do Outro Lado, onde não há dolo, nenhuma defesa e nada a perder, ao dizer que nunca molestou ou tocou uma criança de forma inadequada, nunca em sua vida, e nunca tal coisa chegou a passar por sua cabeça. Essa acusação foi uma ferida que lhe causou dor até seu último dia na Terra.

Falando nisso, a aparência de Michael aqui, em seu corpo saudável dos 30 anos, é exatamente como ele estava antes de começar as cirurgias plásticas e os tratamentos de pele.

Finalmente, uma palavra a Elizabeth Taylor, sua amiga mais querida na Terra. Ele sabe que suas almas estão ligadas por três vidas passadas juntos, incluindo duas em que eram irmãos.

Audrey Hepburn

Essência da graça e da feminilidade ao longo de toda a sua carreira, Audrey Kathleen Ruston, posteriormente Audrey Hepburn (parente muito distante da atriz Katharine Hepburn), nasceu em 4 de maio de 1929 em Ixelles, na Bélgica, filha única do banqueiro inglês Joseph Ruston e de sua segunda esposa, a baronesa holandesa Ella van Heemstra. Pouco tempo depois de seu nascimento, o pai adotou o sobrenome de sua avó, Hepburn, de modo que ela passou a ser chamada de Audrey Hepburn-Ruston. Audrey era cidadã britânica, apesar de ter nascido na Bélgica, e foi educada na Inglaterra durante a primeira infância. Joseph Ruston, que era simpatizante do nazismo, deixou a família em 1935, um evento ao qual Audrey sempre se referiu como a experiência mais traumática de sua vida. (Ela conseguiu localizá-lo décadas mais tarde, e, embora nunca houvesse uma reconciliação total, Audrey o apoiou financeiramente até a morte dele, em 1980.)

Em 1939, diante da ameaça da Segunda Guerra Mundial, a mãe de Audrey se mudou com ela e os seus dois meio-irmãos para a casa do avô, na Holanda, acreditando que lá estariam mais seguros. No entanto, os alemães logo invadiram esse país, o que resultou na morte de muitos parentes de Audrey. Ela e sua mãe lutaram desesperadamente para se manter vivas, passando fome, como muitos ao redor delas. Desejando cooperar de alguma forma, Audrey, que já era uma bailarina talentosa àquela altura, participou de diversos eventos para angariar fundos e apoiar os esforços de guerra dos holandeses.

Quando a guerra finalmente acabou, Audrey e a mãe voltaram para a Inglaterra, onde a garota foi informada de que, apesar de suas habilidades no balé serem brilhantes, a estatura acima da média (1,70 m) e o corpo dolorosamente magro poderiam impedi-la de alcançar o ápice da sonhada carreira de bailarina. Foi essa avaliação que a estimulou a procurar a carreira de atriz, na qual poderia investir sua experiência atuando em uma área na qual o potencial seria ilimitado. Ela fez alguns testes bem-sucedidos para atuar em peças e filmes pelos quais não recebeu crédito até que, em 1952, foi escalada pela escritora francesa Colette para a adaptação do romance *Gigi* para um musical da Broadway. Collette soube instantaneamente que ninguém além de Audrey deveria interpretar a protagonista, e estava certa. O desempenho de Audrey foi aclamado pela crítica, ela ganhou um prêmio da associação teatral e foi rapidamente contratada pela Paramount Pictures para ser a atriz coadjuvante de Gregory Peck no filme *A princesa e o plebeu*, de 1953. Essa atuação lhe rendeu o Oscar de melhor atriz, aos 24 anos.

A seguir veio *Sabrina*, dirigido por Billy Wilder e coestrelado por William Holden e Humphrey Bogart. Durante as filmagens, Audrey teve um caso malfadado com Holden, que era casado. Ela então voltou à Broadway para trabalhar com Mel Ferrer em *Ondine*, e se casou com ele meses depois. Por causa de seu talento e capacidade de atuação, em 1954 Audrey tornou-se uma das três únicas atrizes da história a ganhar no mesmo ano os prêmios de melhor atriz com o Globo de Ouro, com o Oscar (ambos por sua atuação em *A princesa e o plebeu*) e com o Tony (por *Ondine*).

Hollywood e o público americano não se cansavam da graciosa, elegante e requintada atriz em meados da década de 1950. Audrey era escalada para um filme após o outro ao lado dos maiores astros do cinema. Em 1956, ela atuou em *Guerra e paz* com Harry Fonda, e ganhou uma indicação ao Globo de Ouro; em 1957 fez *Cinderela em Paris*, com Fred Astaire, e *Amor na tarde*, com Gary Cooper; em 1959, filmou *A flor que não morreu*, com Anthony Perkins; finalmente, em 1960 fez *O passado não perdoa*, com Burt Lancaster.

A década seguinte não foi menos prolífica. Vou citar apenas alguns de seus mais memoráveis filmes e parceiros da década de 1960: *Infâmia,* com James Garner e Shirley MacLaine, e *Bonequinha de luxo,* com George Peppard (pelo qual Audrey foi indicada ao Oscar), ambos em 1961; *Charada,* com Cary Grant (pelo qual foi indicada ao Globo de Ouro); *My Fair Lady,* com Rex Harrison, em 1964 (pelo qual recebeu outra indicação ao Globo de Ouro); *Como roubar um milhão de dólares,* com Peter O'Toole, e *Um caminho para dois,* com Albert Finney, em 1966.

Um dos filmes mais intensos e difíceis para Audrey foi *Um clarão nas trevas*, de 1967, produção perturbadora de seu marido, Mel Ferrer, filmada enquanto seu casamento de 14 anos estava desmoronando. O filho deles, Sean, que nasceu em 1960, diria mais tarde que Audrey ficou casada tempo demais. Dizia-se que Ferrer tinha uma amante; ele era assumidamente controlador e tinha um temperamento terrível.

O divórcio de Audrey e Ferrer foi concluído em 1968, e em 1969 ela se casou com Andrea Dotti, um psiquiatra italiano a quem conheceu em um cruzeiro pelas ilhas gregas. Audrey já havia decidido, em 1967, que deveria abrandar o ritmo de sua carreira, e a sabedoria dessa decisão tornou-se especialmente clara durante a difícil gravidez de seu filho com Dotti, Luca, que nasceu em 1970. Infelizmente, embora a amasse muito, Dotti não conseguia resistir à tentação de sair com outras mulheres, e, em 1976, Audrey se separou dele e voltou ao trabalho, coestrelando *Robin e Marian* com Sean Connery. Depois de dois filmes com Ben Gazzarra e um especial de TV com Robert Wagner nos anos 1980, Audrey trabalhou pela última vez como atriz, numa breve aparição como um anjo em *Além da eternidade,* de Steven Spielberg. A essa altura o divórcio com Dotti já havia sido finalizado, e ela começou a viver com o ator Robert Wolders, ao lado de quem ficaria pelo resto da vida.

Mesmo no auge do sucesso, o coração de Audrey jamais se recuperou das lembranças da infância desesperada e desnutrida na Holanda durante a guerra. Ela também não se esqueceu das outras crianças ao redor do mundo que estavam presas a uma situação de pobreza aparentemente sem esperanças. Por isso, trabalhou com a UNICEF, o Fundo da Infância das Nações Unidas, durante décadas. Depois do filme *Além da eternidade,* Audrey decidiu dedicar-se a curar a ferida em seu coração. Após ser nomeada Embaixadora da Boa Vontade da UNICEF, ela passou a viajar para as áreas mais pobres dos países mais pobres, percorrendo a África, a América Central e a América do Sul, Bangladesh, Vietnã. Não poupou esforços para levar água potável, comida, suprimentos médicos a esses lugares e algum lampejo de esperança para onde quer que fosse. Foi premiada com a Medalha Presidencial da Liberdade em 1992, e postumamente com o prêmio humanitário Jean Hersholt da Academia de Cinema, Artes e Ciências.

Em outubro de 1992, Audrey foi examinada em Los Angeles a fim de descobrir a causa das dores abdominais que vinha sofrendo. Em novembro os médicos descobriram um câncer abdominal que vinha crescendo havia vários anos. Uma segunda cirurgia, em dezembro, levou à conclusão de que o câncer havia se espalhado muito e era inoperável. Audrey Hepburn foi imediatamente transportada para a Suíça, onde faleceu, em 20 de janeiro de 1993, aos 63 anos.

De Francine

Ninguém que conhecesse Audrey na Terra ficaria surpreso ao saber que ela é uma entidade com missão de vida, uma alma altamente avançada, que é tão querida do Outro Lado quanto foi em sua qua-

dragésima terceira e última encarnação. Ela recebeu uma maciça e feliz celebração de boas-vindas. Sua mãe foi a primeira a abraçá-la, e William Holden, que nunca deixou de amá-la, foi o segundo. Embora ela diga que sua morte tenha parecido muito brusca para aqueles que lhe são mais próximos, não ficou surpresa e fez as pazes com isso – Audrey tinha um problema abdominal crônico mais de um ano antes de ser diagnosticada. Os entes queridos que estavam aqui do Outro Lado começaram a lhe fazer visitas constantes durante sua segunda cirurgia, lembrando-lhe a alegria e o trabalho importante que esperavam dela. Audrey já estava no meio da festa de boas-vindas ao Lar no momento em que seu corpo deu o último suspiro.

Ela foi estudar sua vida na máquina de esquadrinhamento, recuperando totalmente seu script e seus temas de vida, cuidador e construtor, e essas lembranças a encheram de gratidão pela "honra" (palavra dela) de ser presenteada com dois filhos que ela amava "do mais fundo de minha alma". (Ela espera que eles saibam o quanto se sente orgulhosa deles e o quanto é feliz por saber que se amam.) Audrey sentiu-se abençoada pela carreira de que tanto gostava e pelas oportunidades de ter tido relacionamentos com homens tão fascinantes e desejáveis. Mas nada a emocionava tanto quanto "as crianças". Seu compromisso com elas é mais forte do que nunca. Suas frequentes visitas à Terra são dedicadas aos países do Terceiro Mundo, onde seu poderoso espírito oferece conforto e esperança a cada criança e a cada um que continua seu trabalho. Ela reúne informações em cada uma dessas viagens e as oferece para aconselhar a equipe de pesquisadores e desenvolvedores com quem está explorando um leque de possibilidades para transformar terras áridas em solo produtivo para a agricultura. Por volta de 2028 em seu tempo, eles esperam incutir na mente dos geólogos, botânicos e especialistas em meio ambiente ideias que permitirão a cada país ser autossuficiente na capacidade de alimentar generosamente a própria população, não importando quão inférteis suas terras possam parecer hoje.

Audrey tem uma vida simples em uma pequena comunidade de artistas e escritores que gostam de se reunir com vários outros habitantes locais em um anfiteatro para assistir a filmes de seu mundo, tanto os atuais como os clássicos. De vez em quando Audrey promove recitais de dança nas feiras de arte que ocorrem do Outro Lado e ensina balé para os mais dotados nessa área que escolheram essa arte para suas futuras encarnações.

Audrey também se tornou uma artista habilidosa em pintura com aquarela, e está ilustrando seu livro, chamado Porque Delas é o Reino de Deus, *título extraído do versículo bíblico Marcos 10:14, onde se lê: "Pai, deixai vir a mim as criancinhas e não as impeçais, porque delas é o reino de Deus". Ela confiou a recriação desse livro na Terra a um amigo muito próximo, chamado Emile, que está reencarnado perto de Vancouver, no Canadá, e que traçou seu script para se tornar um escritor de sucesso antes dos 20 anos.*

John Candy

O amado ator e comediante John Candy Franklin nasceu em Toronto em 31 de outubro de 1950, o caçula dos dois filhos de Sidney e Evangeline Candy. Sidney, que era vendedor de carros, morreu do coração aos 35 anos, deixando John, com cinco anos de idade, e seu irmão para serem criados com o esforço da mãe, da tia e avós. Na escola católica para meninos Neil McNeil High School, John era inteligente, bem-humorado, popular e jogador de futebol americano talentoso, mas, quando foi afastado para cuidar de uma lesão no joelho, começou a participar de produções teatrais da própria escola, nas quais a confiança em sua simpatia e no talento para a comédia começaram a crescer.

Ele então foi para o Centennial Community College estudar jornalismo, com a finalidade básica de se tornar repórter esportivo. Mas as aulas de teatro se tornaram algo irresistível, e um pequeno papel não creditado no filme *Hércules em Nova York*, de 1970, com Arnold Schwarzenegger, revelou-se uma atração muito mais poderosa que as salas de aula. Naquele mesmo ano ele deixou a faculdade para seguir carreira na promissora cidade de Toronto. John começou a aparecer em filmes locais e em produções televisivas, incluindo espetáculos para crianças, nos quais sua afabilidade natural se mostrava irresistível. Ele fez amizade com o também canadense Dan Aykroyd, e em 1972 ambos fizeram um teste para a filial canadense da famosa trupe de humor de Chicago, Second City. O teste de John causou um impacto tão grande que ele recebeu um convite para se juntar ao grupo principal, em Chicago, onde ficou amigo de outros artistas da companhia, como John Belushi, Gilda Radner e Bill Murray.

John voltou para a filial de Toronto em 1976 e equilibrou suas apresentações no Second City com um programa noturno na TV chamado *Ninety Minutes Live* e alguns filmes de baixo orçamento. Em outubro daquele ano, ajudou a lançar a série SCTV (Second City Television), programas de humor de meia hora. A SCTV começou a ser exibida nos Estados Unidos em 1977 e foi comprada pela NBC em 1981. Durante a temporada de dois anos em rede nacional, John ganhou dois Emmy e o apoio dos fãs americanos. Ele conciliou o trabalho na SCTV com a construção de uma carreira cinematográfica, que incluiu *Os irmãos cara de pau,* de 1980, estrelado por seus colegas de palco e televisão Dan Aykroyd e John Belushi, *Recrutas da pesada,* de 1981, e *Férias frustradas,* de 1982. Seu papel em *Uma sereia em minha vida,* de 1984, como o irmão de Tom Hanks, homem comum e divertido, reforçou sua imagem de pessoa confiável, versátil e com enorme apelo popular.

Um de seus anos mais movimentados foi 1985, começando como parceiro de Richard Pryor em um dos muitos remakes de *Chuva de milhões,* além de um filme que foi um desperdício de talento chamado *Temporada de verão*, dirigido por Carl Reiner. Ele também foi produtor executivo e estrelou em um maravilhoso especial da HBO chamado *The Last Polka.* Ninguém ficou mais surpreso do que John quando sua imagem divertida, amável e bem-sucedida o impeliu para a lista da revista *Playgirl* como "O Homem Mais Desejável" de 1985. Até aquela data ele tinha um casamento feliz e comprometido de seis anos com Rosemary Horbor, com quem teve dois filhos, Jennifer, em 1980, e Christopher, em 1984, mesmo assim adorou essa "eleição".

A segunda metade da década de 1980 trouxe trabalhos que deram a John a oportunidade de mostrar sua versatilidade, desde um papel de coadjuvante na paródia de ficção-científica *S.O.S – Tem um louco no espaço*, de Mel Brooks, até um papel memorável e emocionante na comédia *Antes só do que mal acompanhado*. Porém, no início da década de 1990, a carreira de John parecia estar se desvanecendo. Estimulado a dar vida nova à percepção que a indústria tinha a seu respeito, John decidiu expandir seus horizontes e aceitar papéis menos óbvios e estereotipados. Sua estreia como diretor veio em 1994, com um telefilme da Fox chamado *Refém por um dia*, depois ele foi para o México, onde participou de *Dois contra o Oeste*, sem saber que seria seu último filme.

A obesidade atormentou John inexoravelmente por toda a vida adulta. Ele estava dolorosamente consciente de seu potencial para repetir a morte precoce do pai, de uma doença cardíaca. Sabia, racionalmente falando, que o peso de mais de 140 quilos num corpo de 1,90 m somado ao vício em cigarros, punha sua vida em risco. Ele sentia, ainda, a necessidade de fazer uma cirurgia nos quadris lesionados, mas o médico se recusou a realizar a intervenção até que ele perdesse peso. Embora estivesse realmente angustiado com o problema da obesidade, uma parte de John temia que aquilo já tivesse se tornado algo intrínseco à sua imagem e à sua personalidade. Ele tinha medo de perder a popularidade se isso desaparecesse. Mas finalmente conseguiu parar de fumar e começou a perder peso nos meses que antecederam as filmagens de *Dois contra o Oeste*.

Tragicamente, seus esforços vieram, aparentemente, tarde demais. Em 4 de março de 1994, após um longo dia de filmagens no calor do deserto, John Candy passou alguns minutos ao telefone com os atores coadjuvantes para agradecer-lhes o apoio durante algumas cenas particularmente desafiadoras, foi para a cama dormir e nunca mais acordou. Ele faleceu de ataque cardíaco aos 43 anos.

De Francine

John e seu pai ficaram loucos para se reunir quando John voltou ao Lar, e em meio ao grande rebanho de animais que esperava para saudá-lo havia um yorkshire terrier especialmente ansioso. Após sua visita à máquina de esquadrinhamento, decidiu-se que John iria se beneficiar de um período de acolhimento em uma das câmaras – sua morte foi repentina e veio muito mais cedo do que ele esperava, de forma que, quando percebeu o que havia acontecido, ficou chocado, um pouco desorientado e cheio de pesar pelo fato de seu maior medo ter se concretizado: ele havia deixado os seus filhos sem pai, assim como seu pai o havia deixado prematuramente.

Depois que saiu da câmara de acolhimento, John se mostrava em paz com o ponto de saída que havia escolhido ao montar seu script. Ele havia ido para casa no final de um dia especialmente feliz, fazendo o que mais amava, deixando para trás uma esposa e filhos que tinha perfeita consciência de que eram amados profundamente por ele e cujo sustento e conforto tinha feito o possível para garantir. Como se viu, as últimas lembranças que sua família tem dele são do homem maravilhosamente engraçado, simpático, brincalhão, amoroso, cheio de luz que ela conheceu, e John é tudo isso e muito mais aqui no Outro Lado, agora que sua passagem pelo acolhimento está completa. John ama especialmente reunir uma grande variedade de pessoas interessantes para festas e comemorações especiais. Ele tem 30 anos de idade aqui, é claro, e sua aparência é a de um homem de estatura mediana, tez escura, com um corpo esguio e muito gracioso. Poucos dançarinos são mais habilidosos e entusiasmados do que John, o que torna suas festas ainda mais populares. Ele também é atleta, e gosta especialmente de beisebol e esqui.

John adora os filhos, está orgulhoso de sua esposa por ser uma mãe dedicada e diz que adora a coleção de fotos emolduradas.

Seu "trabalho" aqui é muito parecido com o que ele continua a realizar na Terra. Tenha em mente que, enquanto todos nós temos 30 anos de idade aqui, voltamos para o Nosso Lar com a idade em que estávamos quando nosso corpo morreu, e o processo para chegar aos 30 anos não é um evento instantâneo. A paixão escolhida por John é estar entre aqueles que ajudam as crianças recém-chegadas a fazer essa transição sem receio para o Outro Lado. Ele faz frequentes visitas a hospitais infantis de todo o mundo, tranquilizando as crianças durante e imediatamente após as cirurgias com a alegria acalentadora e amorosa que emana em todos os lugares para onde vai.

Ingrid Bergman

Descrevendo sua vida notável e por vezes controvertida, Ingrid Bergman uma vez disse: "Fui de santa a prostituta, depois voltei a ser santa novamente, tudo em uma só vida". A atriz surpreendentemente bela e talentosa nasceu em 29 de agosto de 1915, em Estocolmo, Suécia. Sua mãe, a alemã Friedel, morreu quando Ingrid estava com três anos de idade. A menina foi criada pelo pai, Justus Bergman, artista e fotógrafo sueco, o primeiro a capturar sua imagem e a incentivar seu interesse pelas artes. Quando Justus faleceu, Ingrid tinha 12 anos e ficou sob os cuidados de uma tia solteira até ir morar, na adolescência, com seu tio Otto, a esposa dele e cinco filhos.

Ela se formou em uma escola particular em 1933 e, depois de um teste, ganhou uma bolsa de estudos para o Royal Dramatic Theatre School, em Estocolmo, a *alma mater* da grande Greta Garbo. Um ano depois a jovem foi contratada por um estúdio sueco e impressionou o público e os colegas com seu desempenho em uma dúzia de filmes na Suécia e na Alemanha.

Em 1936, Ingrid estrelou uma produção sueca chamada *Intermezzo*. O lendário produtor de Hollywood David O. Selznick caiu de amores pelo filme e sua estrela e, em 1939, trouxe-a para Los Angeles a fim de repetir o papel no remake americano, *Intermezzo: uma história de amor*. Àquela altura ela já estava casada desde 1937 com o dentista e futuro neurocirurgião Peter Lindstrom. O marido e sua filha bebê, Pia, foram deixados na Suécia enquanto Ingrid fazia o que esperava ser uma viagem relativamente breve para a América a fim de atuar nesse filme. Selznick foi brilhante o suficiente para não lhe dar uma transformação típica de

Hollywood: preservou o nome da atriz, seu sotaque e sua beleza natural. Quando *Intermezzo* se tornou um enorme sucesso nos Estados Unidos, o mesmo aconteceu com a graciosa, calorosamente tímida e requintadamente natural Ingrid Bergman.

Ela voltou à Suécia depois de *Intermezzo* para satisfazer uma obrigação contratual, um último filme, e em seguida retornou à América, em 1940, a fim de realizar uma apresentação na Broadway. Fez três filmes bem-sucedidos até 1942, quando lhe caíram nas mãos o roteiro de *Casablanca* e o ator Humphrey Bogart. Embora Ingrid nunca tenha considerado a personagem Ilsa um dos seus melhores desempenhos, acabou concordando que esse seria sempre o seu filme mais comentado, um filme que havia, como ela observou anos depois, "adquirido vida própria".

Em seguida veio *Por quem os sinos dobram*, adaptação para o cinema do romance de Ernest Hemingway, em 1943, pelo qual Ingrid recebeu a primeira indicação ao Oscar de melhor atriz. Seguiu-se, em 1944, o sombrio suspense *À meia-luz*, trazendo-lhe efetivamente o Oscar de melhor atriz. A interpretação de uma freira, em 1945, em *Os sinos de Santa Maria,* ao lado de Bing Crosby, trouxe-lhe a terceira indicação seguida ao Oscar de melhor atriz. Entre 1945 e 1949, Ingrid passou a trabalhar para um de seus maiores fãs em Hollywood, o diretor Alfred Hitchcock, que a escalou para *Quando fala o coração, Interlúdio* e *Sob o signo de Capricórnio*.

A quarta indicação de Ingrid ao Oscar surgiu com um papel a que ela ansiava desde que chegara a Hollywood: o papel-título em *Joana d'Arc,* produção de 1948 de Walter Wanger. Ela havia interpretado a heroína trágica na Broadway em *Joan of Lorraine* por 25 semanas em 1946, e ganhara um Tony por sua performance. Estava, portanto, em êxtase quando finalmente chegou o momento de retratar Santa Joana no cinema. É impossível calcular quão popular o filme poderia ter sido, se a vida de Ingrid Bergman não tivesse sido envolvida por um grande escândalo.

O marido e a filha de Ingrid já haviam se mudado para os Estados Unidos, e ela passava com eles a maior parte do tempo que podia, tanto em Rochester, Nova York, onde Peter estudava medicina e cirurgia, quanto em San Francisco, onde ele completava o período de residência hospitalar. O caso de amor do público americano com Ingrid, sua beleza pura, sua doce e impecável inocência nas telas se intensificava com sua postura de mãe e esposa.

O público realmente pareceu encarar como traição pessoal o fato de a atriz casada ter conhecido, se apaixonado e engravidado do diretor italiano Roberto Rossellini, igualmente casado. Ela havia escrito uma carta para ele informando que gostaria de trabalhar em um de seus filmes, e a resposta de Roberto foi criar um papel para ela em *Stromboli*, de 1949. O fato de seus respectivos casamentos já se mostrarem infelizes havia muito tempo não diminuiu o julgamento severo que ambos enfrentaram quando o caso ficou conhecido. A gravidez de Ingrid aconteceu enquanto *Joana d'Arc* ainda estava em cartaz nos cinemas americanos, e a venda de ingressos sofreu um declínio dramático. Roberto, o filho do casal, nasceu antes de ambos conseguirem concluir seus respectivos divórcios e casar-se legalmente em 1950, o que acrescentou mais acusações de imoralidade sobre Ingrid. Ela foi denunciada no plenário do Senado americano pelo senador Edwin Johnson, do Colorado, que decretou sua "poderosa influência maléfica", extremamente prejudicial aos jovens.

Compreensivelmente, Ingrid se mudou para a Itália, longe do descontentamento popular, e fez mais cinco filmes junto com Rossellini entre 1950 e 1955. Em 1952, ela teve gêmeas, Isotta, que se tornaria professora de literatura italiana, e Isabella, conhecida atriz e modelo internacional. Sua carreira não apresentou sinais visíveis de restabelecimento até 1956, quando *As estranhas coisas de Paris,* do diretor francês Jean Renoir, foi lançado.

Foi também em 1956 que Ingrid finalmente retornou a Hollywood para estrelar *Anastasia, a princesa esquecida*, pelo qual recebeu outro Oscar de melhor atriz, e fez grandes progressos na reconquista do carinho da América. O casamento com Rossellini terminou em 1957, e dois anos depois ela se casou com o produtor sueco Lars Schmidt, de quem se divorciaria em 1975.

Os dez anos seguintes foram de muito trabalho e, por fim, triunfantes para Ingrid Bergman, a começar pelo Emmy de melhor atriz recebido em 1959 pela adaptação para a TV do livro *A volta do parafuso,* de Henry James. Sua atuação em peças como *A Month in the Country,* exibida em Londres em 1965, e em *More Stately Mansions,* encenada nos Estados Unidos em 1967, mereceram a consagração. Ingrid recuperou a admiração do público do cinema em 1968, com *Flor de cacto*, em que Goldie Hawn atuou em um dos papéis principais.

Em 1974, Ingrid conseguiu a façanha de receber o terceiro Oscar, de melhor atriz coadjuvante, por *Assassinato no Expresso do Oriente,* de Sidney Lumet. A sétima indicação ao Oscar veio em 1978, por *Sonata de outono*, dirigido por Ingmar Bergman – este, apesar dos rumores, não tinha nenhum parentesco com Ingrid. Rodado na Noruega, o belo filme foi uma de suas melhores performances e, saberíamos depois, sua última atuação no cinema.

A última atuação foi em 1982, na minissérie *Golda Meir,* interpretando o papel-título na biografia da primeira-ministra israelense. Ingrid recebeu o Emmy de melhor atriz por seu desempenho impressionante. Infelizmente esse prêmio foi recebido postumamente: sua filha Pia a representou. A indústria do entretenimento sabia havia muito que a saúde de Ingrid estava precária. Ela fora diagnosticada com câncer de mama, que se espalhou. Só não se sabia que havia progredido tanto.

Em 29 de agosto de 1982, dia de seu sexagésimo sétimo aniversário, Ingrid Bergman perdeu a batalha de sete anos contra o câncer de mama. Seu corpo foi cremado em Londres, onde morreu, e as cinzas, levadas para sua casa na Suécia; parte delas foi espalhada no mar e o restante, enterrado ao lado de seus pais.

De Francine

Ingrid foi recebida pelos pais antes mesmo de emergir do túnel. Ela permaneceu na máquina de esquadrinhamento e na orientação, muito metódica em sua determinação de aprender tudo que podia da vida que tinha acabado de deixar para trás e de fazer as pazes com ela. Ingrid sabia que não se sentia culpada sobre o escândalo que vivera com Rosselini, porque em nenhum momento aquilo pareceu ter sido uma escolha. Em vez disso, ela parecia estar participando de algo inevitável, contra sua sabedoria e lógica, algo que ela precisava exigir de si mesma, independentemente da censura, do escândalo ou de sua compreensão sobre o assunto.

O que ficou muito claro para ela depois de rever sua vida várias vezes na máquina de esquadrinhamento e de receber ajuda dos conselheiros da orientação foi algo que muitos aprendem, para sua surpresa e alívio, quando retornam ao Lar: o que eles traçaram para si próprios às vezes tem um propósito maior do que aparentava quando estavam na Terra. Ao conhecer Roberto, Ingrid se dispôs a abandonar tudo e todos e, além de tudo, comprometer sua reputação para ficar com ele. Ela acreditou, equivocadamente, naquele momento, que a paixão e o amor que sentiam um pelo outro fora o motivo de Rossellini parecer um fato tão inevitável em sua vida. A crença se transformou em confusão quando o amor apaixonado e seu casamento começaram a morrer e se tornou claro que ela não passaria o resto da vida com ele.

A confusão só terminou quando, aqui do Outro Lado, Ingrid pôde refletir sobre essa vida e sobre o script que escreveu para si mesma antes de nascer: a importância enorme de Rossellini para ela foi nada mais nada menos que o fato de somente ser capaz de lhe dar exatamente aqueles três filhos que ela programara trazer ao mundo. Claro que Roberto havia definido Ingrid em seu script pela mesma razão. A atração magnética entre os dois era um aspecto secundário. Essa atração existia simplesmente porque eles reconheceram um ao outro por causa do pacto que haviam feito antes de encarnar, o pacto de, juntos, criar Roberto, Isotta e Isabella. Assim que conseguiram satisfazer os propósitos mútuos, não havia mais razão para manter o relacionamento.

Ingrid e Rossellini de vez em quando se encontram aqui em eventos sociais, principalmente nas exibições de balé e arte. Eles são educados e agradáveis, como todos nós somos aqui uns com os outros, mas não há nenhuma ligação especial entre eles. É interessante que Ingrid seja tão intrinsecamente atraída por diretores aqui como era na Terra. Ela é frequentemente vista ao lado de Alfred Hitchcock e Carlo Ponti, velhos amigos no Lar.

Como tantos atores, aliás, a aparência de Ingrid no Outro Lado é idêntica à imagem física que tinha na Terra. Imagine uma fotografia dela como a conheceu, quando Ingrid estava com 30 anos, e você saberá exatamente como ela está agora, com o acréscimo de luz da bem-aventurança pacífica se irradiando dela, como acontece com todos nós.

Ela diz que ficou desanimada quando recebeu o diagnóstico de câncer de mama. Mesmo que os médicos tenham lhe garantido que o tumor havia sido descoberto muito cedo, Ingrid sabia que, quando seu braço começasse a inchar, ela já estaria fazendo uso de seu ponto de saída e voltando ao Outro Lado, e que seus propósitos na Terra já teriam sido consumados. Ela pede a suas filhas, sobretudo Isabella, que se mantenham vigilantes sobre sua saúde, não só fazendo mamografia, mas também tomografia de dois em dois anos.

A paixão escolhida por Ingrid aqui é de orientação. Ela se especializou no trabalho com as meninas que chegam ao início da adolescência, principalmente casos de trauma e suicídio relacionados à gravidez precoce e ao assédio moral, para os quais sua recente passagem pela Terra preparou-a de forma tão eficaz. Não tem vontade de encarnar novamente.

John Lennon

Um dos membros fundadores dos Beatles, banda de rock historicamente influente, John Lennon foi um cantor, compositor, escritor, artista e ativista da paz que, em 40 anos na Terra, tornou-se uma lenda. John Winston Lennon nasceu em 9 de outubro de 1940 em Liverpool, Inglaterra, durante um ataque aéreo alemão na Segunda Guerra Mundial. Seu pai, Alfred Lennon, era um marinheiro mercante que pouco podia ficar em casa com sua esposa, Julia, e o filho recém-nascido. Devido ao relacionamento complicado, John foi viver com a irmã de sua mãe, Mimi Smith, e seu marido, George, durante a maior parte de sua infância. A mãe o visitava quase todos os dias, o que a mantinha como parte integrante de sua vida. (Alfred desapareceu quando John tinha cinco anos e só reapareceu mais de 20 anos depois.) Foi Julia quem comprou a primeira guitarra de John, em 1957, quem lhe ensinou a tocar banjo e o apresentou aos discos americanos de rock. Sua morte, em 15 de julho de 1958, atropelada por um carro, deixou John arrasado.

John foi um aluno brilhante e inteligente, mas indisciplinado, da Faculdade de Artes de Liverpool, após se formar na Quarry Bank High School, e saiu antes do último ano. Ele conheceu sua futura esposa, Cynthia Powell, no Liverpool College, em 1957, e se casaram em agosto de 1962, pouco depois que ela descobriu que estava grávida. Julian nasceu em 8 de abril de 1963.

Em março de 1957, John montou uma banda chamada The Quarrymen. Em seu segundo concerto, no dia 6 de julho de 1957, ele conheceu um jovem cantor e músico chamado Paul McCartney e o convidou para se juntar ao grupo. Os dois começaram a escrever músicas juntos, e Paul convenceu John a admitir George Harrison, então com 14 anos, a tocar com eles. Stuart Sutcliffe, colega de John na escola de arte, juntou-se a eles como baixista. A banda teve uma série de nomes até chegar ao unânime "The Beatles". Os garotos conseguiram alguma popularidade em clubes de Liverpool e Hamburgo, na Alemanha, mas nada aconteceu de relevante até tocarem no Cavern Club, em Liverpool, em 9 de novembro de 1961. Quando isso aconteceu Stuart Sutcliffe já havia deixado o grupo, falecendo em seguida, e o baterista Pete Best tinha sido substituído por Ringo Starr. Só depois do Cavern Club o nome dos Beatles se espalhou como um relâmpago sobre a face da Terra. Brian Epstein, dono de uma loja de discos, gostou do desempenho dos rapazes e assumiu o posto de empresário deles. Em 9 de maio de 1962, Epstein convenceu o produtor George Martin a falar deles à gravadora EMI, que os contratou. O primeiro disco, *Please Please Me,* rapidamente se tornou o número um nas paradas inglesas.

Em janeiro de 1964, o segundo álbum dos Beatles, *Introducing... the Beatles*, alcançou o topo das paradas americanas. John, Paul, George e Ringo "atravessaram até o outro lado do lago" para fazer sua lendária apresentação no *Ed Sullivan Show*, que os catapultou para o estrelato internacional e desencadeou aquilo que veio a ser conhecido como "a Invasão Britânica": a chegada dos Beatles e de outras bandas de rock inglesas, como Rolling Stones, Animals, Kinks, Dave Clark Five e Herman's Hermits.

Em 1964, os Beatles fizeram o primeiro filme, *A Hard Day's Night*, e dois livros de John, *In His Own Write* e *A Spaniard in the Works,* foram publicados no mesmo ano. O segundo filme do grupo, *Help!,* foi lançado em 1965, e o turbilhão insano das turnês mundiais finalmente culminou, com o show no Candlestick Park de San Francisco, em 29 de agosto de 1966.

Experimentar drogas foi tão normal com os Beatles como foi com qualquer jovem da década de 1960, e a influência disso se tornou evidente nos discos posteriores, especialmente *Sergeant Pepper's Lonely Hearts Club Band*, considerado o melhor disco de rock da história. A morte de Brian Epstein, de overdose acidental com medicamentos para insônia, em 27 de agosto de 1967, foi um golpe chocante para os rapazes, e, depois da filmagem do impopular *Magical Mystery Tour* e da gravação de sua trilha sonora, os Beatles viajaram para a Índia, cedendo à febre da meditação transcendental sob as instruções do Maharishi Mahesh Yogi. Voltaram para a Inglaterra para filmar *Yellow Submarine* e gravar o disco *The Beatles*, que ficou conhecido como *The White Album*.

Nessa época pouco ou nada havia sobrado do casamento de John e Cynthia, e eles se divorciaram em 1968. Em novembro do mesmo ano John participou da inauguração de uma exposição de arte na Indica Gallery, de Londres, e conheceu a artista japonesa Yoko Ono. Eles se tornaram praticamente inseparáveis desde aquele encontro decisivo e se casaram em Gibraltar, em 20 de março de 1969.

A parceria instantânea entre John e Yoko exacerbou a tensão que já causava sérios problemas à banda. O casal criou sua própria versão de protestos de paz, passando dias na cama, gravando entrevistas e formando a Plastic Ono Band, que gravou o hino pacifista "Give Peace a Chance". Em setembro de 1969, logo após o lançamento do disco *Abbey Road,* John anunciou oficialmente que estava deixando os Beatles.

Em 1971, após a gravação do seu aclamado disco *Imagine*, John se mudou com Yoko para os Estados Unidos, onde foram atacados quase imediatamente pelos esforços do governo Nixon para vê-los deportados. O pretexto era a condenação de John na Inglaterra, em 1968, por porte de maconha. A realidade, revelada em artigos subsequentes que foram divulgados como resultado do Freedom of Information Act, era que o governo desejava punir o casal por suas manifestações contra a Guerra do Vietnã. Nixon renunciou em 1974, e em 1976 John recebeu o visto de residência permanente nos Estados Unidos.

A separação de John e Yoko, em 1973, foi o início de uma viagem de 18 meses para Los Angeles, obscurecida pelas drogas e pelo álcool, que John chamou de "fim de semana perdido" e que culminou na reconciliação do casal. No trigésimo quinto aniversário de John, em 9 de outubro de 1975, Yoko deu à luz Sean, e John optou por ficar em casa, em Nova York, pai e dono de casa em tempo integral. Em 1980, porém, ele voltou ao estúdio para gravar *Double Fantasy*, disco bem-sucedido que incluiu a fantástica *Starting Over*.

Na noite de 8 de dezembro de 1980, menos de um mês após o lançamento de *Double Fantasy*, John Lennon foi morto a tiros pelo fã enlouquecido Mark Chapman em frente ao Edifício Dakota, em Nova York, onde ele vivia feliz com Yoko e Sean. A marca que John Lennon deixou no mundo vai muito além de suas músicas, como todos os que foram tocados por sua existência continuam a *imaginar*.

De Francine

John é uma força da natureza muito querida por aqui. Quando fomos surpreendidos por sua chegada, ficamos eufóricos. Ele, por outro lado, estava irado e inconformado com as circunstâncias de sua morte, e nem mesmo o abraço de sua querida mãe na saída do túnel lhe deu conforto. John foi imediatamente levado para a câmara de acolhimento por Gregory, seu espírito-guia, onde foi espiritual e emocionalmente curado depois de cerca de cinco anos em seu tempo. Nessa ocasião ele já estava vigoroso novamente e animado para voltar à vida do Outro Lado depois de passar um tempo na máquina de esquadrinhamento. Nessa revisão ele expressou profundo pesar por sua negligência em relação à primeira esposa, especialmente quanto a seu filho Julian. "Posso oferecer um milhão de razões, mas nenhuma desculpa", diz ele. "Não foi por falta de amor por ele, isso é certo. Tinha mais que ver com meu jeito egoísta de ser e meu comportamento como um cara que foi um pé no saco de todo mundo por tantos e tantos anos. Adoro meus dois filhos, e tenho muito orgulho deles. Para Paul, Elton e os outros caras que se dispuseram a ser melhores pais para Julian do que eu fui, saibam que estou profunda e eternamente grato."

John reconhece que teve diversas premonições de morte prematura e nunca acreditou que viria a ser um homem idoso, o que talvez explique por que tentou "viver várias vidas numa só" até que Yoko, diz ele, deu-lhe "os limites que impediram que eu me autodestruísse totalmente, e Sean veio para finalmente colocar minhas prioridades em seu devido lugar".

Sua vida aqui é, em muitos aspectos, uma continuação da última encarnação. Ele é profundamente espiritual e grande estudioso do budismo e hinduísmo. (Ele e George Harrison são sempre vistos meditando e fazendo longas e reflexivas caminhadas, agora que George está de volta ao Lar também.) John é brilhante e continua a escrever livros só por diversão. Continua a tocar e compor, muitas vezes em colaboração com seu amigo Harry Nilsson. Ele prefere uma vida simples em sua "casa", que consiste em nada além de um quarto modesto, um extraordinário sistema de áudio e vídeo, segundo me disseram. Está sempre descalço e usando túnica. Sua busca apaixonada pela paz na Terra, que existia muito antes de sua reencarnação mais recente e vai continuar até que o objetivo seja conseguido, é manifestada em palestras muito populares e também por meio da participação, muito valorizada, em um congresso de paz que está em curso com antigos líderes mundiais. "Nós incutimos nossas soluções constantemente nas pessoas", diz John, "mas elas não podem ser recebidas por pequenas mentes fechadas."

Diana Spencer, Lady Di

Uma das mulheres mais célebres da família real britânica, Diana Frances Spencer nasceu em 1º de julho de 1961 em Park House, Sandringham, Inglaterra, filho de Edward Spencer, o Visconde Althorp, e sua primeira esposa, Frances. Os pais de Diana se divorciaram em circunstâncias muito difíceis, quando ela, suas duas irmãs e o irmão eram muito jovens. Quando Frances partiu para Londres com o novo amante, Peter Kydd, Edward obteve a guarda dos filhos. Em 1975, Edward herdou o título de "oitavo conde Spencer," que dava a Diana o título de "*Lady* Diana Spencer", e então o conde e seus filhos se mudaram para a mansão ancestral dos Althorp. Um ano mais tarde ele se casou com Raine Cartland, filha da romancista Barbara Cartland. De acordo com todos os relatos, *Lady* Diana não gostava da nova madrasta, que colocou fim no prazer de viver na casa de seu pai.

O sucesso acadêmico de Diana, tanto na Inglaterra quanto na Suíça, quase não é digno de nota. Ela era uma estudante tímida e bem abaixo da média, mas tinha talento para o balé e para os esportes em geral. Mudou-se para Londres quando concluiu sua educação formal e, guiada pelo amor às crianças, tornou-se professora.

Durante a infância em Park House, Diana e os irmãos brincavam de vez em quando com dois dos filhos de sua "senhoria", os príncipes Andrew e Edward, os filhos mais novos da rainha Elizabeth, de quem Edward Spencer alugava a mansão. Em 1977, aos 16 anos, Diana reencontrou o antigo companheiro de brincadeiras de seu irmão mais velho, o príncipe Charles, herdeiro do trono britânico. Ele estava entrando na casa dos 30 anos sob a pressão da família e do público para se aprumar e encontrar uma esposa adequada. Charles mantinha uma relação muito longa com Camilla Parker Bowles, que não era considerada uma escolha aceitável pela família real porque, ao contrário de Diana, ela não tinha nenhuma linhagem aristocrática, era casada, não era protestante e não era mais virgem. Na verdade, muitos acreditam que Camilla, que se tornaria a segunda esposa de Charles, ajudou na escolha de Diana como noiva do príncipe.

Em 29 de julho de 1981, na Catedral de Saint Paul, em Londres, a bonita e tímida *Lady* Diana Spencer, de 20 anos, tornou-se Sua Alteza Real a Princesa de Gales ao se casar com o príncipe Charles. Foi uma cerimônia espetacular, transmitida para cerca de um bilhão de telespectadores ao redor do mundo. (Entre os 3.500 convidados estavam Camilla e seu marido, Andrew Parker Bowles, que, por coincidência, era afilhado da mãe de Charles, a rainha Elizabeth.) Nos três anos seguintes, a princesa Diana deu à luz dois filhos do casal, "um herdeiro e um sobressalente", o príncipe William Arthur Philip Louis e o príncipe Henry Charles Albert David (que ficou conhecido como príncipe Harry).

O casamento foi infeliz desde o início. Diana sofria com o rigor das obrigações reais, que ela classificava como opressivas e confinantes, e a imprensa mundial se tornou virtualmente obcecada com tudo que dizia respeito a ela, desde o brilhante bom senso em relação à moda até sua adoração pelos dois filhos. Diana passou a dedicar cada vez mais tempo à sua paixão pelas causas ligadas à caridade, que incluíam crianças carentes, vítimas da AIDS, sem-teto e sua cruzada contra as minas terrestres.

Diana também passou por mais de uma cota de desafios emocionais, lutando contra a depressão e a bulimia e enfrentando mais de uma tentativa de suicídio. Tanto ela como seu marido foram infiéis no casamento – ele manteve o caso de longa data com Camilla

Parker Bowles, e Diana passou por uma série de relacionamentos rápidos, muitos dos quais se tornaram embaraçosamente públicos. Finalmente, em dezembro de 1992, a separação do casal foi anunciada formalmente, e o divórcio foi finalizado em 1996.

A grande popularidade de Diana continuou após o divórcio, assim como sua devoção pelos dois filhos amados. Ela foi provavelmente a mulher mais fotografada do mundo, durante o casamento e depois que ele terminou, e usou brilhantemente o fato de ser o centro das atenções para atrair os olhares para suas ações internacionais de caridade. Diana gozava de pouca ou nenhuma privacidade, de forma que em 1997, quando se envolveu com o produtor egípcio Dodi Al-Fayed, o casal foi fotografado incessantemente e seus encontros foram relatados pela imprensa mundial.

Em Paris, na noite de 30 de agosto de 1997, Diana e Dodi entraram numa limusine com o motorista, Henri Paul, e o guarda-costas de Dodi, Trevor Rees-Jones, na porta do hotel. Os *paparazzi* imediatamente começaram a persegui-los e, no túnel Pont de l'Alma houve uma colisão devastadora. Dodi e Henri Paul morreram instantaneamente. Trevor Rees-Jones ficou gravemente ferido, mas sobreviveu. Diana foi socorrida e levada de ambulância para o hospital Pitié-Salpêtrière, onde, apesar das horas de esforços, foi declarada morta às 4 horas do dia 31 de agosto de 1997.

O funeral da princesa de Gales foi realizado em 6 de setembro de 1997. A procissão começou no Palácio de Kensington e terminou na Abadia de Westminster. O caixão de Diana foi seguido por seus filhos, os príncipes William e Harry, pelo irmão de Diana, Charles Spencer, pelo príncipe Charles, pelo ex-sogro de Diana, o príncipe Philip, e por representantes de cada uma das 110 instituições de caridade que ela havia apoiado ao longo da vida. O funeral televisivo da "princesa do povo" foi assistido por cerca de meio bilhão de pessoas ao redor do mundo, consternadas com sua morte.

De Francine

Os temas de vida escolhidos por Diana foram cuidador e construtor, e, como tantas entidades com missão de vida que tomam a decisão de experimentar uma encarnação na Terra, sua batalha contra a depressão ao longo da vida, amplamente divulgada, foi praticamente inevitável. A Terra é um dos mais desafiadores e conturbados planetas habitados no Universo, um choque para espíritos sensíveis como o de Diana. Ela cumpriu tudo que pretendia durante sua encarnação, embora seja a primeira a dizer que algumas vezes realizou suas tarefas com "chocante imperfeição". Sua primeira encarnação também foi a última.

Diana chegou muito desgastada, desorientada e lamentando ter sofrido uma partida tão repentina, deixando seus amados filhos. Foi bem recebida pela avó materna e por dezenas de animais e entes queridos do Lar, e logo em seguida foi levada para uma das câmaras de acolhimento por vários anos, medidos em seu tempo, até que emergiu alegre, focada e respeitosa como sempre. Ela ainda é suave e afável, com um rosto bonito, idêntico à sua aparição na Terra, bastante solitária, como sempre foi, preferindo estudar e meditar a socializar. Diana retornou ao trabalho em um de nossos centros de pesquisa médica especializada em doenças e deficiências pediátricas. Uma de suas grandes alegrias é viajar para outros planetas civilizados, retornando com relatórios sobre quaisquer avanços que possam contribuir para o esforço constante, no Outro Lado, de tratar, curar e eliminar ameaças à saúde das crianças da Terra.

Diana sabe que William será uma inspiração para seu país quando se tornar rei da Inglaterra. Ela também continua seu trabalho na Terra, não só visitando crianças gravemente doentes nos hospitais de todo o mundo, mas também reunindo uma legião de espíritos que saem do Lar e se dirigem aos locais de catástrofes naturais ou criadas pelo homem, a fim de levar conforto e coragem às jovens vítimas. Quando há mortos, os espíritos são levados para a segurança bem-aventurada dos braços de Deus no Outro Lado. Diana sempre ficou encantada pelo fato de que, quase sem exceção, as crianças e os animais não retornam ao Lar através de um túnel quando morrem, mas atravessam uma linda passarela que os leva para o mesmo vasto prado que acolhe todos os outros. (As crianças e os animais podem achar chocante demais se encontrarem de repente dentro de um túnel. Atravessar uma passarela, por outro lado, faz sentido para eles, permitindo-lhes compreender como e por que viajaram de uma dimensão para a outra.) Nunca uma criança ou um animal atravessa sozinho a passarela para o mundo espiritual, e Diana é uma de suas mais fiéis e amorosas companheiras enquanto eles fazem essa viagem.

Ela diz que, embora fosse claramente inadequada para muitas das expectativas da realeza, é profundamente grata pelo palanque que seu título de nobreza lhe ofereceu, permitindo-lhe contribuir apaixonadamente para suas causas ao redor do mundo. Ela é sobretudo grata pela honra de ser mãe de dois filhos que lhe ensinaram "como a gente se sente ao amar alguém do fundo da alma". Diana diz constantemente que se orgulha deles. E não tem nada a dizer, a propósito, sobre a colisão que acabou com sua vida.

Agradecimentos

Para minha inteligente e linda agente, Jennifer DeChiara, que dá um novo significado às palavras *fidelidade* e *integridade*...

Para minha amiga e assistente, Linda Rossi, por tudo, mas especialmente pelas horas e horas que ela passou entrevistando Francine, tornando este livro possível...

Para minha editora, Nancy Hancock, e toda a equipe da HarperOne, por sua diligência incansável a cada passo do caminho...

A meu marido e melhor amigo, Michael Ulery, por seu amor, paciência, bondade e apoio a cada minuto de cada dia...

E, claro, a Francine, minha fonte de informação e orientação desde o instante em que chegamos a esta Terra...

...minha gratidão eterna e sincera.

Sylvia

Este livro foi impresso pela Prol Editora Gráfica
para a Editora Prumo Ltda.